ちくま新書

地域学入門

山下祐介
Yamashita Yusuke

1602

地域学入門【目次】

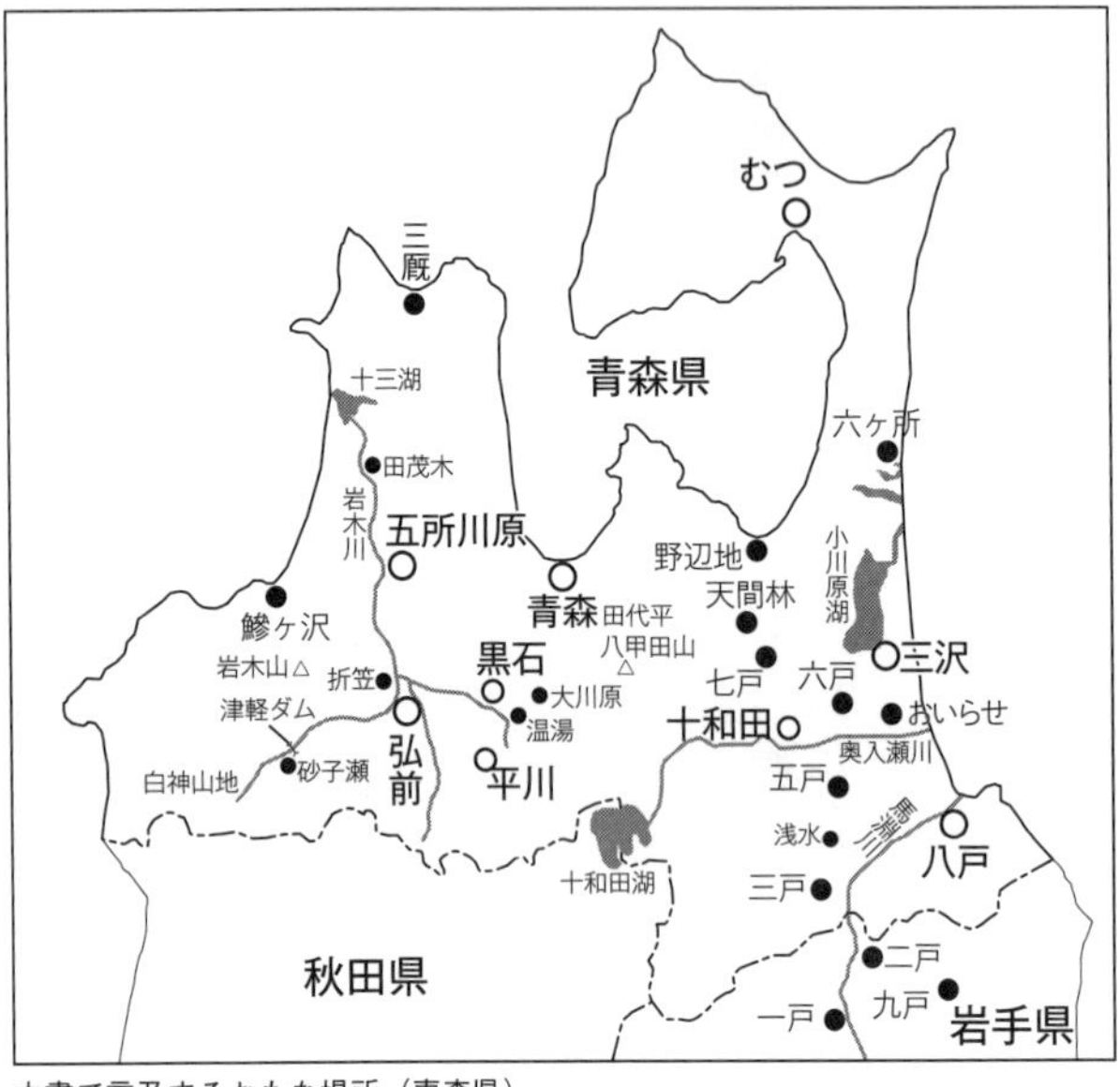

本書で言及するおもな場所（青森県）

序章

青森県中津軽郡西目屋村水上遺跡。津軽ダムの湖底に沈んだ砂子瀬・川原平集落の下には、縄文早期から晩期にわたる1万年もの長い暮らしの痕跡が残されていた(もののの芽舎提供)。

†地域学への社会学からの三つの視角

地域について学んでみたい。何かをきっかけにそう考えたか、あるいはそういう気持ちになろうとしている人がこの本を手にとっているものと思う。どんな人にも自分の住んでいる地域があり、関わりのある場所はある。だがまた、地域について何をどう考えていけばよいのか、よくわからない人も多いのではないだろうか。

世間には「地域学」の本があふれている。特定の地域名を冠する「〇〇学」は、少し大きな書店なら郷土本コーナーにいくつも並んでいる。しかしながら、そこには様々なタイプの地域学が示されていて、まさに百花繚乱。地域学はある意味では趣味の世界でもあるから多様な地域学があってよいのだが、「何をやってもよい」という状況は、これから「地域学を学びたい」という人にとってはかえって学びに入る際の障害になっているようにも思う。

そこでここでは、筆者が専門とする社会学から見た一つの地域学を描き、地域学のための基本的な指針を示すことにした。むろんそれも地域学の一つの考え方でしかないが、それでも、「それならわかる」と多くの人に納得してもらえるような、総合的で包括的な地域学の全体像を示してみようと考えている。

本書では次のような順序で記述を進めていく。

まず「Ⅰ　生命の章」では、地域を一定の環境の中で育まれる生命の営みとして切り出す。環境社会学の視点から見た地域学である。つづいて「Ⅱ　社会の章」では、そうした地域に展開される人々の集団の営みに着目して地域への接近法を説いていく。ここでは農村社会学（村落社会学）や都市社会学、家族社会学が援用される。「Ⅲ　歴史と文化の章」ではさらに地域を、いまいる人々だけでなく、世代を経て連綿とつづく歴史と文化の蓄積の営みの中に見定めていく。文化社会学、歴史社会学の視角から見た地域学だが、ここでは言語学、国語学や宗教学、文化人類学、日本民俗学の視点も取り入れて示していきたい。以上、社会学から見る、生命、社会、文化の三つの像を重ねることで、立体的で総合的な地域の姿を浮かび上がらせていこう。

†地域を知ることと自分を知ること

その際、本書ではとくに次のことに注意して「地域学」を展開する。地域学の基礎の基礎にあるこんな考えにぜひ共鳴して地域学をはじめてほしいというのが、この本の中心的なメッセージである。

それは、「足もとの地域を知ることが、自分を知ることにつながる」ということである。自分の足下にある地域について学ぶこと。単純にいえばそれが地域学である。

だがさらに、この考えは逆にもなり、そのことがより大切でもある。すなわち「自分を知るためには、足下の地域を知らねばならない」ということである。

地域を学ぶこととは、「私」が誰なのかを知ることである。私は必ずどこかの地域にいる。その足は何らかの地域に接している。その地域のことを知らずして、私とは何かを語ることはできない。

もっとも、では「地域とは何か」が「私」よりも自明なのかといえば、決してそんなことはない。「地域とは何か」はなかなか厄介な問いなのである。

地域は多様である。それはただ地域に様々あるというだけではない。「私」が自分の周りをどんなふうにとらえているかによって多様に現れる。試しに誰でもよい、「あなたにとって地域ってなに?」とたずねてみればよい。どう答えるだろうか。

答えは人によって、またその受け答えの文脈によって、大きく異なるものになるはずだ。「いま住んでいる八王子市のことかな」という人もいれば、「うちの実家の集落」という人もいるだろう。「神奈川県」という答えもあれば、「関西」や「九州」とより広い範囲で示されることもある。では、どれが正解なのだろうか。

どれも「地域」でよいのである。

さらにはこうもいえる。諸外国から見れば、「日本」や「アジア」も「地域」である。いやそれどころか、このさき出会うかもしれない宇宙人にとってみれば、この地球や太陽系でさえ

「地域」になる。そしてその地域は、例えば国境や県境が変わることによって、その姿は変化する。地域は決して固定化された何らかの空間ではない。それは文脈によって見方によって、そして時代によって変わるものである。

†つながっている世界を切り取ることから地域は現れる

いやむしろこう考えるべきものなのである。「地域」はそもそも、誰かが世界の一部を切り取ることによって浮かび上がってくるものであると。何かを切り取らないと地域は出てこない（地域は**境界性**をもつ）。そして、その「切り取り方」にも色んなやり方があって、それは文脈にもよれば、時代によっても違う（地域は**文化性・歴史性**をもつ）。

いや、もっとこういうべきである。そもそも世界のすべてはつながっている。どこかで切れ切れになっていて、「地域」がきれいに分かれているなどということはない。すべてはつながっているのだが、そのつながっているもののなかから、何らかの固まりを切り出してきたときに「地域」は立ち現れる。しかもそれが、全体の一部でありながら決して断片ではなく、それのみでなお一つの全体でありうるもの、それが地域である（地域は**統一性・総合性**をもつ）。「地域」とはこうして、ゴロリとそこに横たわっているようなものではない。互いにつながりあっている世界の中から、何らかの固まりを見つけ、切り出してくる者がいるから「地域」になるのである。地域はだから、その「切り出してくる者」の立場やものの見方によって変わる。その者の見方がしっかりしていれば地域はしっかり示される。逆にその者の見方がぼんやりとしていれば、地域はぼんやりとしか見えないことになる。

さて、地域学の学びの中で、対象となる地域を世界の中から切り出してくる者――それこそがほかならぬ「私」である。どんな地域を切り取ることができるかは、「私」が世界をどう見ているかにかかっている。とすると、先の「足もとの地域を知ることが、自分を知ることにつながる」は、もう一度、別な形で裏返ることにもなるわけだ。すなわち、「地域を知るためには、自分を知らねばならない」と。

漠然と世界を見ているかぎり、地域についての認識もまた漠然としたものにしかならない。地域はそれを切り取る者の見方を反映する。地域を知ることと、私を知ることは同一の事象の裏表である。「地域ってなに？」と聞かれてその人が答えた答えの中に、その人自身が含まれる。地域学とは、地域と自分を同時に学び、深めていくことである。漠とした世界の中からしっかりと地域を切り出し、うまく見出すことができたなら、そのことによって自分自身の認識が深まったことになる。地域がよりよく見えるようになることとは、自分のものの見方を鍛え、自分という存在を高めていくことである。そしてそのように自分を高めることによって、地域もまた以前よりはっきりとその姿を現すようになっていく――。

†特定の時空・環境に、生きている自分をつなぎとめること

もっとも、自分自身を高めるためといってしまえば、「学び」はみな同じである。地域学だけが特別なのではない。だが地域学の学びには、他からは一歩進んだ、もっと大切なものが潜んでいる。このことを最初にきちんと確認しておこう。

人は必ずどこかの時空（時間・空間）に存在する。そして地域を切り取ることとは、ある特定の時空を一つの固まりとして切り出してくることである。

本来、空間は果てしなく広がり、時間は延々と切れ目なくつづく。その中からある場所を一つの地域として取り出すこととは、ものごとを時空の中に見定め、その見定めを行う自分自身を時空の中に確たる存在としてつなぎとめることである。逆に言えば、地域が見えない人とは、自分が存在している時空が見えていない人だということにもなる。

だが、単に時空を認識することが地域なのではない。より重要なのは次の点にある。地域――一定の境界のうちにあり、歴史の中にあり、総合的である地域――は、単なる時空の認識ではない。それは、私の生をとりまく、様々なものごととの深いつながりである。地域とは、私が生きている条件、その環境、自分を生かしてくれている仕組みそのものである。地域

を知るということは、単なる時空を、自分という存在を可能にしてくれる条件として描き出すことにほかならない。

地域学とは要するに、抽象的な言語や普遍的な理論を学ぶものではなく、具体的な時空にいる私を、特定の生態環境のうちに照らし出していく、そんな学びの作業なのである。私を漠たる世界のなかに確定し、地域のうちに〝生きているもの〟として浮かび上がらせ、見定めていくこと――こうした作業を通じて現れてくる「私」のことを専門用語では、「アイデンティティ（自己同一性、自己同定性）」とか、「実存」などと表現するが、そうした自己同定の作業のうち、最も基本となる作業が地域学である。

†大きな変化のうちにある地域と私という自覚

とはいえ、なぜこんなことが必要なのだろうか。

それはおそらく私たちがいま、とんでもなく大きな変化の中にいるからである。

それは、以前であればその存在が当たり前であった地域が雲散霧消してしまう結果さえもたらしそうな変化である。

都市の拡大は多くの村や町を押しつぶし、新興住宅地に変えてしまった。バイパス沿いのモールやインターネットによる通販の販売力は中心市街地の商店街を凌駕《りようが》し、シャッター通りを生んでいる。首都や大都市の都心では地価の高騰とともに巨大な高層ビルが立ち並んで地域を一掃し、グローバル化は国の枠を越えて人々をごちゃ混ぜに攪拌《かくはん》しはじめている。むらやまちが壊れていく。都市の形がぼやけていく。この半世紀ほどの間に生じたことが、私たちの地域のあり方を根本から変え、人間存在のあり方を大きく変えつつある。

いやそれどころか、この日本という国のかたちさえ、このままでいられるのかわからぬほどの大きな変化を世界は遂げており、他方でナショナリズムの横行は、地域の形どころか国家の形、世界の形をさらに大きく変えていきそうである。

それゆえ、この書を手に取った人には、こういう人も多いのだと思う。「地域が大切なのはわかります。でも、私にはそんなふうに自分を見いだせるような地域がないんです」と。場合によっては、それがコンプレックス（劣等感）になっている人も。いや、近年はむしろ開き直って「現在のような世界情勢の中では国家こそが大事であり、その内側にある地域なんか無用だ」と、そういう感覚でこの変化を見ている人も現れてきた。

だがそれでもなお、私たちはそれぞれ地域のうちに生きているのである。地域というものの上にしか、なおも私たちは生きられないと言った方がよいだろう。地域が見えない／不要だというのは、その人の見方が悪いからそうなるのにすぎず、人は必ずどこか特定の地域のうちに暮らしている。見えるはずのものが見えていない、必要なものが必要と思われていない――それをしっかりと見えるものにしていこうというのが、地域学の目指す目標である。

かつては地域は目の前に生き生きと存在し、それを学ぶ必要などないものだった。地域はそこにふつうに見えすぎるほど見えていた。いまやそれは学ばねば見えないものになっている。

現在起きている変化はとてつもなく大きく、その変化によって、本来ふつうに見えていたはずのものが濃い霧の向こうに隠れている。先ほど見方が悪いから地域が見えないのだと述べたが、必ずしもその人の努力が足りないから、能力が欠けているから見えないのではない。地域はいまや覆い隠されているのである。

この覆いをしっかりと取り除き、見るべきものを見えるようにしていくこと。地域学とは、そのための努力や技術が必要となった現代社会状況の中で、地域を適確に切り出し、とらえていくための認識法である。そしてその習得を通じて、自分自身の存在を確たる時空の上に取り戻すための学びである。

だからここでは次のような形で「地域とは何か」をとらえていこうと思う。まずは大きく変化する前の、日本の地域の約五十年前（昭和四十年代〔一九六〇〜七〇年代〕あたり）の姿を拾い出す。これが〝地域の原型〟になる。「**Ⅰ　生命の章**」「**Ⅱ　社会の章**」「**Ⅲ　歴史と文化の章**」はすなわち、〝地域の原型〟を生命と環境、社会、文化の三つの側面から記述するものである。

この原型を確認した上で、「**Ⅳ　変容の章**」で、そこに生じた多局面にわたる大きな変化の経緯をたどり、現在の地域の実像をとらえていくことにしたい。なお「Ⅱ　社会の章」の末尾でもいったん、この変化が社会の局面でどのように生じたのかをたどっておく。その際、大事なことは、この変化がいったい何をもたらすものなのか、変化の原理をしっかりと見定めることである。本論に入る前にこの点について触れ、筆者が地域学を通じて解き明かそうとしている問題の核心を示しておくことにしたい。

†国家と地域の深い関係

本書ではまず、地域を単なる空間の一区画ではなく、暮らしがあり、またそこに暮らす人々がその区画を認識し（しばしば領有し）、かつそこで自らの暮らしを守り、維持しようとしている、そんな場としてとらえていく。

ところで、そうした「地域」はいったいどのように成立してきたのだろうか。もし読者が、地域がそれぞれ単独に、かつ自然発生的に出現してきたものと考えているならば、それは誤りである。いまこの日本列島にある地域は、あるものと非常に深い関係にある。それは国家である。このことを考えるためにも、ここで辞書をひもといて、「地域」という語の意味を確認しておくのがよいだろう。

『大漢語林』（大修館書店）によれば、「地域」には、「地」＝蛇（也）のようにうねった土地

（土）を、「域」＝戈《ほこ》をもった人々（口）が境界（一）を設定して守っている——と、そんな原義が説かれている。要するに、一定の範囲の土地があり、その土地の恵みで生きる人々がいて、その領域をみなで武装して守っている、そういう意味である。このうち「或」とはすなわち「國（国の旧字）」のことであり、地域とは「その土地の國（国）」、この国の中にあるもう一つの「小さな国」だということができる。

その際、「地」については、単にいま見たようにただこれを土地（土）と理解するだけでは不十分である。「地」にはもう一つ別の意味があることに注意したい。すなわち、「下地」とか「生地」というように、何かを行うために誰かが準備した、何にでも転換可能な「地」の意味である。何かが用意した「地」に「域（国）」が展開されている状態——これが「地域」である。

さてでは、この「地域」の「地」は何によって用意されているのだろうか。

それが国家である。地域とは、国家によって用意された「地」にひろげられた「小さな国」である。地域はだから、国の中にある小さな国だというにとどまらない。国の懐《ふところ》にあってはじめて成り立つものである。地域は国（および国家）と深い関係にある。地域学は国家の学でもある。このこともまたこの本の中で順に説いていかなくてはならない大切なことになる。

†近代化の中の地域――五十年前の姿を割り出す

地域は国家とともに生まれ、維持されてきた。それはおそらく、弥生時代から古墳時代、少なくともヤマト国家誕生以来のことである。

さて、こうした列島内の国家と地域の関係が、江戸時代の終わりから現在にかけて急激に大きな変貌を遂げてきた。その変化は地球の裏側にある別の国家群との接触によってはじまり、最終的にはその国家群との全面戦争にまで発展するものだった。しかもその変化は我が国の敗戦でも終わらずに、むしろその戦後、とくにこの五十年ほどの間に地域と国家の関係を根本まで変えつつあるようである。それは地域が溶解し、国家の中に埋没するような変化である。

今、地域と国家の間にこれまでにない変化が生じている。こうした変化の全体を私たちは漠然と〝近代化〟と呼ぶ。

本書では、この幕末から現在までの近代化の過程のうち、とくに昭和三十年代（一九六〇年代）以降の約半世紀に起きたことを重視して変化の記述を行っていく。そのためにもまずは、太平洋戦争後しばらくまでの状態を変化の前の〝原型〟として位置づけ、日本の歴史や地域の実情を元に割り出す。その上でこの原型がこの半世紀の間にどのように変化したのか、その変化の意味を、〝近代化〟との関係のうちに問うていくことにしたい。

この五十年ほどの大きな変化が私たちに地域を見えがたくしている。だからこそあえてこうした「地域学」のようなものをいま私たちは声高に主張し、またこれを積極的に学ぶ必要が出てきているのだということである。そこには国家と地域の関係の重大な変化が——そしてその変化に連動して生じている、私たちの生態・社会・文化の各面にわたる大きな変貌が——関わっている。この「近代化とは何か」に向きあうことで、なぜいま「地域学入門」なのかが明瞭になってくるはずである。

筆者は大学で研究し、教える者である。とくに青森県弘前市にある国立大学・弘前大学に長くつとめたので、本書では北東北地域、なかでも筆者に馴染みの深い青森県津軽地域の事例を中心に示している。これらは説明の傍証であるとともに、筆者自身の地域学の実践例である。

また本書は、様々な学問領域の知見を重ね合わせることでできている。専門の方々から見れば不十分な記述が目につくに違いない。ご寛容を乞うとともにさらなるご指導を願う。他方で読者諸君には、細かい点にはこだわらず、まずは全体の論理構造をつかむことを優先していただければと思う。各専門分野については、筆者が用いた参考図書を巻末に掲げておいたので、これらをさらなる勉強の入り口にされたい。なお本書が少し難しいと思われる方には、前著『地域学をはじめよう』(岩波ジュニア新書)をおすすめする。中高生、大学初級者向けのもので、本入門書のさらなる導入編になっている。

Ⅰ 生命の章

弘前城の西堀は、かつては岩木川の一部だった。いまは桜の名所として市民の憩いの場となっている(ものの芽舎提供)。

1　地域が生まれる条件

†生命を育む場としての地域

「地域」とは何か。このことを考えるために、まずは次の点から切り込んでいきたい。

私たちは生きている。ある地域が「地域」であるのは、その場が生命《いのち》を育む場だからである。生きている私たちが暮らす場が地域である。生命としての人間が「地域」を観察し、切り取るので、単なる空間が地域になる。地域は私たち人間の生命を生み出すとともに、その生命によってはじめて立ち現れる。この章では、この生命を育む場というところから地域について考えていこう。

いや、論じはじめるにあたっては議論の出発点をもっと明確にしておきたい。ただ単に人の生命があるから地域なのではない。その暮らしが一定程度長く、安定的に継続されていた事実が地域を地域たらしめるのである。そこにいま誰も住まない場所であっても、過去に人の暮らしの営みがあった事実があるのなら、そこに地域を認めることができる。ダム移転の村、戦争で人々が追い出された町、突然現れた古代の遺跡。これらもまた地域であるのは、それが過去のものであれ、私たちがそこに一定期間の暮らしの営みを認めるからである。

ある場所が「地域」であるのは、そこに人々の定住・定着がある（あった）からにほかならない。まずはこうした、特定の場所における長期間にわたる人々の暮らしの事実が地域を作るのだと考えておこう。

では、私たちが長期にわたって暮らし、生きる場とはどういう場か。日本列島に暮らす人間の歴史を、ひとまず原点から振り返ってみたい。

†どこかからおとずれ、定着することから地域は生まれる――縄文時代

日本語で書く「地域学」は、むろん日本の地域学になる。日本という地域の出発点を考える上で重要なのは次のことだ。

日本の国生み神話（古事記、日本書紀など）は、ボコボコとあふれ出てきた神々の一部がこの列島を生んで降り立ち、その中から人間が生まれてきたかのように描いている。が、残念なことに現代の科学研究ではそういう事実は確かめられておらず、われわれ人間（ホモ・サピエンス）の発祥の地はアフリカだとされ、日本列島にいま暮らす人間は、いつの時期かにこの列島の外からやってきた者たちの子孫である。

人々が日本列島に渡ってきた時期はまちまちである。いま列島に暮らす人間は、北方から、

朝鮮半島から、そして南方からと、各方面から集まってきた様々な集団が入り交じってつくられた混成体だとされている。ともかく、どこかの時点でどこかから移ってきた人々が、何らかの定住の営みを確立したことで、この列島に地域は生まれた。

日本列島での地域の生成とその歴史を、古い方からざっとたどっておこう。

旧石器時代の暮らしの痕跡が日本にもあることがわかったのは戦後のことである。列島に残る旧石器時代の資料は三・八万年前に遡り、ホモ・サピエンスの出アフリカからそれほど時間をかけずに列島に渡ってきたものと考えられている。

旧石器時代は採集と狩猟が中心で移動を繰り返していたと考えられ、定着した集団生活を営んでいたとはみなされていない。移動する暮らしに「地域」を設定するのは難しい。このことは遊牧民の社会にもある程度あてはまり、初期の農耕民も頻繁に農地を変えて移動をしていたと考えられるから、「地域」というものはどうも暮らしの中心に農を置き、定住をはじめた時にあらわれる発想のようである。

それでも、そうした農耕が日本において明確な形で始まる前の縄文時代（約一万二千年から二千五百年前）には、すでに一定の暮らしの定着が認められている。世界史的には、縄文時代と並行する新石器時代に農耕は始まる。近年は縄文文化にも農はあったという見解が有力だが、農耕とともに定住こそが約一万年前にはじまった世界史的画期なのかもしれない。

例えば、青森県三内丸山遺跡では、縄文前期から中期の千五百年（約五千五百年前から四千年前）もの長きにわたって同じ場所に延々と暮らしがつづいていた。千五百年といえば、日本の歴史が文字で綴られた期間とほぼ同じ長さだが、縄文遺跡にはもっと長期にわたる定住を示すものもある（序章扉参照）。私たちはこうした定住に「地域」のはじまりを見ることができる。

縄文人と私たちの間には一定の連続性があり、いま列島で暮らす人の多くは縄文人の流れを汲むものと考えられている。縄文人は、長い期間にわたってこの列島をくまなく使いこなしていた。周りを見渡せば、そう遠くない場所に、縄文人の足跡があるはずである。

†定着の条件――土地、水、エネルギー

人間が地域に定着するとはどういうことか。そこにはどんな条件が必要なのか。このことを明確にしてみよう。

一般にこの列島の暮らしは、過去に遡るほどそれを支える技術は素朴で規模も小さく、住むことの可能な地域は限定されていたと考えられている。それゆえ気候条件をのぞけば、時期が早いほど人口は少なくなり、人口密度も低くなる。縄文時代の人口は、中期の最大期でも列島全体で二十六万人程度という算定である。現在の五百分の一ほどの数しかこの列島には暮らしていなかった。

とはいえ人間が生きる条件は、基本的には現代人である私たちにとっても同じである。現代では生きる技術が複雑化し、高度化して、昔であればその条件を満たさない場所でも住めるようになったというのにすぎない。では人間が生きていくために必要な環境条件とは何だろうか。まずはしっかりと安定した大地。当然だが、海の中や地盤の不安定な土地に、私たちはふつう住むことはできない。

その上でその土地に何が必要かといえば、第一に水である。人間が生きるための条件はなんといっても水。それも海水では駄目で、真水が近くになければならない。

そして第二にエネルギー。エネルギーについては私たちは次の二つの形態を必要としている。一つは食料。口から吸収して、活動のエネルギーや身体の材料を構成するための物質を容易に得られる必要がある。

もっともここまではどんな動物でも同じ。だが、エネルギーについては人間だけがとくに必要とするもう一つの形態がある。それは火を使うための燃料である。地域定着のための条件として、火が使えるようでなければならない。

これら土地、水、食糧、燃料という条件が、その形式は変わっても、私たちがいま生きる条件でもあることに注意しよう。私たちもまた、旅の途中でもない限り、私たちの身体を常時支えてくれる大地の上に暮らしている。そして毎日の暮らしは、水・食糧・燃料なしに成り立たない。カップラーメンを食べるにしても新鮮な水と火が必要である。もちろんその獲得方法は大昔とは大きく変わっている。がともかく、これらの条件が身近にそろうところ、それが「地域」が生まれる場所になるはずである。

私たちの先祖がこの日本列島にやってきたとき、広大な土地のどこを使ってもよいのだから、その中で最も条件のよいところが選ばれて、暮らしの営みは構築されていったはずだ。近くの縄文遺跡にあたってみるとよい。集落跡は基本的には「消えた地域」だが、必ず地域が成り立つ条件をすべて備えている。それも、私たちの暮らしに稲作農耕が入る前の、暮らしの環境条件が最も単純な形で整う場所になっているはずである。

そこは地盤がよく、景観も日当たりもよく、水が豊富で森がすぐそばにある、そんな場所である。そしてしばしば海や川に接している。山・川・海の間。そして森が作り出す自然の豊かな場所にたいていの縄文集落跡はある。

もっともその海岸はかつての海岸であって、現在は多くが農地や宅地になっている。というのも縄文時代前期には縄文海進といって、温暖な気候の中で海面がいまより二メートルほど高い時期があったからである。その後冷涼化し、また土砂の堆積や埋め立ても進んで、現在の海岸線は当時とはずいぶん変わってしまった。また水流も移動するので、当時の水源は現在は涸れていることもあるようだ。

ともあれ、この遠浅の暖かい海では多くの魚貝類がとれた。そして集落の背後には温暖な気候を反映して実り豊かな山があった。いまは消えた集落となってしまった遺跡も、かつては暮らしに必要なものなら何でも手に入る非常に便利な場所だったのである。

†小さな国としての地域の始まり――弥生時代

弥生時代になると稲作の導入が行われて、耕地を求めて平地への人々の進出が始まる。稲作には日当たりのよい平らな土地がなければならない。そしてより多くの水が必要であり、とくに水稲の導入には、豊かな水の利用が前提になる。

私たちはいま、水田というと大きい区画の広々とした田んぼを想定してしまう。しかし広い面積を平らにし、その水を管理するのは容易なことではない。規模の大きな水田はごく最近現れ、それも機械を導入するために必要となったものである。本来はすべて人間の手で作業を行ったのだから、基本的には一枚一枚の田の規模は小さくなければならなかった。

ところで、稲作が始まったことでもたらされた重要な帰結に、地域の形成や存続にとって、集団の結束がそれ以前に比べてより大切なものになったこと、このことに注意する必要がある。

水田耕作はごく近年まで、耕起、代掻《しろか》き、田植え、用水管理、稲刈りと、必要な作業は家々の共同で行われてきた。そもそも、水田を拓くための土木事業に集団の力が不可欠であり、耕作に必要な道具や技術も個人で確保できるものではない。

弥生時代は人々の集団が一段と「地域」としての様相を示し、それが弥生時代後期の邪馬台国・卑弥呼の時代――「くに」の発生――につながっていくのだが、社会の文脈は「Ⅱ　社会の章」で触れたい。ともかく私たちの地域は、ただ自然の恵みに頼ることだけで選ばれているのではなく、環境を集団の力で改変し、自分たちの暮らしにあった場に作りかえることによっても生まれてきたのである。

要するに、稲作農耕が始まったというのはこういうことを意味している。稲作農耕の技術とそれを実現する人間集団の力によって、人が定住できる場所の条件が大きく広がる。人間のもつ環境改変能力の向上が、定着できる場所を拡大し、人口を増やす。人口の増大は人間集団の力を高め、環境改変能力のさらなる向上につながっていく。

こうした社会集団と環境の弁証法（異なる事態が作用しあって展開し、進化に導くこと）は、その後の古墳時代、奈良・平安時代、そして鎌倉、室町から江戸時代へと、歴史を貫く法則だが、その意味についても「Ⅱ　社会の章」で詳しく考えたい。ともかく、豊かな生活文化で定着をはじめた縄文時代とともに、社会集団の形成（のちの「くに」の形成）による積極的な環境改変・適応が始まったという点で、この弥生時代もまた、その後につながる日本の地域形成の画期を示すものといえる。

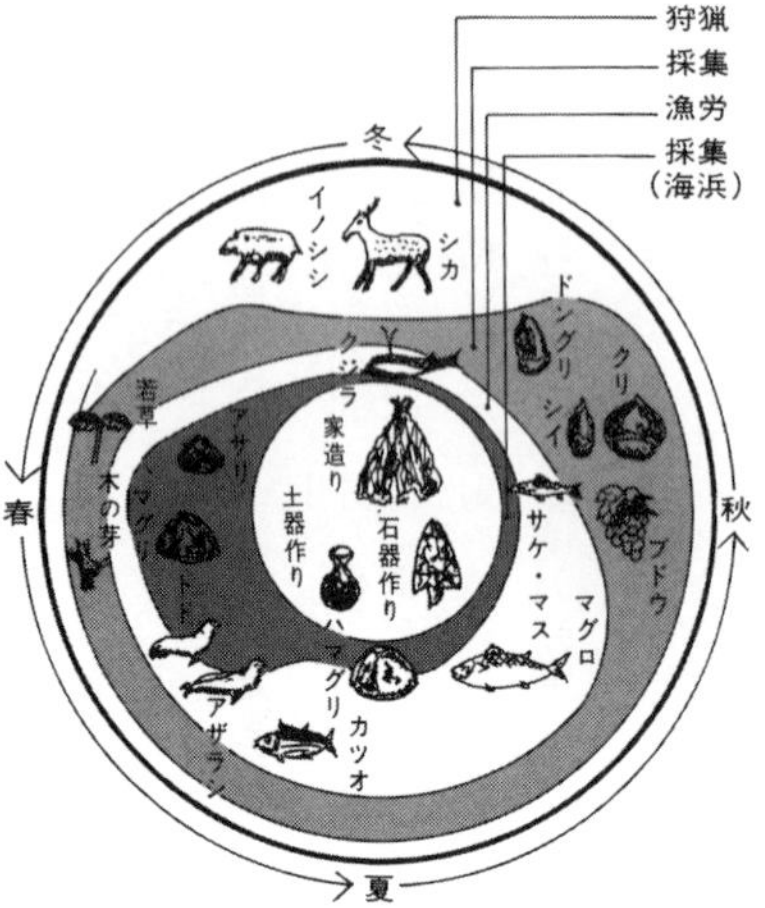

図１　縄文人の生活カレンダー（『縄文人展』朝日新聞社）

ところで、弥生時代の稲作の北限は青森県であり、北海道には見当たらない。また縄文文化の中心地が東北や東日本にあるのと対照的に、弥生文化の中心地は西日本にある。文化の中心をになっていた人々の系統も違っていただろうと考えられている。

とはいえ、縄文人と弥生人の間に断絶を考えるのは適当ではなさそうだ。例えば弥生人のくらしにおける稲作農耕の位置づけにも注意が必要である。

図1はいわゆる縄文人の生活カレンダー。図2が弥生人のものである。元にしている遺跡が異なるから細かく見れば色々と違うが、基本的な構造は同じである。すなわち弥生時代に入ったからといって急に採集狩猟（漁）がなくなるわけではなく、むしろそれまでの

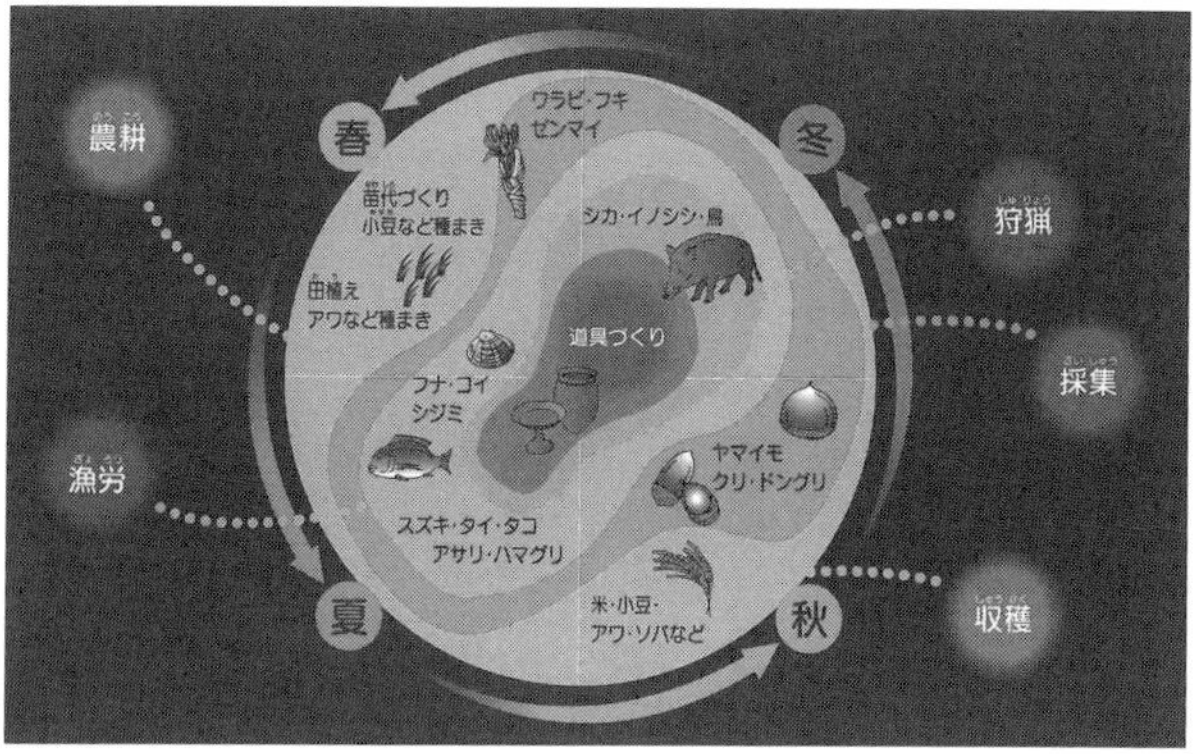

図2　弥生人の生活カレンダー
図1も図2もともに、季節ごとの労働力の割合を示したもの。弥生時代では、春と秋は田植えや収穫、夏と冬は狩猟や漁労、道具作りに比重があったとされる（糸島市立伊都国歴史博物館『常設展示図録』41頁）。

生活様式の上に新しい要素として農耕が入ったものというべきである。そしてこのことは現代にまで通じているのであって、例えば現代山村や海村でも同様に、ここで示されているような山菜・果実・キノコの採取・加工、小動物や魚介類の利用はつづけられており、そこに農業はもちろん、賃労働や出稼ぎなどが重ねられて暮らしが成り立っている。根っこにある構造は同じであり、私たちの時代においてもなお、縄文の暮らしは通奏低音のように私たちを支えているのである。

かつては、大陸から農耕文化を携えてきた弥生人が狩猟採集民である原住民の縄文人を席巻し、追い払ったかのように説明されていたこともあった。が、縄文から弥生への推移はどうもそんなものではなかったようだ。それどころか、縄文時代に始まっていた何らかの農耕文化が弥生の稲作につながり、現代の私たちにまでつながっているのではないかとも考えられている。時代が変わっても古いものが捨てられるのではなく、暮らしの文化や技術は塗り重ねられ、積み上げられてきた。いまの私たちの暮らしの中にさえ、縄文時代や弥生時代が含まれている。それどころかその後の歴史・文化のすべての蓄積の上に私たちの暮らしはある。日本の地域はこうした環境適応の積み重ねの上にできあがっている。

2 地域の原型としての江戸時代

†江戸時代までに多くの地域はつくられた

縄文・弥生と、私たちの地域のはじまりの姿をたどってみた。もっともこれらはあまりに遠い時代のものなので、いまの私たちの暮らしとのつながりについては蓋然《がいぜん》的証拠しかえられない。

これに対し、現代に生きる私たちにとって、もっと直接で情報も正確な地域の原型は江戸時代に求められる。ある地域で地域学をはじめるとき、その地域の過去をできるかぎり古い時代にたどっていく必要があるが、その時にまず気にしなければならないのが、その地域が江戸時代にどんな場所だったのかということである。

江戸時代は二百六十年間つづいた。それも安定的につづいたのであり、江戸時代に形成されたものがその後の日本の基礎になっている。

現代の私たちが生きる環境は、石油をはじめ、燃料も食糧も多くを海外からの輸入に頼っている。日本のエネルギー自給率はわずか九・六パーセント（平成二十九年：二〇一七年）。食糧自給率も三八パーセント（カロリーベース、令和元年：二〇一九年）にすぎない。これに対し、江戸時代は鎖国をしいており、暮らしのほぼすべてを国内でまかなっていた。要するに、この列島の恵みだけで暮らしを成り立たせていた最後の時期が江戸時代だということになる。

もっとも、安定していたとはいえ、江戸時代が変化のない時代だったのかといえばそんなことはない。

戦国時代に格段に向上した土木技術と、社会が持つ動員力は、江戸時代の太平の世では別の形で人間の暮らしに大きな変化をもたらした。江戸幕府の樹立によって戦争がなくなったので、それまでおもに軍事に向けられていた力が、今度は農地等の開拓に導入され、様々な開発が実現されることとなった。江戸時代前半には各地で農地が大きく拡大し、新しい村々も生まれ、人口も増大したと考えられている。また各地の城下には城下町が形成され、市が開かれ、物流も盛んになっていった。

各時代の転換期には、その時代に特有の新たな開発が進められるものだが、江戸時代はなかでもこれまでにない形で列島内の農地開発が進んだ時代だった。そのため、各地の開発に伴って、地域においては次のような状況が生じていたことにも注意する必要がある。

†地域間の格差の形成と分業化

まず第一に、地域の定着は条件のよいところから進められていったから、より古い村に比べてあとでできた新しい村々ではその環境条件が相対的に悪くなった。

とくに稲作を行う村々では水の利用にそれが顕著に表れた。灌漑に必要な水利権は稲作が成り立つための生命線だが、旱魃《かんばつ》によって水が涸れると権利の強い上流で水を確保してしまい、下流に水が回らなくなった。むろんそれでは暮らしが成り立たないので水利権は様々に調整が試みられたが、水争いは多くの地域で悩みの種だった。また燃料を確保する山の権利にも新旧差が見られ、新しい村には里山を持たないところも現れた。一般に古い村ほど権利は強く、新しい村ほど弱い。いったん権利が確立されれば、他の地域が後で生まれても、その権利を簡単に新しい村へと譲ることはないからである。要するに、開発が進んでいくにつれ、地域と地域の間に、暮らしをめぐる環境利用権の平等とはいえない明確な格差が生じていった。

開発の経緯による家々の差、村々の差。いま私たちが暮らす現代では、そうした格差はほとんど意識されていない。しかし、こうした地域間の格差が解消されたのはようやく太平洋戦争（昭和十六〜二十年：一九四一〜四五年）終了後のことにすぎない。

第二にもう一つの大きな変化として、交易の活発化と分業の成立がある。江戸時代は鎖国の時代であり、朝鮮・中国・オランダをのぞいて海外との通商交易や渡航は基本的に行われなかった。他方で江戸時代は太平の中、経済が大きく伸びた時代でもあった。鎖国はつまりは国内でのきわめて盛んな交易をもたらし、国内の分業化をうながすものだった。

各藩で生産された各種の物資は、陸路で、あるいは海路でやりとりされた。物資は米をはじめとする穀類や、燃料や用材としての木材に限らない。綿や絹、鉄や銅、さまざまな資材が運ばれ、運ばれた先で製品となって――酒や油、布や衣類、紙や蠟燭《ろうそく》、陶器・漆器や農具・工具・武具など――また別のところへと運ばれていった。

幕末にはすでにいわゆる近代化――ここでは工業化・産業化・市場化のことであるが――の基礎ができあがっており、家内制手工業（マニュファクチャー）や長距離移動を前提にした交易や産業（北前船、遠洋漁業など）が展開し、幕藩経済という国民経済に近いものが成立していた。そしてモノだけでなく人々も、江戸・大坂・京と地方を頻繁に行き来し、幕末には会社のようなものも始まる。いまの日本国家につながる枠組みが、この鎖国の中で醸成されていたのである。

江戸時代にはこうして社会的な分業が広く進み、多様な新しい村や町が生まれていた。分業のうちに成立する新しい村々には、はじめから自給自足を目指すことなく、交易の中で生きることを前提にするものも現れる。田んぼで稲だけ生産するような村が登場する。自分が食べるのではなく、交易のため、租税を払うために米がつくられる。また食糧とは別のものを作って、それを米に換えることで暮らしを成り立たせる地域も現れた。林木を生産し、炭を焼く村。肥料用の魚を捕るための船に乗り込む船乗りの村。これらはすべて食料と交換することで成り立つものである。先の地域間格差は、実はこうした交易や交換が日常化することで、すべてを自給できなくても暮らしが成り立つ条件が整ったからこそ生じたのでもあった。

むろん、地域間で行われる分業や物の交換は、江戸時代に急に始まったことではない。縄文時代でさえ石器や土器の生産拠点があり、そこから製品が各地に流通していたという。各地域は古くからお互いにつながっており、はじめからすべて自給自足の地域などない。とはいえ、その移動する物資の量や、互いの関係の深さ・広さは、江戸時代とそれ以前とでは大きな差があったと考えてよさそうだ。

以上のように、一見同じように見える日本の村々も、すでに江戸時代には格差や差異、多様性を伴うものであった。

だがまた、現代の地域を考える上では、次のこともまた大切なのである。すなわち、しかもなお江戸時代の地域は、現代の地域と比べればそれぞれに自給的であり、自立的でもあったということである。

自立的でありかつ相互依存的でもある——一見矛盾するようだが、このことで多様な地域が互いに結びあい、人々は個性豊かに暮らしていた。

3 生命の営みから村々を見る

†折笠村の場合〈事例1〉

ここで、筆者による村の地域学から対照的な例を二つほど紹介してみたい。

〈事例1〉は、青森県中津軽郡船沢《ふなざわ》村（昭和の合併で弘前市に編入）にある折笠《おりかさ》という集落である。現在はリンゴ栽培の盛んな村だが、リンゴは明治期以降になってからのものである。

この村は戦国時代にはその名が見え、折笠という名の武将は弘前藩創設に功績あって、江戸時代の武士にその名を連ねている。いまもこの村にある旧家の由来も同様に、江戸時代が始まる前に遡れそうである。

江戸時代より前に形成された古い村（中世村落）には、暮らしていくための資源がすべてセットになって詰まっている。集落の公民館に明治初期の村絵図が残っているので、この絵図と現在の状況を照らし合わせ、この村がどんな条件で成り立っているのかを読み解いてみよう（図3）。

まず注目したいのは、村を取り囲む①境界線である。村には領土がある。折笠村は、その周りを中別所、宮館《みやだて》、三森《みつもり》、小嶋、鼻和《はなわ》、細越《ほそごえ》、新岡《にいおか》の各村とそれぞれ接している。境界線の内側がこの村の領土であり、その外側は別の村の領土になる。序章で確認した「域」の字の「一」（境界線）がまさにこれである。

この図にはさらに、村領内の土地の利用状況が一筆一筆示されている。その内容からはこんなふうにこの地域を描くことができる。

山（②岩木山）から連なる大地が、流れ落ちてくる二つの川（③血洗《ちあらい》川と④鶏《にわとり》川）に南北を削られ、舌状の台地になっている。

山を周回する⑤浜横道（現在のアップルロード付近）は日本海側への最短路だが、そこから⑥道がこの台地を一直線に貫いて下りてきて、途中で二つに分かれ、台地を南北に横切る⑦道（現在の県道三五号・五所川原《ごしょがわら》岩木線）にぶつかる。この二つの道の交点近くに家々（⑧宅地部分、1～25）が立ち並んでいる（写真1）。その南側にひときわ大きな宅地が連なり（1～6）、その東南端と東北端には⑨墓所がある。この周辺が中世の折笠館（城跡）と伝えられる場所である。眼下に血洗川を見下ろすところで、このそばに記されている道は川から集落へとあがる⑩急坂になっている（写真2）。水路の入り方からしてもここが集落発祥の地であろう。折笠村の人々は、戦国時代にはのちに弘前藩の領主となる大浦為信《ためのぶ》に従っており、号令がかかるとここからすぐに大浦城に馳せ参じたとの話が残る。

さてこの村をはさむ二つの川（③血洗川、④鶏川）は、山（②岩木山）から流れる⑪沢から始まっている。その沢水の一部が何らかの土木工事によって台地の上へと引き込まれ、集落へと流れこんでいる（その後さらに沢の付け替えが行われたようで、現在ではこの水路には別の沢が引き込まれている）。台地に入った水は⑫水路を通って道沿いに東下し（写真3）、家々に引き込まれて生活用水になる。水はそこまでの間の⑬畑でも利用され、家々の周りの⑭田を潤し、また⑮神社（神《しん》明宮《めいぐう》）周辺の田にも引き込まれている。

折笠集落の形成は室町時代から戦国時代にかけてと考えられるが、自然の沢に細工をして台地上に水を引き込み、このあたりを灌漑したところから始まったのだろう。血洗川、鶏川から水を引き込んだ川沿いの田も見られ、上流には溜池もあった。そしてこの村は川の最上流部にあたるので、この村で使った水は、下流にある次の村が使うことになる。

水源となる山の方には⑯秣場《まぐさば》が見え、肥料や馬の飼料となる草をここで確保していた。またこの秣場の上には燃料となる薪材や家屋等の材となる木材や茅《かや》を取る山もあり、山では山菜・キノコも豊富に得ることができた。沢川や田、溜池では魚やエビ等がとれ、要するにこうして見ると、このエリアだけで生きていくのに必要なものはすべて手に入るようにできているのである。

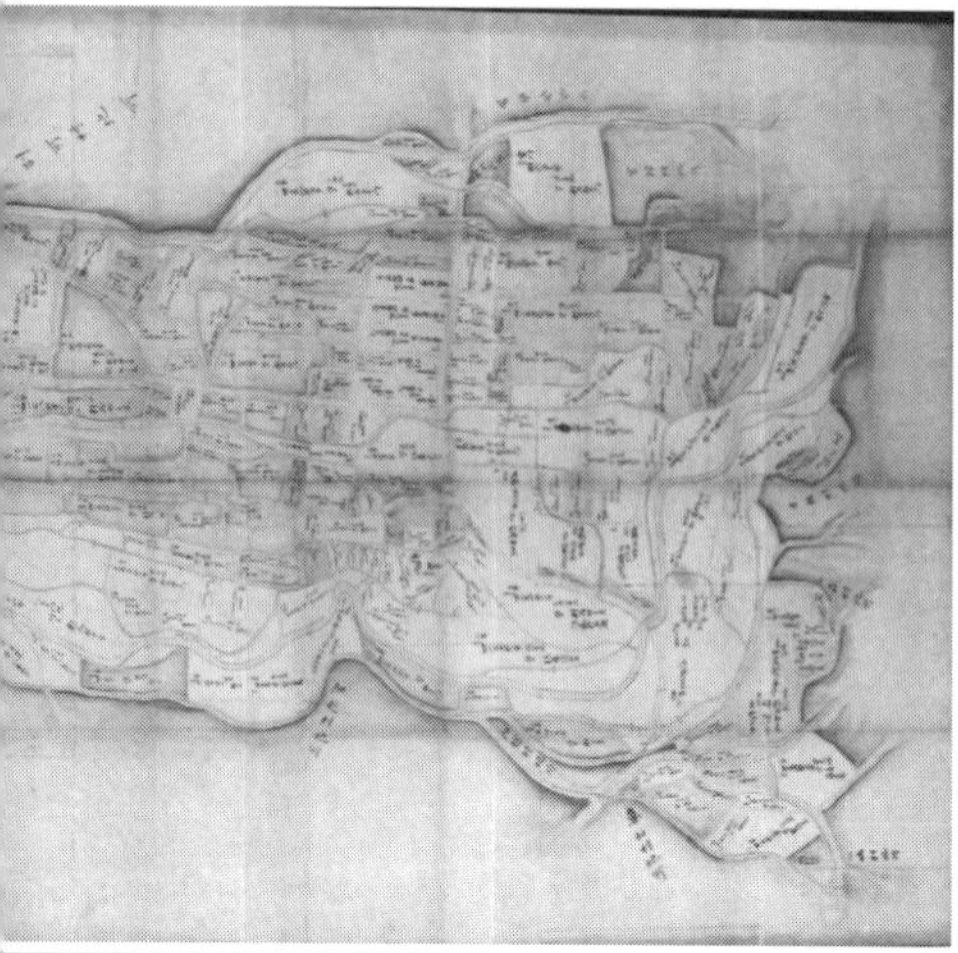

き起こし、いくつか説明を付け加えたもの。山下祐介「北東北の
こいの広場隣接地利活用方策検討事業報告書」（弘前大学文学部・

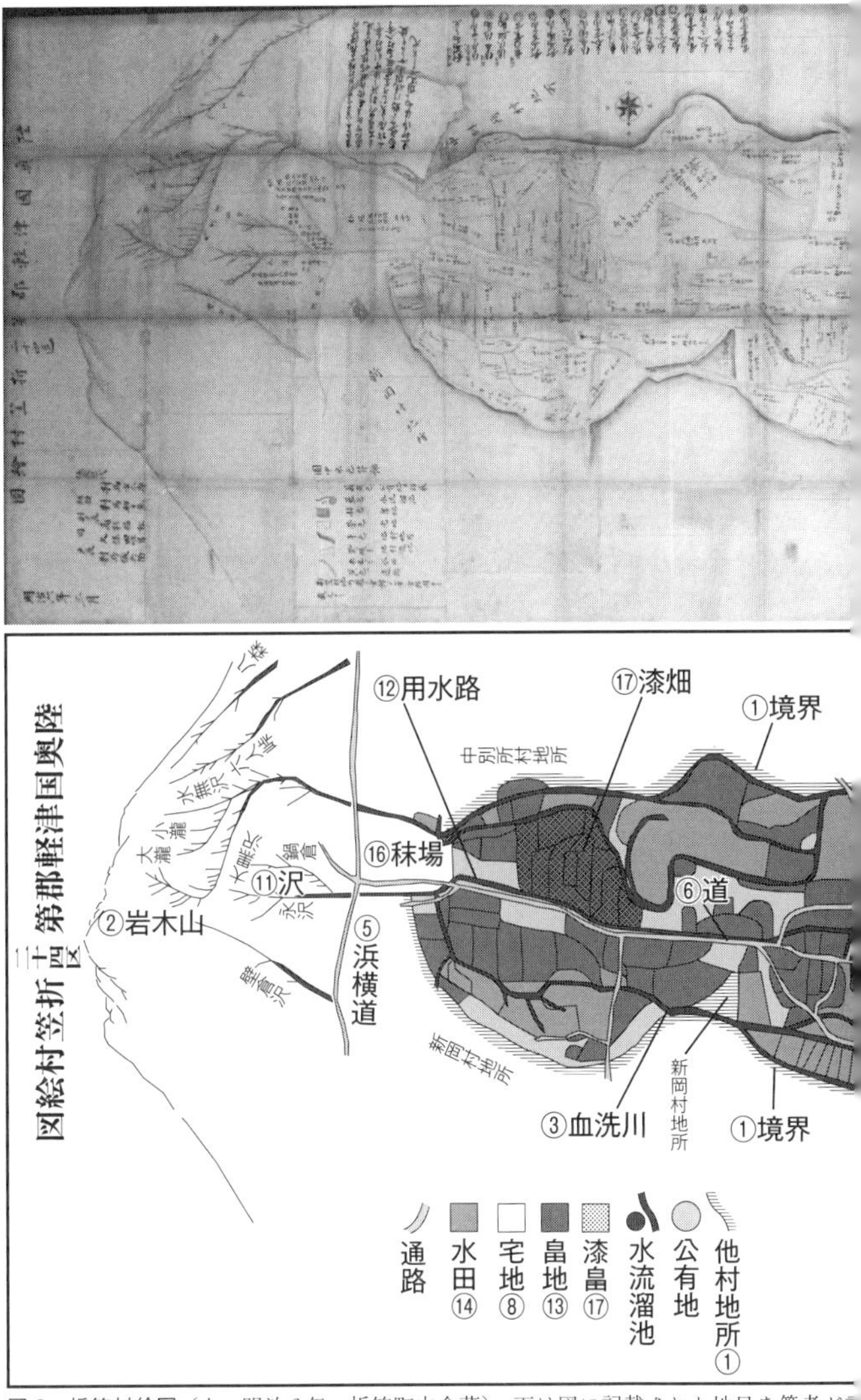

図3　折笠村絵図（上、明治6年、折笠町内会蔵）。下は図に記載された地目を筆者が書
農山村」（『北方社会史の視座第3巻』）および弘前市役所ホームページの報告書「弥生い
弘前市、2009年）も参照。

写真１（右）折笠集落から西に岩木山を望む
写真２（左）集落から下りる急坂の先に血洗川がある

その際、⑬畑で何を作っていたかだが、この図には何ヵ所か⑰漆《うるし》畑の記載がある。漆は、江戸時代の弘前藩では城下町で作る工芸品（漆器・津軽塗）の材料としてその生産が奨励されており、その名残だろう。が、いまとなってはこの地域に漆生産の記憶はない。畑で作っていたのはもっぱら雑穀類（ヒエ、アワ、豆類）であり、また家の周りには野菜畑があった。いずれも自家用で戦後までそうだった。

こうした畑も、さらに秣場や山林についても、現在はそのほとんどがリンゴ園に切り替えられている（写真４）。折笠のある船沢地区（明治から昭和前半期の行政村・船沢村）は弘前でも有数のリンゴの生産地である。また戦中から戦後にかけて、⑤浜横道沿いに新しく開拓村も誕生した（弥生、上弥生の二集落）。これらはもとは畜産や水田を目指したものだったが、いまは多くがリンゴ園になり、近年はキミ（トウモロコシ）の産地になっている（二〇八頁図4も参照）。

写真3（上）集落へと引き込まれた水路
写真4（下）折笠のリンゴ園

†田茂木村の場合〈事例2〉

このように生活財がワンセットそろった、中世までにできた村に対して、近世（江戸時代）につくられた村には、必要な資源がすべてそろわないバランスの悪いものが現れる。〈事例2〉は、青森県の岩木川下流域にある、中泊町田茂木《たもぎ》という近世の新田開発村である

（写真5）。図4は、分限図《ぶげんず》（「ぶんげんず」とも）と呼ばれる、やはり明治初期の図を写したものから作成した。

この村は江戸時代後期に成立した。他藩から募って入植させたとされており、この周りにはそうした新田村《しんでんむら》（江戸時代より前にできた村に対して「新田村」と言う）が多い。この村ができる前のこの周辺は①岩木川下流の低湿地帯で、ここは要するに広い湖（十三湖）の中であった。その中の少し高い場所に②家を建てて村を築き、そこに上流から水路（③大口堰）を引いて水田耕作を実現し、成立したような地域である。この村の領域を、まずは水路を伝って確認していこう。

村の東側から水路が入り、家々が並ぶ道沿いに水が流れていく（④家岸《やぎし》堰）。水はこの水路からそれぞれ家屋の裏にある田んぼ（⑤家岸の田）に入り、いったん⑥落とし堰におちて、その向こうの田（⑦向田《むげた》）に入っていく。低湿地だから⑦向田あたりでは岩盤は泥のかなり下の方に

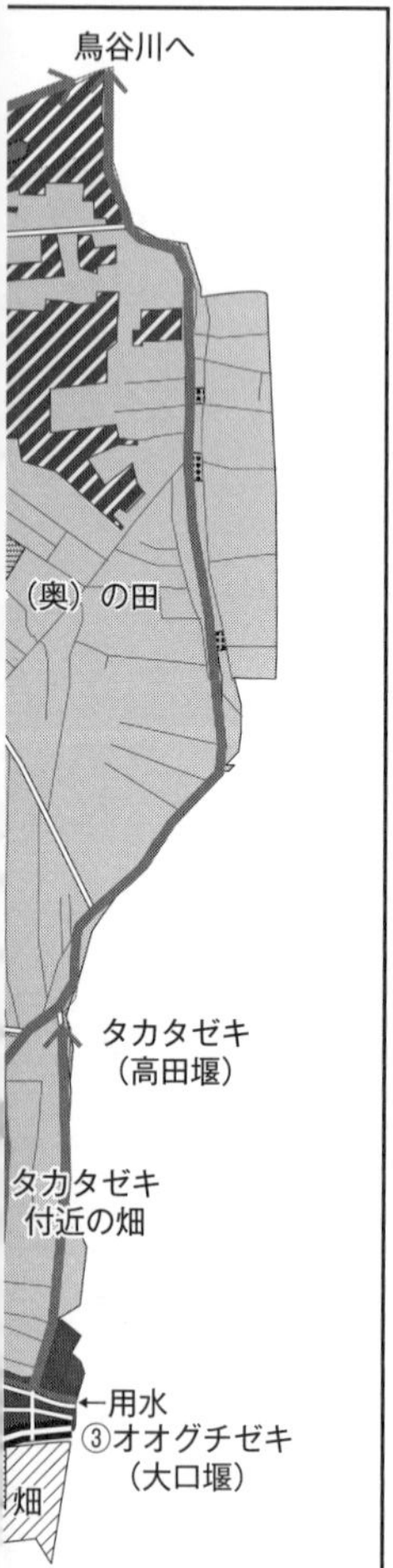

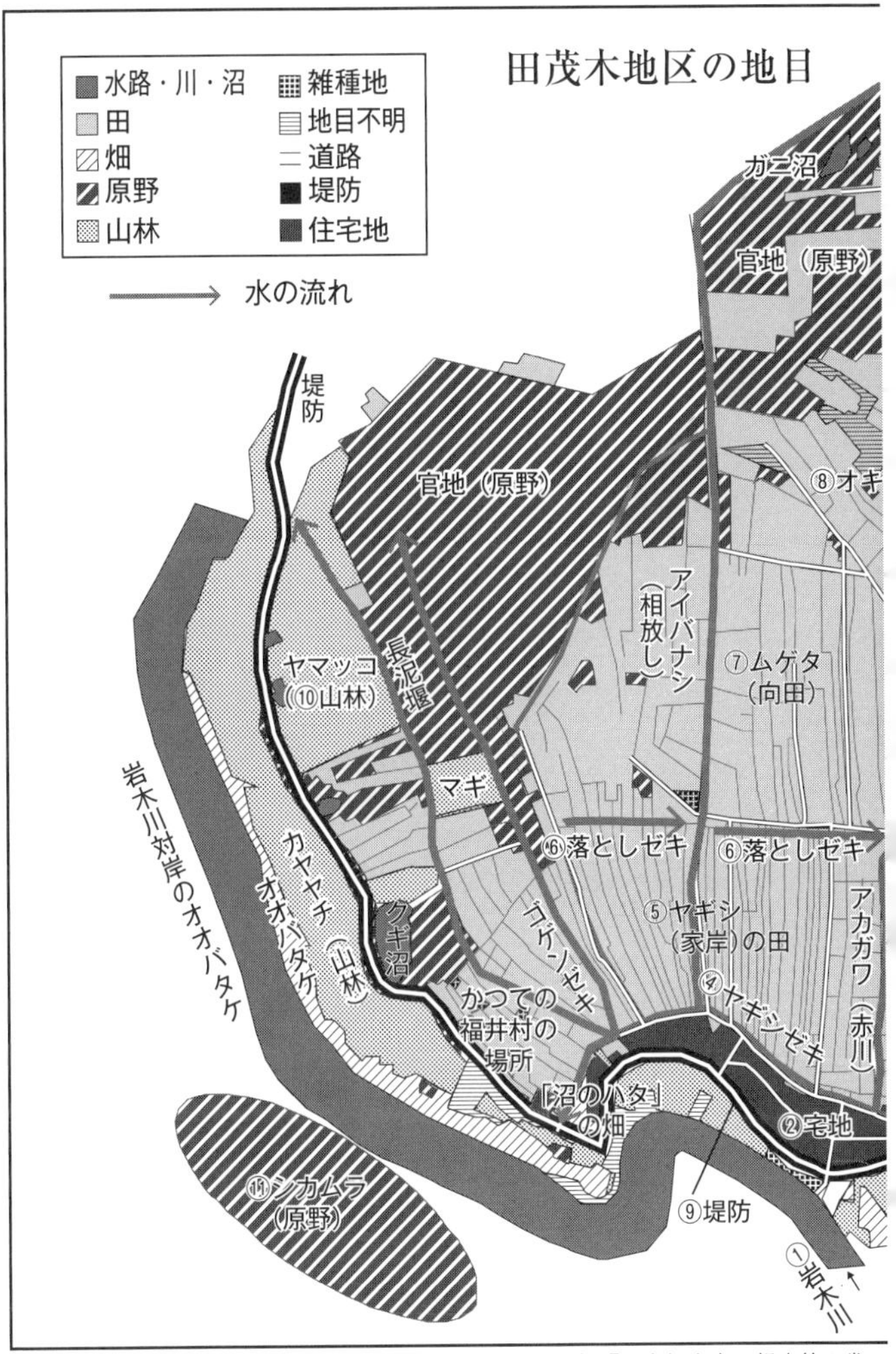

図４　田茂木地区の土地利用（山下祐介「北東北の農山村」『北方社会史の視座第３巻』152 頁に加筆修正。原図出所は大野あい佳「岩木川下流水田地帯の環境史」（2007）による。田茂木村分限図より聞き取りを重ねて作成したもの）

写真５　岩木川下流の水田地帯。手前に見えるのが田茂木集落（青森河川国道事務所提供）

写真６　腰切田（中泊町博物館提供）

あり、腰の上まで泥の中につかって耕作していた。俗に「腰切田《こしきりだ》」などというが、ここでは乳切田《ちちきりだ》だったという（写真6）。そのため、田の面積は非常に広いが土地条件は悪く、戦後でも反収《たんしゅう》二俵から三俵程度であったという（現在の反収は七から十俵くらい）。なお⑤家岸の田が細長い区画になっているのは、それぞれの家の持ち分がこうして分かれていることを示す。ここが最初に開発されたところであろう。ここから順に⑦向田《むげた》、⑧奥《おき》の田へと開発が広がっていったと考えられるが、順に標高が下がっていくにつれ水はけも悪くなる。この地帯はそもそも、雪解け水が出てくる春先には家屋のある場所まで水浸しになり、家々には船が常備されていたという。

　しかも用水の最下流部にあるため、低湿地帯であるにもかかわらず、最大の問題は渇水時の田植えのための水の確保であった。古い村にはたいてい飲み水に適した沢や泉があることは先に触れた。これに対し、新しい村は水の確保に事欠く例が多く、この田茂木村でも目の前の⑨堤防（当時は自然堤防）の向こうは岩木川だが、川の水位は宅地や耕地よりも下にあり、しかも大河だから、そこから水を引くことはできなかった。そのため十キロほども上流の山側にある溜池に水源を求めており、水路で延々と村まで引っ張ってきて利用していたのである。

こうした事情なので、最下流に位置するこの村では渇水になると真っ先に水不足となった。上流の村ほど早い時期に開発され、水の権利もそちらが優先になる。むろん建て前は平等だが、渇水になると構造上、上流で水をとられてしまい、結果として下流の方には流れてはこない。しかも水路や溜池の管理には、関わっているすべての村に労力提供が求められるから、最下流の村はそのすべてに出なければならず、言うなれば〝最も労多くして、最も得るものの少ない地域〟であった。ここに貧富の差も現れてくるのだが、こうした構造は水田地帯ではどこにでも見られたものであり、水不足と水喧嘩は瑞穂《みずほ》の国ならではのこの国の必然的現象なのであった。

また、この村の領域内には山はなく、畑も少ない。田茂木村の⑩ヤマッコの小ささ、畑の狭さを先ほどの折笠村と比べてみてほしい。そこでこの村では山向こうの漁村と交流し、その村の山の木や魚と、こちらの米とを交換してもらっていたという。

それでもなお（だからこそ）、村々は自前でできるだけ多くの生活資源を調達しようとしてきた。例えば燃料は、藁を燃やすか、茅《かや》を使った。茅はススキに似て通常のススキよりも大きなものである。この周囲の原野や川岸に広く繁茂し、とくに岩木川の中州には広い⑪茅場があった。四つの村で利用したのでシカムラと呼んだ。茅は屋根の材料になり、古い建築物にはいまも茅がふかれる。この地の茅は太く良質で、現在でも全国有数の生産地となっている。

また湿地帯から切り出してきた泥炭《サルケ》も利用された。泥炭とは植物の根っ子が腐敗したもののことで、泥の中から切り出してきて乾燥させて燃やすのである。また食糧にしても、川魚はもちろん、川沿いに自生するセリや水路のエビ・カニの類を補って利用しており、そして古老の話によれば、それがまた大変に美味なご馳走なのであった。

こうした村の状況が大きく変わるのは、昭和三十年代(一九五〇年代)までに上流にダムが建設されて水不足が解消し、また近代的な農業土木技術が導入されて排水=乾田化が進んだことによる。その後、農地の圃場《ほじょう》が整備され、ここで見たような短冊形の小区画の水田は大規模区画のものに切り替わっていった。現在では機械も入り、反収もよくなって日本でも有数の稲作地帯となっている。

†村のなりわい

こうして、土地・水・エネルギーに注目して資料を集めたり、現場を歩いて確かめたり、あるいは地域の歴史に詳しいお年寄りから話を聞いてみるだけでも、それなりの地域学が可能になる。そしてこの二つの事例を見ただけでも、すぐ近くの似たような農村集落にさえ様々な差異や特長があり、固有の歴史があることがわかるだろう。そしてその多くが江戸時代にその原型を求められることも。江戸時代は平和で安定した時代であり、各地域は各地に固有の役割を持って成立し、自らの生業をこなし、互いに互いの存在を必要としながら支え合っていた。

そして村々には、こうした基礎となる生業の上に、さらにプラスアルファとしての様々な副業があった。麻や綿、絹（養蚕）の生産、布や機織り、藁《わら》工品や竹細工、薪切りや炭焼き、狩猟採集、あるいは博労（馬による運搬）や漁労、さらには原料品の加工（酒、油、工芸品など）や商売（店および行商）、そして木製品の生産や大工仕事等々といった仕事が、それぞれの地域の土地条件や関わる町、都市との関係のなかで、時代状況に応じて登場し、あるいはまた消えていった。

ここでは農村の事例を見たが、山村、漁村にも様々なタイプがあり、そこにもまた村の土地の恵みで生きている地域もあれば、遠く離れた山や海での稼ぎを前提に成立している地域もあった。また各村には様々な技術を持った職人たちがいて、各地を回って仕事をすることもあった。桶づくりや茅ふき、大工もまたしばしば村の人々がやったのであり、鍛冶屋《かじや》や木地師《きじし》などもいた。

そして豪雪地帯（おもに日本海側）では冬期間の農業ができないため、出稼ぎは家業の一つでもあった。酒の杜氏や漁業出稼ぎ、あるいは狩猟出稼ぎなど様々な稼ぎ方があり、こうしたものもまた明治期以降に盛んに、かつ多様になっていく。大正・昭和を経てさらに都市が大きくなっていくと、都市への出稼ぎも盛んに行われるようになる。工員や炊事婦、あるいは屑物商や風呂屋など、都市の成長とともにさらに稼ぎの仕事のバリエーションは増えていった。そしてこうした都市出稼ぎさえも、人々はしばしば地域の知り合いを伝って働きに出たので、各地域にその地ならではの業態が見られたのである。

4 町と都市を考える

†生命の営みとして

ここまでの村の話にはとっつきにくい人もいるだろう。いまや読者のほとんどが都市生まれであろうから。

しかし都市であっても、環境の中に成立しているのは同じである。今度は生命の営みとしての地域を、都市や町の側から見ていくことにしよう。

都市についてもやはり、江戸時代を現代の原型とすることができる。
江戸時代の都市として際立つのは、各藩の政庁が置かれた城下町である。江戸時代に先立つ戦国の世において、各地の大名たちは、自らの城館と町を強力に結びつける「城下町」というかたちの都市を新たに形成した。この城下町が戦乱の終了とともに再編再配置されて、江戸時代の各地の拠点都市となっていった。

そのうちの一つ、青森県弘前市にある弘前城とその城下町を題材に、江戸時代の都市成立の条件を考えてみよう。弘前城は、戦乱を制し、大名となった津軽家（弘前藩）の居城。先の〈事例1〉折笠村や〈事例2〉田茂木村の領主であった。

江戸時代には一般に三百余藩があったといわれる。戦国時代、各地にはたくさんの城館があったが、幕府からは基本的に一藩につき一城への再編整理がせまられた。こうして各地で、中世までの城館を廃して再編統合した近世の城が生まれ、その城下町が築かれた。

城にはそれ以前の城館がそのまま利用されたところもあるが、新たに城がつくられ、それに伴い城下町もまた新しく形成されたところが多かった。弘前城は後者である。戦国時代までの城館である大浦城、堀越《ほりこし》城、大光寺《だいこうじ》城、和徳《わとく》城など、各地に点在していた拠点は廃棄され、引き揚げられた。ちなみに戦国時代に折笠の人々がしたがった津軽為信（大浦為信）の居城は大浦城で、折笠集落からは目と鼻の先の距離だった。弘前城は二代藩主・津軽信牧《のぶひら》の代に完成し、藩内外の各地から城下に家・人が集められて城下町が形成されている。こうした城下町が、先ほどの村々と同様に、生命の営みとして成り立つための環境条件を考えてみよう。

†城下町の土地と水——弘前城〈事例3〉

まずはやはり盤石な土地。かつそこは防衛上もしっかりと守れる地形でなければならない。それゆえしばしばその場所は、外から攻め込まれた際の防御を考えて土地の起伏のある高い場所が選ばれた。弘前城も高岡という小高い丘に築かれ、川（岩木川、土淵川《つちぶちがわ》）にはさまれた場所が利用されている。

しかしまた城を築く土地は、軍事的な防衛以前に、所領の統治を実現するのに適した交通の要所でもある必要がある。戦国時代は戦時に有利な山城が好まれたが、山城は城下と距離があり、江戸時代にはむしろさけられ、統治に便利な平城《ひらじろ》が選ばれてもいった。弘前の場合、津軽平野を潤す岩木川の中流部に置かれ、交通の要衝として機能するとともに、戦国時代に敵対していた主要勢力のいたところからもほどよく距離を置き、また戦時においても有利な場所が選ばれたようだ。

さてその際、水をどう確保したのかが問題となる。都市は人口密集地帯。飲料水はもとより、清潔を保ち、公衆衛生を確保するためにも大量の水がいる。

図5を見てほしい。真ん中にある広い区画が①弘前城である。西に②岩木川、東に③土淵川が流れており、土淵川の支川である④寺沢《てらさわ》川とあわせて、三つの川にはさまれた台地の上にこの城はある。

台地の上には沢はない。城は堀で囲まれているが、その水は自然に底から湧き出ていたようだから地下水は豊富なようだ。その城の中を一本の用水が流れている。⑤二《に》階堰《かいぜき》である。

この二階堰がどこから来たかをたどっていくと、その入口は城のずっと西方の⑥上岩木橋そばになる。この堰で岩木川から取水され、⑦茂森の禅林街《ぜんりんがい》(「Ⅲ　歴史と文化の章」参照)の裏を抜けて、城の西側から城内に水が引き込まれている。城の中では⑧護国神社の南を通って⑨大浦町に出ており、城を抜けてすぐが大浦町なので、⑩大浦城から人々はまずここに入り、町の開発をはじめたということなのだろう。堰はここから⑪東照宮の裏を通り、③土淵川に落ちている。

要するに、岩木川に細工をして流れを台地に引き込むことで水を確保しているのだが、ではそれがどんな改変だったのかというと、このお城の西にある⑫西堀に注意してほしい。西堀はゴールデンウィークが見所となる弘前桜祭りの名所の一つだが(Ⅰ章扉写真)、この堀は実はかつての岩木川の名残なのだった。つまり二階堰の流れこそ、本来の岩木川なのである。

江戸時代初期の絵図(後掲Ⅱ章図7、一〇八頁)を見ると、この流れは「岩木川」として記載さ

②岩木川
⑧護国神社
⑤二階堰
⑨大浦町
⑫西堀
⑭下町
①弘前城跡
⑪東照宮
③土淵川
⑮城西団地
⑬藤田記念庭園
⑦茂森禅林街
④寺沢川

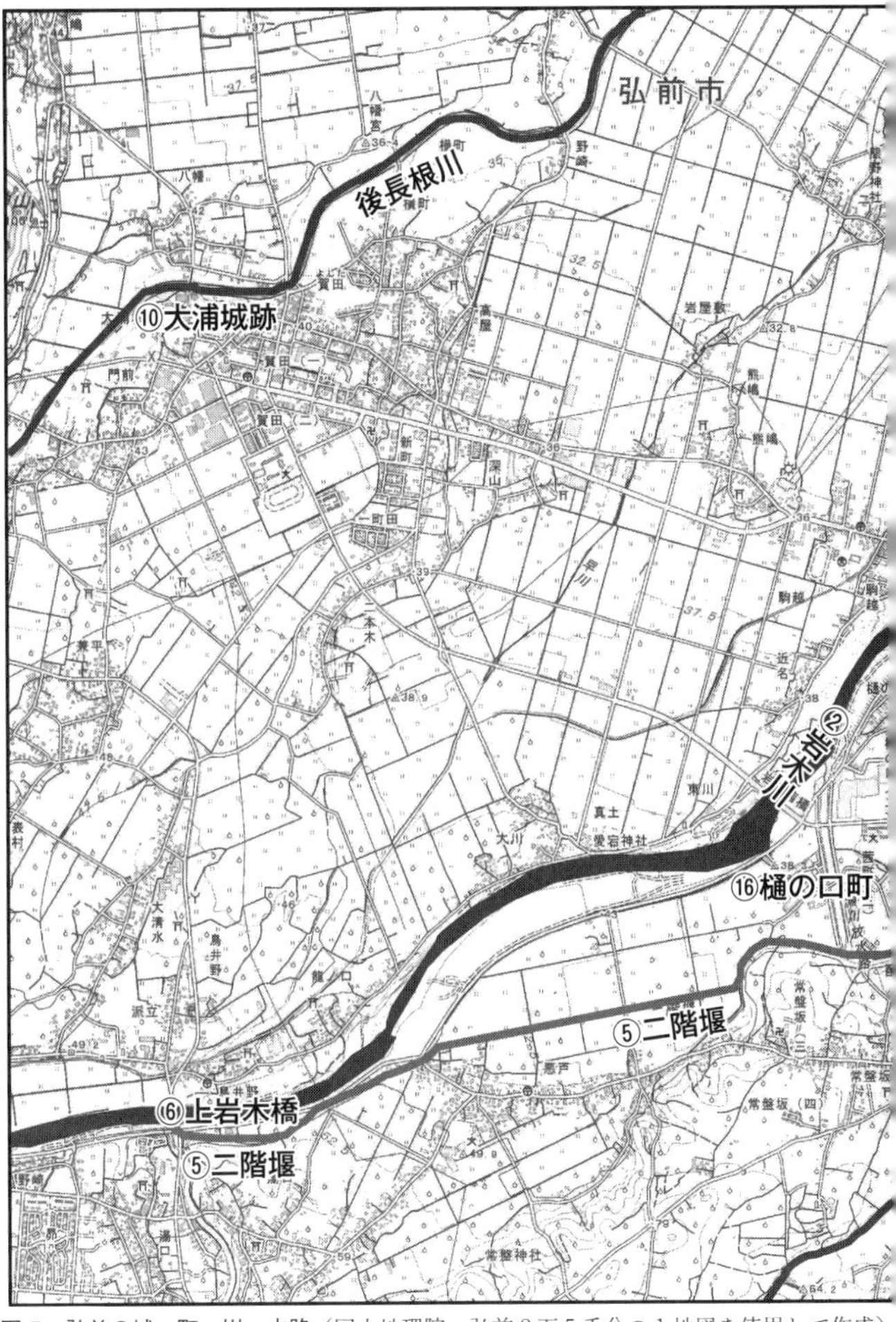

図５　弘前の城、町、川、水路（国土地理院・弘前２万５千分の１地図を使用して作成）

れており、用水は図中の点線のように現在の⑬藤田記念庭園のところから城の方に引き込まれていた。岩木川はこの時、現在の②岩木川（駒越《こまごし》川ともよばれた）と⑫西堀への流れ（同じく樋ノ口川と呼ばれた）に分かれていたが、このうち城に近い方の川（樋ノ口川）をとめて現在の河道（駒越川）にまとめたのだという。

そして流量が減った樋ノ口川の周りにはその後、宅地の開発が進み、⑭下町（五十石町《ごじっこくまち》、袋町《ふくろまち》、鷹匠町《たかじょうまち》など）が形成された。河岸段丘《かがんだんきゅう》の上にあるお城から見ると下方になるから下町であり、これに対し城と同じ高さにある町を上町ともよんだが、これはむろん江戸時代にはそこに住む身分の上下も表していた。そして昭和四十年代（一九六〇年代後半）、弘前市街地の急速な拡大に伴って、城の西南側には新たに⑮城西《じょうせい》団地もひらかれることになる。よく見ると、この団地の区画の形にも、かつての河の痕跡が残っているようである。

こうして、弘前という都市もまた河川の流れを制御し、その一部を台地上に用水として引き込むことからその形成が始まっている。巨大化してはいるが、構造は先ほどの折笠村と同じである。つまりは土木工事によって水をうまく操り、そのことによって新たな地域の形成が実現されているのであった。

†交通——食糧とエネルギーの運搬

地域成立のもう一つの条件が、エネルギーの確保である。都市は村落と違って食料や燃料を生産しない。だから、これらをどこかから運んでこなければならない。

物資の運搬には、かつては人や馬の背のほか舟が使われた。弘前城のように、城がしばしば川そばに築かれたのは、防御や水の確保ばかりではない。運送の便のためでもあった。弘前城の堀は防御用（あるいは象徴）だが、全国の城下町には運河を目的として整備された堀も多い。例えば、東京の地図を見ると現在でも江戸城を取り囲む堀が幾筋も確認できるが、これらの多くが物資運搬のためのものであった。堀や川には船着き場が各所に備え付けられていた。

弘前の場合、河川を用いた運搬では冬の間に使う燃料の確保が重要だった。いわゆる「流し木」であり、遠く三十キロもの距離を経て、現在の世界自然遺産・白神《しらかみ》山地から人の手によって大量の木材が運搬された。木材は図5にある⑯樋の口の土場《どば》にあげられ、弘前の町の薪として使われた。昭和三十年代（一九五〇年代後半）以降に地球の裏側から石油が運ばれるようになるまで、ずっとこの方法がとられていたのであり、こうして都市は村や山と固く結ばれることでその燃料を確保したのであった。

以上、都市の生命の営みをとらえてみると、先ほど村を基準に考えたものに加えて、もう一つ大事な基本条件がここに加わってくることがわかる。

それは交通である。

都市は食糧も燃料も生産できないのだから、その存立に必要なエネルギーを外から導入しなければならない。都市の人々が生きていくには、村々で生産された食糧や燃料が常時搬入されている必要がある。都市が成り立つには、水とエネルギーに加えてもう一つ、交通が必須である。そしてこうして整備された交通・流通網によって物資が往来するので、村々もまたすべてを自家生産でまかなう必要がなくなり、先ほど見たような近世の村――何かに特化して集中的に生産し、自給自足からは大きく離れる集落――も現れるのであった。交通の中で生きているのは実は村も同じである。交通はだから、都市のみならず村が存立する条件でもある。

5　地域をつなぐ道

†道という生命維持装置

すでに述べたように、縄文時代にはすでに交易が広く行われていたと考えられている。モノだけが人手を伝って遠距離を旅することもあったろうが、モノが移動するなら人も同様に往来したはずである。古くから人が列島の東西南北を行き来し、モノを融通しあうことで、私たちの暮らしは成り立ってきた。モノや人の移動は、水やエネルギーと同様に私たちの生活の本質に関わるものらしい。他所から切り離され孤立した地域の暮らしという方が、現実には考えにくい。

どんなに山間奥地の閉ざされた村でも、いや奥地だからこそ、交易を必要とした。「塩の道」というものがある。塩は人間が生きていく上で不可欠なものだが、塩を手に入れるには海に出なければならない。山間部の村々は必ず海へと通じる道をもっている。そうでなければ生きられないのである。

人もモノも移動する。交通や交易もまた人間の暮らしの基本であり、水や燃料と同じく、生きることの条件である。

他方でそうはいっても、江戸時代より前（中世）の交易にはその流通量に限界があり、ある意味では都市もまた自給自足的であった。城館は村々と近接しており、支配権力者は農村や漁村のすぐそばにいた。

戦国時代の競争圧力は、こうした支配者たちを村から離脱させ、城と城下町を形成させて武力・支配力の集約化を図ることを強いた。そして江戸時代、生産の場である農山漁村から引きはがされた、純粋な都市が誕生することとなる。そして都市は村から引きはがされたので、だからこそしっかりと村々につながっていなければならず、その間をつなぐ交通・流通が、江戸時代においては、都市で生きるのにあたってさらにより重要な基本的必須条件となったのである。

†地域の結節点としての都市

このことをふまえてもう一度、弘前という都市を眺めてみよう。

図5でも、よく見れば城を中心にして、方々から道がこの都市に入り込んでいるのだが、これはすでに都市が拡大しきったあとの地図なので、その原型を確かめるために、昭和三十年前後の地図を広げてみよう。図6がそれである。ここにはそれぞれの道がどこにつながっているのかを示しておいた。

①和徳町から撫牛子《ないじょうし》を通り、北上する道が羽州街道《うしゅうかいどう》（国道七号）で、県庁所在都市・青森に通ずる道である。道はこの先、さらに分かれて岩木川右岸の町や村（その中に〈事例2〉の田茂木村も含まれる）にもつながっていく。

②境関《さかいぜき》を通る道は、平川を渡って田舎館《いなかだて》・黒石、そして山形（昭和合併前の山形村、現・温湯《ぬるゆ》温泉郷）へ。また③猿賀《さるか》・尾上《おのえ》へ。

東に向かっては④高田・新里《にさと》を経て、大光寺（平賀《ひらか》）へ。そして南へ向かっては⑤門外《かどけ》・堀越を経て石川へ。

図6 弘前市街地と主要道(国土地理院旧版地図、昭和29年「弘前」、昭和32年「黒石」より作成)

⑥羽州街道の南側は小栗《こぐり》山《やま》経由で石川へ。石川からは山間部に入って大鰐《おおわに》、碇《いかり》ケ《が》関《せき》、矢立《やたて》峠を経て秋田県境に入る。その手前、千年《ちとせ》から分かれて⑦大和《おおわ》沢《さわ》・座《ざ》頭石《とういし》へ。

⑧小沢《こざわ》への道は久渡寺《くどじ》にむかい、西へは⑨常盤《ときわ》坂から相馬《そうま》へ。さらには岩木川を遡って目屋《めや》・白神山地へ。

また⑩駒越で岩木川を渡って、大浦経由で百沢へ(〈事例1〉の折笠には、大浦から接続する)、さらに岩木山を西回りして日本海へ。

日本海岸へはまた、⑪紺屋《こんや》町から岩木川を渡り、石渡《いしわたり》経由で岩木山を東回りもできた。また⑫石渡から北上して岩木川左岸の町や村につながる道もあった。

こうして文字通り四方八方に拡げられた道を通じて、江戸時代であれば年貢米その他の物資が領内から城下に集められ、その一部が支配層の暮らしを支える俸給として配分され、消費されたのである。

そして村の人々も城下町や在郷町でモノを売り、またモノを買って暮らしを成り立たせた。城下町はそうしたモノを売り買いする市の場でもあり、その市に入るのにも道が必要だった。城下町は職人たちを集めた工業都市でもあり、様々な品物がここで作られた。また何より都市は、人が集まり、情報が集まり、新しい文化が生まれる場であった。すべてこうした活動は、交通や交換・交流が安定的に行われていることによって可能になるわけだが、そうした状態を維持する力が都市の権力であった。そしてそれはまた逆に、こうした道や市を通じた交通・交換・交流がなければ、統治も権力も成り立たないということも意味している。

なおこうした道はただ道としてあるだけでなく、その道沿いに町がまた新たに形成されていくことにも注意したい。俗に「京都七口《ななくち》」などともいうが、図6の弘前の城下町でも、城下町から道が出て行く場所（「口《くち》」）の道沿いに都市郊外の町が細長く形成されているのが見て取れよう。周辺の農村の人々からすれば、都市の真ん中にまで入らなくても、街道沿いに店があればそこで用を済ますのが便利である。都市と農村の境目となる「口」には、人の集まる町ができていく。こうして都市の中の町は都市の人々向けの商売に、都市の外縁部にある町は村の人々向けの商売にも分かれていく。

†道はさらに都につながる

ところで、この交通・流通はもちろん、各藩のうちにのみとどまるものではなかった。全国規模でもモノは流通した。江戸時代、各藩の領民が生産した物資は、道（陸・海）を通じて領域外へと運ばれていった。全国流通の中心は大坂・京・江戸であり、そこで年貢米や各種生産物が別の産品に換えられ、各地に戻っていった。図6の道にもそれが現れている。

①青森への道・羽州街道は青森で奥州街道に接続し、青森から陸路を北上し、海を渡って北海道につながる道であった。青森湊からの海運もあった。他方、大坂・京へは、⑩日本海側に出て鰺ヶ沢《あじがさわ》や深浦の湊から船が出た。そして江戸への陸路は、⑥羽州街道を南下する大鰐・碇ヶ関からの秋田県境越えの道が使われ、碇ヶ関の関所を出るとすぐに道は分かれて、一方は鹿角《かづの》経由で盛岡へ、またもう一方は大館《おおだて》経由で秋田につながっていた。こうして道は主要な都市と都市を結び、江戸・京都・大坂という日本の中心にもつなげられていた。

ところで道は本来、軍用である。兵士や兵糧を必要な場所に送り込むのもまた、道の重要な役割であった。そして各地に置かれた関所は通行税を取るとともに、境界で人の移動を管理し、いざという時には封鎖して自国を守るために設けられていた。江戸時代には参勤交代が行われ、国元と江戸を往復することが義務づけられていたから、街道はこうした人々や物資を運ぶのにも欠くことのできないものだった。

情報もまた道を通じて運ばれた。電信電話のない時代は、通信も基本は人の足によった。伝馬（郵便の前身）もまた街道に備えられていた。そしてこのことはいまも、道路や線路に電話やインターネットの回線が配置されているのと同じことである。

こうして道は、地域を「つなぐ」ことを通じて私たちの暮らしを成り立たせる重要な装置である。各地域は道によってつながっている。道の整備は国家権力／都市の成立とともに現れる。いやより正確に言えば、街道の整備と維持は、国家や都市を確立するのに絶対不可欠の条件なのである。幹線交通網は古代からいままでずっと権力が掌握し、整備し、維持してきた。道の整備と権力は一体である。そして道には、陸の道のみならず水（海・川）の道があり、右に触れたように用水路（堀・運河）もまたしばしば道だった。都市というものはこうした交通の結節点であるとともに、この交通の中でこそその生命が維持される、そういう場である。地域と地域を結ぶ網の目に都市は現れる。

†都市の移動、城館の盛衰

さてその際、都市というものがしばしば盛衰し、それに伴って道もまた移り変わることにも注意をうながしたい。村が一度成立すれば、農地や山林、川、海など自然資源との関係でよほど大きな災害でも起きない限り容易に場所を移すことがないのに対し、都市は権力体が移動することで場所を移し、跡形もなく消えることさえある。

日本の都市の中の都市、首都がそうである。古代の都城のうち、飛鳥清御原宮《あすかのきよみはらのみや》や藤原京など古い都の多くは、遷都によってその役割を終えると都市としての姿を消滅させた。いやこうした首都の他にも、古代の外交・軍事拠点であった場所（太宰府や多賀城《たがじょう》など）や、地方政庁が置かれた国衙《こくが》・郡衙《ぐんが》もまた、その多くが時の流れのうちに消えている。

もっともまた、こうした都城や国府のすべてが消えたわけでもなく、難波京《なにわきょう》（大阪府）、平城京（奈良県）、平安京（京都府）は現在においてもなおその場所に都市が生きつづけており、国府や郡衙にもまた周辺地域の中心でありつづけているものがあるようだ。国府（甲府・府中・国分など）の名を残す都市はいまも各地に見られる。

同様に中世の城館も江戸時代にその多くが廃止されたが、これらもまた小さな町場や周辺農村の中心的な集落として命脈を保っていることが多い。先の弘前の例（図6）では大浦や堀越、石川、大光寺などがそれにあたる。一見、ちょっとした商店や公共機関の集まりのようにしか見えない小さな町が、かつての城下町の名残だったりする。そしてこれらがいまも必要なのは、モータリゼーションが進んでもなお暮らしには、徒歩による移動で生活できる江戸時代前の結節点が便利だし、また必要だからである。

そして鎌倉幕府の拠点となった鎌倉。これはいわば江戸の前身ともいえるものだが、これとてもなお宗教都市・観光都市として息づいているのはその文化的必要性からであった。

こうして統治拠点としての機能を失っても存続しつづける都市はいくつもあるが、とはいえやはり村と比べれば、都市は栄枯盛衰が激しいといえる。ここでさらに確認しておきたいことは、そうした都市の栄枯盛衰にあわせて道もまた変化するということである。そしてこの道の変化がまた都市や町の変容をも引き起こす。青森県は列島の周辺にすぎるので、ここでは山陽道の例を取り上げてみる。

†山陽道の変遷〈事例4〉

現在の広島県東部（備後《びんご》地域）の主要道は①国道二号、②JR山陽本線であり、また多くの人が東西の交通に③山陽新幹線を利用するので、私たちは工場がひしめく南側／瀬戸内海沿岸側がこのあたりの地域の中心で、北側／山側の地域の方は遅れてできた場所だという印象を持ってしまうようだ。

だが歴史をひもとけば、この沿岸の都市はきわめて若く、古代の官道である山陽道はもっと内陸を、それも真っ直ぐに走っていた。図7をもとにそれを確かめよう。

図中に④旧山陽道と示したのがその道で、現在の国道四八六号に沿っていた。福山市に昭和合併した駅家町《えきやちょう》の「⑤駅家」の名はそこからとられており、ここには品治駅《ほんじのうまや》があったという。ここから西に進むと⑥府中市の市街地に至って、ここがその名の通り古代の国府のあった場所とされる。この道沿いには備後国一宮とされる⑦吉備津《きびつ》神社や、同じく一宮を名乗る⑧素盞嗚《すさのお》神社のほか、古墳や古寺が並んでおり、この山側の地域が非常に古い歴史をもっていることは疑いない。そもそもかつては海がもっと内陸に入っていて、図中に記した⑨宮の前廃寺跡や⑩石神《いしがみ》神社（⑧素盞嗚神社の前身ともいう）の近くまで海だったという。古代の「穴の海」や「吉備《きび》穴国《あなのくに》」をここに比定する説もある。これらに対し、いま国道二号が走る海側の地帯の一部は、かつては海の底だったのである。

が、道はこれに尽きない。いま見た古代の旧内湾から海に出ると、そこには⑪瀬戸内海というもう一つの道、海の道があった。山陽道の南下はまた、この海の道の変化とも絡んでいる。すなわち⑫尾道《おのみち》の開発である。

もっともこの⑪瀬戸内海という海の道は、おそらく山陽道が官道として開発されるよりもも

図７　山陽道の変遷（備後地域）

っと古いものである。船を使った古《いにしえ》の高速道路といってもよいのだろう。この海の道の象徴といえるのが⑬鞆《とも》の浦であり、近年はジブリ映画の『崖の上のポニョ』の舞台のモデルとしても有名になったが、ここはちょうどその瀬戸内海交通の中間点にあたり、古くから潮の満ち引きに左右される船はここでみな進路の調整をはかった。そのため歴史上の人物の多くがこの場所を訪れており、神功皇后《じんぐう》は伝説だが、新元号・令和に関わる大伴旅人《おおとものたびと》や、天台宗・最澄、真言宗・空海もここを通っている。室町幕府の成立（初代将軍・足利尊氏）と終焉（最後の将軍・義昭《よしあき》）にもこの地は深く関わり、さらに幕末、日本開国直前の黒船・ペリーもまたここに立ち寄った。坂本龍馬が海援隊の船・いろは丸を失ったのもこの地である。なお、鞆の浦の西南にある⑭田《た》島《しま》（旧内海町《うつみちょう》）にはさらに古く、神武天皇の高島宮があったという伝承地（幸崎《さいざき》、神ノ渡、内裏浜、御手洗河、矢の島、御用池、天皇ノ浜など）が数多く残っており、これらが伝承としても、その地形からして⑬鞆の浦よりさらに古い海の道の痕跡を示していそうである。

そしてこの瀬戸内海交通の最重要地の北には、⑮国宝・明王院《みょうおういん》と、⑯中世の湊町・草戸《くさど》千軒《せんげん》遺跡（現芦田川の中にある）があり、⑰旧芦田川の内湾（穴の海）で上陸すれば（現在の芦田川下流部は掘削による新川）、先ほどの⑤駅家付近で旧山陽道と接続することになる。陸の道にはさらにここから北に中国山地に分け入り、東城《とうじょう》、木次《きすき》、三刀屋《みとや》から出雲へと北に抜けていく日本海と瀬戸内海を結ぶラインも想定されている。山間部の山野町《やまのちょう》にある⑱岩穴宮《いわなぐう》・岩屋《いわや》権現は式内社・多祁伊奈太伎佐耶布都神社《たけぎのいなたきさやふつのじんじゃ》として古くその存在が確認され、ここが山中の道の一端であったことをうかがわせる。岩穴宮は巨大な石灰岩塊の洞穴をそのまま祀るものであり、原始信仰の名残をとどめている。

これらに対し、江戸時代の⑲福山城はかつての内湾の南端と想定される場所に築かれている。この城の南側にある村々の多くは江戸時代に開発された新田村である。そして江戸時代の⑳山陽道は、東から来ると㉑神辺本陣で南に曲がり、⑫尾道へと向かう現在の国道三一三号／国道二号に沿ったルートがとられていた。そして現在の国道二号になるともはや山側は通らず、福山から東側も海そばを通るルートとなっている。

こうして神話の時代にまで遡って、この付近の東西の広域道を確認してみた。山陽道は都と九州北部を結び、さらには朝鮮半島へとつなぐ古代の最重要道である。道はこうして広く都市と都市、国と国をつないできたわけだが、その中で支配のあり方や、それに伴う各都市の栄枯盛衰にあわせて、道もまた変化を遂げてきた。いや、道の変化が都市や町の栄枯盛衰を決めることさえあったのである。

†道沿いの町の生成と記憶

海沿いの村や町をつなぐ海路は、自動車交通に多くが切り替わった現代ではしばしば廃れてその道筋が見えにくくなっている。これに対して、陸路による内陸の村や町との交流は、それがたとえかつての繁栄を失っても、その痕跡は長期にわたって残り、何らかのかたちで利用されてもいく。

興味深いのは、こうした古道には、いま確認したように江戸時代の城下町よりも古く、規模の小さな町々が多数連なっていることである。政治の所在地としての都市は権力体制の変革によって移り変わるが、一度できた網の目は、権力の所在が移ってもなお規模を変え、形を変えて残存するものらしい。いや、広い領域の支配は中核の都市だけでできるものではなく、権力が城下町に集約されてもかつての城館や政庁が伴っていた町は引きつづき必要とされ、周りの地域によって利用されて、統治の実現にも寄与してきたということなのであろう。

小さな町にはもちろん、古いものの残存ばかりでなく新たな政治体制や経済体制を支えるために新しく開発されたものもある。江戸時代には、全国の人々の往来を可能にするための宿場町が街道沿いに形成された。主要な宿場には、各藩に義務づけられた参勤交代のため、藩主ら一行が利用する本陣・脇本陣も設置されたが、そうした町には当然、人・モノ・情報が集まるので、各地の主要な結節にも育っていった。街道を使うのはもちろん為政者たちだけではない。交易のため、その他様々な所用のため、庶民も使う。人の往来が増えれば、そこで人々の便宜を図るために様々な商売も成立する。町が交通を可能にし、また交通が町を生み出す。江戸時代には伊勢参りや熊野詣なども大衆化した。交通を通じて多様な人が混じり合い、交錯していく。

そして各地の有力な神社・寺院には、江戸時代以前から門前町が展開した。そもそもこうした神社・寺院が関わって各種生産物を加工し、酒や油、紙や蠟燭などを作り、流通させる「座」や「市」が生まれてもきたのであった。先の図7にも、⑮明王院の門前町と考えられる⑯草戸千軒遺跡があった。中世庶民の門前町ともいわれるこの町はすでに消滅した都市遺跡だが、いまも多くの有力寺社の前にはこうした寺社町が息づいている。

こうして都市とは、一方で統治の拠点であるが、そうした機能を離れても、他方で村や町と密接につながって協力関係を築き、人・モノ・情報を集めて交流する、そういう関係の結節点として現れる場、地域なのだといえる。そしてこうした場に多くの庶民が集い、統治の意図を越えて経済もまた発展してきたのであった。

6 生命の場としての地域

†分業の中の多様な地域

さてこのように都市と町・村の間の交易と分業の中に各地域を置いたとき、各地の「なりわい」（地域に固有の生業）の意味が、それぞれの地域だけを眺めているときよりももっと鮮明に見えてくるはずである。村も町も、それぞれ全体の中の何かの役割を担ってそこにある。何の役割もない地域などない。各地域は役割を通じて全体のうちに組み込まれ、その生命を実現させているのである。

都市農村圏全体の中で、食糧を出すところ、使うところ、木材を出すところ、加工するところ、商品をあきなうところと、村にはそれぞれの役割がある。支配や統治を行う者も、ただ上位にいるのではなく、こうしたモノの循環を安定させ、全体を上手に調整する役割を果たす者なのだということができる。そして町に暮らし、食糧を加工したり消費したりするだけで生産はしない職人や商人も、こうした全体の中ではじめて暮らせるのであり、それはもちろん現代で言えば行政機関に勤める公務員も、かつての武士たちと同様に、給与によって暮らしに必要なものを調達可能になっているから、自分の仕事を担うことができるのである。

とはいえ、江戸時代の暮らしをいまから振り返れば、そうはいっても現代に比べてすべてが分業されているわけでもなかった。このことにも注意が必要である。専業の漁家も家の裏には畑を持っているように、武士階級でさえたいてい必要なものは自分でこしらえた。藩によっては、農民か武士かわからない人々も大勢おり、多くの武士がまたいまみたいな完全な意味でのサラリーマンではなかった。明治期を経て経済が発展し、人口が増え、分業社会が完成していくことによって、家の裏の畑が次第に不要となっていく。江戸時代はこうして、私たちにとって、現在までに生じている変化の中の過渡期——ただし重要な過渡期である。

†様々な生業

ここで、これまでの話をふまえて、全体を成り立たせている分業のパーツを列挙しておきたい。ここでは時代をもっと現代に近づけて、昭和三十年代（一九五〇年代後半）あたりの状況を念頭に記述していく。

①農という生業

まずは農。農作物については、日本には古来より米、雑穀（むぎ、そば、あわ、ひえ）があり、そして大豆・小豆などの豆類のほか、遅れてイモが入って、これらが食の軸をなしてきた。これらをどのくらい自家用に作り、食べ、また残りを売り、そして買っていたか（交換で手に入れていたか）は地域によってまちまちである。

野菜が販売用に広く作られるようになるには、買い手の増加（都市住民の数が増えること）とともに、運搬の条件が整うこと（とくに自動車と冷蔵庫の普及）が必要である。いま私たちがスーパーで見るような全国レベルで産地化された野菜が一般化するのは昭和五十年代（一九七〇年代後半）以降のことである。果物についても同様だが、果実はもともと明治期に職を失った武士の授産事業として盛んになった経緯があり、産地の形成は早かった。青森のリンゴ、山梨のブドウなどがその典型である。とはいえこれもまた戦前までの生産は少量で、いまのような大量生産は昭和四十年代（一九六〇年代後半）以降のことである。畜産もまた、多くは戦後のものといってよい。

もっとも、大都市近郊には古くからすでに消費文化が形成されて、周辺の村々からの野菜等の産地化・供給は行われていた。いわゆる京野菜も、都に買い手がいるから発達したのである。江戸も同じで、小松川の小松菜、早稲田の茗荷《みょうが》、練馬の大根などが産地として有名である。農産品の加工販売は、醤油や酒は早くから商売としてあったが、それ以外のものについてはやはり広域の経済が確立されて以降であり、江戸時代後期以降になる。豆腐や味噌もみな多くは自家製だったのである。

②海の生業

貝や海藻の採取は労せずとれるものも多く、いまでも潮干狩りや藻《も》採《ど》りは砂浜のある地域ではよく見られる光景である。近海によい漁場をもち、小さな舟で自家用の漁をしているだけで十分に食べていける地域もある。

しかけをして大量に魚を捕らえたり、あるいは大きな舟で遠洋まで出かけていく漁になると、それだけの投資が必要なので、村の有力者や専門の網元が事業化する必要がある。むろん庶民の力が強くなれば、共同出資や組合方式もでてくるが、そうした形式は明治期以降のものである。川漁も、大きな梁《ヤナ》を仕掛けるならやはり事業者や組合で行うことになる。

いまのような冷凍技術が確立される前までは、魚を搬出するには必ず加工しなければならなかった。干す、煮るといった魚介類の加工という仕事にも各地域の技術があった。昆布や海苔もこうした加工を通じて流通した。なお、干魚は長らく肥料用であったことも忘れてはならない。

大きな舟を着岸させるには湊が必要であり、船の確保はもちろん、天然の良港でもなければ、湊の整備も個人ではできない。また湊には魚が集まるだけでなく、それを加工する加工業、また交易のために積み卸しする運搬業が集積し、そこにまた町が形成される。

また日本の場合、育てる漁業の歴史では鮭が重要だが、こうしたものも明治期の武士の授産事業として展開したことに注意したい。魚介類の養殖技術が確立され、拡がるのは近代以降、ずいぶんあとになってからで、本格的には昭和三十年代（一九五〇年代後半）以降といってよい。これはまた遠洋漁業に国際的な規制が入り、それまでの漁ができなくなったためでもあった。

③山の生業

雑穀類は山中の日当たりのよい場所が栽培の適地で、林木の搬出あとがしばしば利用された。

焼畑農耕を伝えるところもある。

山菜、木の実、きのこは採集され、加工されて、一部は他地域への交易に使用された。ワラビやゼンマイなどは地域の特産品にもなった。

狩猟では、鹿、カモシカ、ウサギ、鳥がとられた。肉の利用はもちろんだが、皮をとるのも目的の一つである。イノシシや狼は農や人を守るために始末した。熊や鷹はかつては幕藩で必要とされ、熊皮は武具に、熊胆《くまのい》は薬に、また鷹は、鷹狩りが上級武士の重要なスポーツだったために求められ、いまでいえば要するにゴルフ道具のようなものであった。明治期以降はだから、熊狩や鷹の飼育は山村で細々と行われるだけになった。

また山村には林業がある。ただし農漁業と違い、木の生産には時間がかかる上、木材を生産しても木材自身は食べられない。何らかの形で食糧を買い求める必要がある。他方で、都市は燃料や用材として木材を必要としていたから、その供給地が確保された。また山では楮（和紙の材料）や煙草、茶なども作られた。蔓を用いた籠編みなども山間地域の主要な産業であった。

被服もまたその材は山に求められた。古くは麻、のちに綿（綿花）や絹（蚕と桑）が入るようになる。綿や絹は、本来は庶民のためのものではなく都市に住む支配層で必要とされ、幕末以降には海外への輸出産品として大量に生産された。

④鉱山

山にはしばしば鉱山がある。鉱脈のある場所に採掘を担う労働者が集まり、また精錬する場所も確保された。鉱山には栄枯盛衰があり、鉱脈を掘り尽くせばそのヤマは終わるので、主要な労働者たち（友子《ともこ》とも呼んだ）はヤマの盛衰にあわせて各地を移動する生活を営んでいた。また鉱石の精錬には木材がいる。そのために山の木の切り出しも必要であり、鉱山には農林業を通じて関わる周辺の村も必要だった。

⑤職人たち

村の中には、大工、豆腐屋、酒屋、小間物屋等の商売を生業とする人々がいた。また外から来る行商人もあり、こうした人々には生産・加工と商売をともに行う者も多かった。農具を作り、また直すのにも職人がいる。村にも鍛冶屋がいた。

町にはさらに多くの職人たちがいた。城下町には大工、鍛冶、左官などの専門職人たちの町も備えられていた。大工町や鍛冶町などしばしば地名にも残る。職人たちやその品には格の高低があり、幕藩や有力寺社の仕事を請け負う職人たちがいる一方で、庶民のための製品を専門に作る人がいた。例えば刀鍛冶と村の鍛冶屋はまったく違うものであり、仕事の差はその職人の身分の差にもつながっていた。

都市の生業には皮革産業もある。皮革は暮らしの様々な面で必要であるのにもかかわらず、その職が忌まれ、のちの被差別部落の問題にもつながった。現代ではしばしば差別が貧困とセットで語られるが、一般に皮革の技術は高度なものであり、人々も貧しいわけではない。現代につながる差別の発生は新しいものともいわれている。

⑥商売と運送

商売人とは、ある地域で品物を仕入れ、それを別の地域へと移動させることで利を得る者である。商売では扱う商品の格や、商売相手の層に違いがある。農村向けの市もあれば、都市向けの商店もあり、かつては領主に収める最高級品を扱う店もあった。これらの店が集まってそれぞれに特色ある町がつくられた。

商売は、商品の運送によって成り立つ。モノの流通が活発になれば運送業も発達する。かつては駄賃《だちん》付けと呼ばれる仕事があった。農家は労働力として馬を飼っているが、その馬に荷物を付けて料金を取って運搬するのである。運送には牛も使われたが、大量の物資を扱う際には舟で運んだ。川や湊には深浅があるから、舟から舟へ、そして湊へと物資を積み替える仕事もあった。これらもかつてはみな人の手で行ったので、運搬には多くの作業員が必要だった。

人や物の往来を担う宿や、行楽地の商売もある。また通信もかつてはすべて人の手によった。街道には宿はもちろん、人の出入りを監督する関所があり、その宿や関所を維持するための仕事もあった。湊や関所、宿場の周りには、こうした人・モノ・情報に関わる様々な生業が成立したのである。

⑦サービス業

この他、村や町には様々なサービス業が成立する。散髪、髪結い、着付け、風呂屋、飲食店の経営、あんまや占いなど、あげればきりがないほどの様々な業があった。都市にはまた江戸時代にすでに相撲などのスポーツや見せ物興行、歌舞伎や浄瑠璃《じょうるり》などの大衆演劇があり、専門の作家や画家もいて、様々な文化産業が花開いていた。

江戸時代にはまた武士が都市に住み、彼らも現在の公務員と同じく役割や出身で住む場所が分かれていた。この層が原型となって、いまの公務員やサラリーマンといった集団にその文化が引き継がれていくのである。

⑧近代以降に加わる生業

これら様々な仕事が各地域に張り付いて、それぞれの地域の特色は彩られてきた。とくにこうした各地域の分業化が明確になっていったのが、明治維新以降の近代という時代である。

そして近代以降には鉱業や製造業を行う大きな工場も現れ、あるいはその製品を出し入れする港湾設備がつくられて、そこで働く労働者たちで形成される近代工業都市や港湾都市がここに付け加わることになる。さらに江戸時代にはごく限られた規模でしかなかった都市郊外が広範囲に誕生し、サラリーマンとその家族の居住地だけで構成される地域が登場する。そして昭和六十年代（一九八〇年代後半）以降には、こうした都市郊外の住民を相手に、様々な商業・サービス業が巨大な店舗を伴って都市の周りに発展することとなった。

すでに説いておいたように、江戸時代においてすでに、各地域は独立したものではなく大きな交流の中にいた。しかしそれはまた、現代ほどには人々は交流していないのでもあった。人々はまだまだ各地域で分離したまま付き合っていた。その後の近代化がもたらす大きな変容については、「Ⅳ　変容の章」であらためて詳しく見ていくことにしたい。

†生命の営みと社会・文化

まとめよう。私たちは生きている。生きている場に現れるのが地域である。

本章では地域を、人間が暮らす場という視点から、そもそもその地でどうやって人々が生命として成立しているのか（いたのか）に注意を払って考察してきた。

地域は、それが成り立つ自然条件がそろってはじめてそこに存在する。地域を知るには、その条件や、その条件を得るために行われた開発の歴史を読み解く必要がある。そこには土地、水、エネルギーだけでなく、各地域間をつなぐ道（交通・流通・通信）の働きにも注意すべきことを示してきた。

地域は単独でそこにあるものではない。もっと広い大きなものの一部である。お互いにつながりあい、より大きなもの――「くに」のようなもの――として私たちは生きている。

もっともそう考えるなら、当然ながら地域をここで見たような自然との関係だけでなく、他の地域との社会的な関係の中にも位置づけて見ねばならないということになる。そしてそもそも地域（むらやまち）は複数の人間で構成されるものだから、地域の中にも社会があり、この〝地域社会〟というものについても、それがいったいどのように構成されているのかを理解しておく必要がある。

「Ⅱ　社会の章」では、この〝社会〟という側面に照明をあてて、地域というものについてさらに検討する。もっとも、社会について論じるにあたっては、地域と自然との関係でもう一つ触れねばならないことがある。それは、社会の要員の再生産、すなわち人間の生死についての問題である。次章では、自然と社会を橋渡しするこの人間の自然的再生産に関わる問題を、人口問題として最初に位置づけた上で、地域の社会的側面へと考察を進めていくことにしたい。

Ⅱ 社会の章

昭和27年青森県西目屋村の炭出し風景。男が山にこもって炭を焼き、炭の搬出は女の仕事。子供も含め、村の仕事は家族総出で行われた。後ろは運搬の中継に使われたヤクヤ(西目屋地域生活文化調査委員会提供)。

1　人口集団としての地域――自然と社会

†人は社会の中に生まれる

人は生まれ死んでいく。さて、人が生まれるのは家族の中である。人は必ず母親から生まれ、父母兄妹など何らかの家族のもとで育つ。そして家族は地域の中にある。すなわち人は人間集団の中に生まれ育つ。この章では地域学を、人間集団がつくる社会のうちに展開していこう。

地域を人間集団という面から見ていくにあたっては、まずはその規模を考えておく必要がある。社会は人口にそのあり方を大きく左右されるからである。人口が増えれば、その環境が提供する資源についての一人あたりの取り分が減少する。逆に、環境利用をより良く進める技術が現れれば、その地域の人口量が増大する可能性が高まる。

縄文社会は平均寿命が十歳代、運よく大人まで生き延びても多くは三十歳代で亡くなっていただろうといわれている。縄文時代の人口は最大の中期でも約二十六万人と推定されている。縄文後期は気候が冷涼化し、人口減少社会であったようだ。

弥生時代に本格的に農耕が始まったことで人口は増えはじめ、それ以来、時に停滞はありながらも人口規模の拡大は現代までつづいたと考えられている。私たちの環境適応能力は次第に進歩をとげ、社会も次第に大きくなっていった。

奈良時代から平安時代の人口は四百万人から六百万人とされ、鎌倉時代、室町時代を経て、江戸時代が始まる頃（江戸幕府開府が慶長八〔一六〇三〕年）には、日本社会は約千二百万人もの人口で作る集団にふくれあがったとされる。すでに見たように、江戸時代に入るとさらに新しい村や町が数多く生まれた。それに伴い人口も増え、江戸時代中頃までには約三千万人程度になったという。

だが人口増はここでいったん止まったとされる。江戸時代後半が全体として人口安定社会であったことは間違いないようだ。そしておそらく、この列島の資源のみで暮らせる人口の限界がこの数だったのだと思われる。

江戸時代の終わり頃から再び人口が増え始める。幕末より海外との交易が始まり、様々な技術も積極的に導入されて、私たちが生きる二〇〇〇年代初頭までには一億二千万人にふくれあがった。平安時代の六百万人から考えれば二十倍、江戸時代初期からでも十倍、明治維新の時からしても三倍に、日本列島の人口は増大した。

†人口の量と構成を決定するもの——自然増減と社会増減

ところで、人口についてはその量だけでなく、構成についても考えなくてはならない。とくに性別年齢別の構成が重要である。

社会の人口構成を特徴づけるためによく示されるグラフに図1のようなものがある。男女を横に取り、年齢を縦に取るもので、これを俗に人口ピラミッドという。自然のままだと順に人は亡くなっていくので、年齢が上がるほど人数は少なくなり、社会の人口構成は正三角形のピラミッド型になるからである。そして実際にこの形は、昭和二十年代まで日本の多くの地域にあてはまっていた（図1①）。

しかし、いま日本全体の人口構成は自然の形を大きく離れ、若年層になるほど少ないといういびつな形になっている（図1③）。これは平均寿命に近づくまで人が死ななくなったこと（高齢化）とともに、生まれてくる子供の数が順次減少していること（少子化）による。しかもそこに地域差が生じており、人口の過疎・過密が地域の間に現れ、一方で江戸時代末期の人口よりも少なくなっている地域があれば、その反対にかつては人の住んでいなかった地域に巨大な人口密集地帯が形成されている場所もある。高齢者ばかりの地域もあれば、働き盛りの年齢層だけが集住している地域もあり、地域間の人口構成もまた偏りを増している。

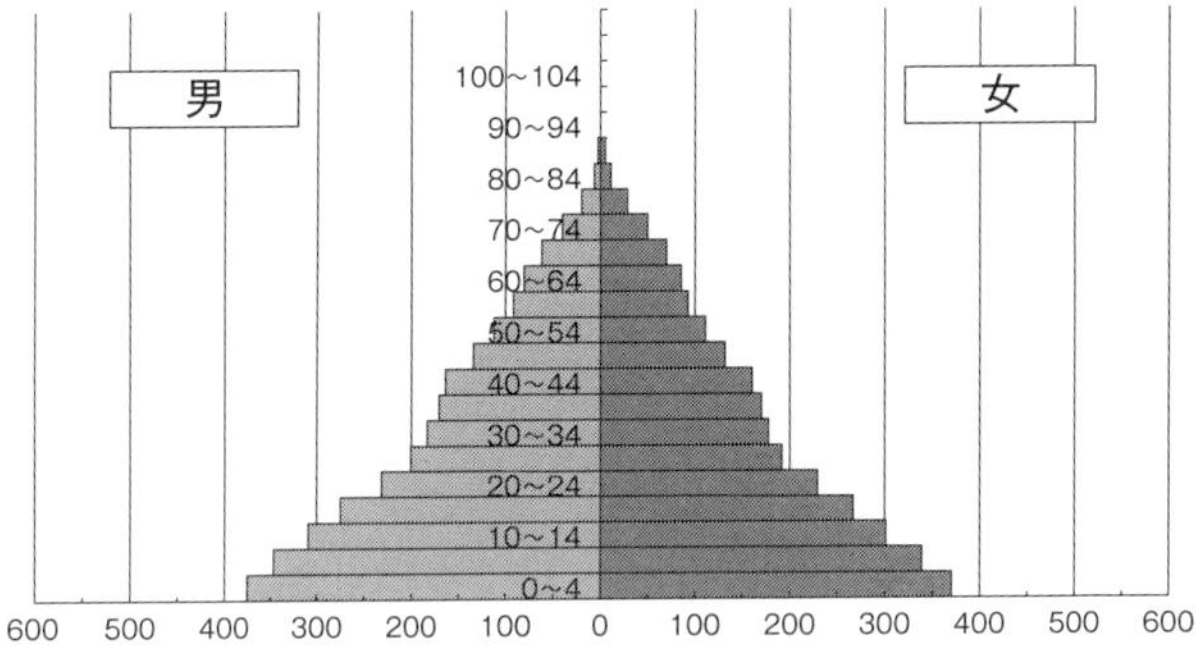

①大正 9 年（1920 年）

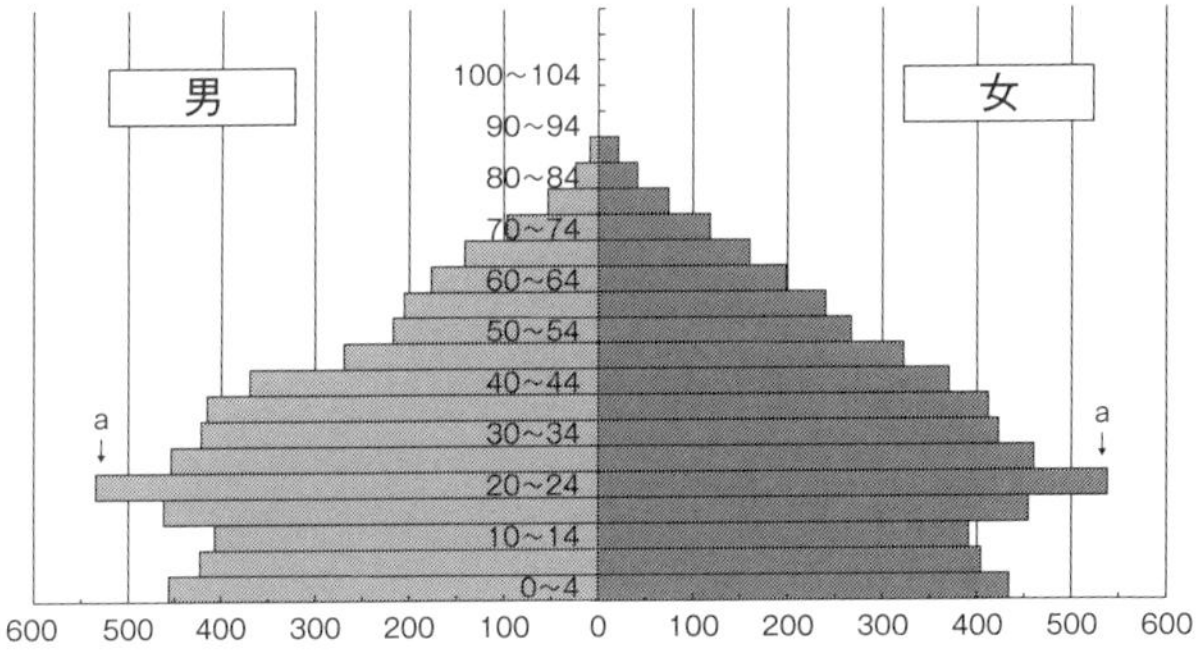

②昭和 45 年（1970 年）

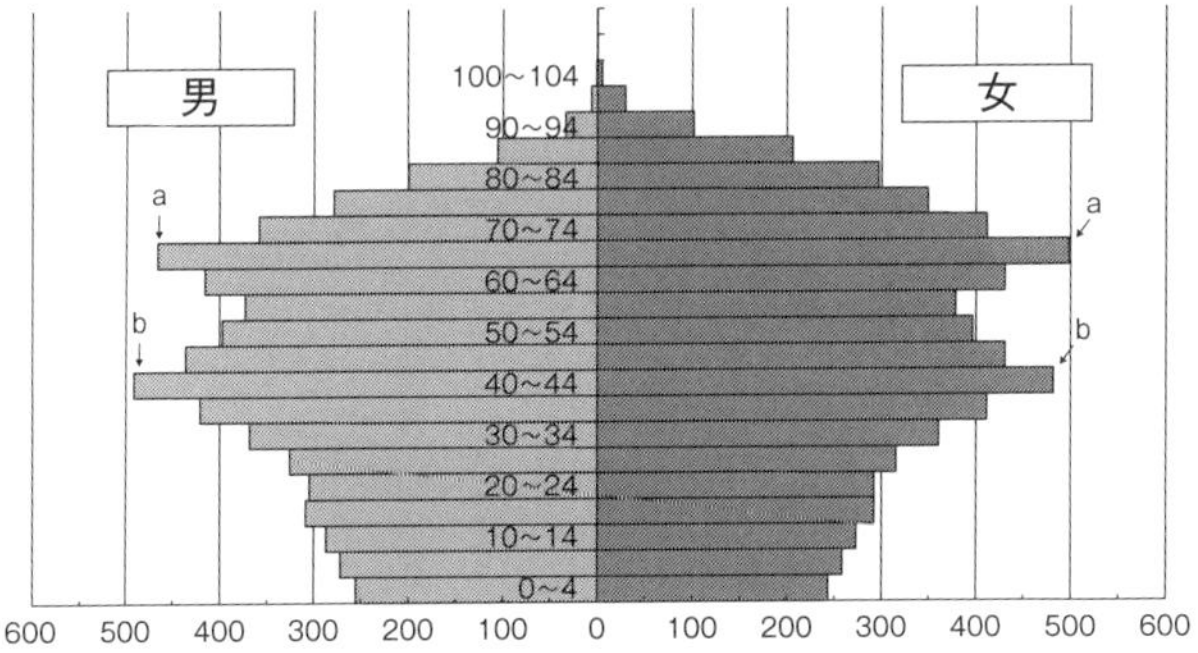

③平成 27 年（2015 年）

図 1　日本の人口構成の変化（実数、単位は万、国勢調査結果より作成）

地域の人口規模やその構成を決めるのは、次の二つの作用による。自然増減（出生と死亡）と社会増減（流入と流出）である。逆に言えば、人口のあり方を決めるものはこれら以外にはない。しかも日本の場合、現在においても国内外の移動の割合は非常に少ないので、全体の人口はこのうち自然増減でほぼ決まる。

これに対し、各地域の人口には地域間の出入りがあるので、社会増減についても考慮しなければならない。もっとも十九世紀までは、局地的かつ特殊な事例（災害や戦争、あるいは社会体制の大きな変革に関わる集団移民など）は別として、日本の中でそれほど大きな（全体の構成を揺るがすような）人口移動というものはみられなかった。他方、二十世紀に入って、人口の地域間移動はきわめてふつうのかつ広範な現象となっている。

近代以降の地域人口の統計区としては一般に都道府県や市町村が用いられる。もっとも、もとになっているデータは国勢調査や住民基本台帳なので、基本的には各集落や町内レベルまで降りてその数を確かめることができる（インターネットで公開している市町村もある）。また江戸時代までの支配の単位はいまでいう集落や町内レベルなので、市町村史の記述などもこの単位で行われており、人口の記録も見出せる。ここでもそのくらいの小さな地域も含めて人口の変化を考えておきたい。

地域の人口量は、基本的には、その地域がもつ環境条件が許容する範囲の中で決まってきたと考えられる。より豊かな食糧生産能力がそこにあれば人口は増え、逆にそれが乏しい地域では人口は少なかった。

都市が発達し、流通が盛んになると各地の分業が可能となり、全体としての生産性が拡大されて社会が支えられる人口も増えるようになる。農業の発達、各種産業の発達、流通の進展、都市の発展は、各地の人口を次第に増大させてきた。もっとも、農業生産には気候の変化などによる出来不出来があり、旱魃や冷害があればかつては多くの死者も出た。飢渇は少なくとも大正期まではあった。

さてこうした人口の自然増減とともに、人口変動のもう一つの側面が社会増減である。ある地域に暮らしていた人口が何らかの事情で流出する。あるいは逆に流入してくる。その出入りの数が同じなら、人は入れ替わっても人口量に変化はない。

昔の社会は人口移動は少なかったと思われている。とはいえ婚姻は一般に地域を越えて行われたので、どんなに閉鎖的な社会でも、一定量の人口はたえず入れ替わってきた。いや一定量どころか、各家々で見れば夫婦のどちらかは外から来た人になるのだから、半分は入れ替わっていく。集団は常に人の移動によって、その構成は組み替えられてきた。なお結婚というと女性が動くのがふつうと思われているが、かつては男性が動くことも多かった。そしてこうした婚姻という基本的な人の移動を通じて、各家・各地域は互いの関係を強めあってきたのである。

もっとも婚姻は人の交換なので、プラスマイナスはゼロであり、増減には関わらない。これに対し、婚姻以外の要因、例えば労働する場所を求めての移動は、ある地域からある地域への一方的な動きになるので、出入りがあった地域の人口量および構成に変化が生じることになる。

その際、都市と村落の間の人口移動と自然増減の関係については、次のようなことがいわれている。都市は常に人口が不足している。生まれてくる者よりも死にゆく者の方が多いのが都市である。人口は放っておけばゼロになってしまう。そのため、都市は常に外からの人口流入で足りない分を補充しなければならない。

これに対し、村は基本的に人口過剰な社会である。放っておけば人があふれる。流出可能な人口を抱えているのが本来の村である。この村の余剰分を吸収することによって都市の人口規模は維持されてきた。村から都市への人口移動と、都市における人口の消化があって、都市と村の人口は相互に安定してきたと考えられる。これが江戸時代中頃の姿である。

幕末から始まる人口の自然増加は、農村も都市もともに人口過剰を引き起こし全体の人口を増やしていった。人口増の原因はとくに、近代化の中で人間が以前よりも容易に死ななくなったことが大きいようだ。

こうした自然増のピークが戦後直後に生まれた団塊の世代（第一次ベビーブーム、図1中のa）だが、そこから団塊ジュニア世代（第二次ベビーブーム、図1中のb）の誕生を経て、全体の人口増加は二十一世紀の初頭まで継続した。だがその間に、村落から都市への大幅な人口移動もまたつづいた結果として、昭和四十年代（一九六〇年代後半）には人口の過疎地域と過密地域ができあがり、平成に入る頃（一九九〇年代）には本来人口過剰であったはずの農村部の自然増が止まってしまった。それどころか一部地域では人口の自然減少すら生じて、世紀が変わるまでには都市・農村部も含め、全国に広く人口減地帯が現れてしまったのである。

これが現代日本の人口減少問題発生の経緯である。その意味については「Ⅳ　変容の章」で考えるが、こうした人口減への転換点こそが、本書で地域社会に大きな変化が生じ始めたとしている約五十年前、昭和三十年代から四十年代（一九五〇年代後半から六〇年代前半）なのである。この章では地域学の社会の章として、この大きな変化に至る前の日本の地域社会について考察し、さらには「Ⅳ　変容の章」の先駆けとしてその変化の一端にも触れていく。まずはそもそも日本の社会がどのような構成原理で組み上げられてきたのか、その再構築を試みておこう。

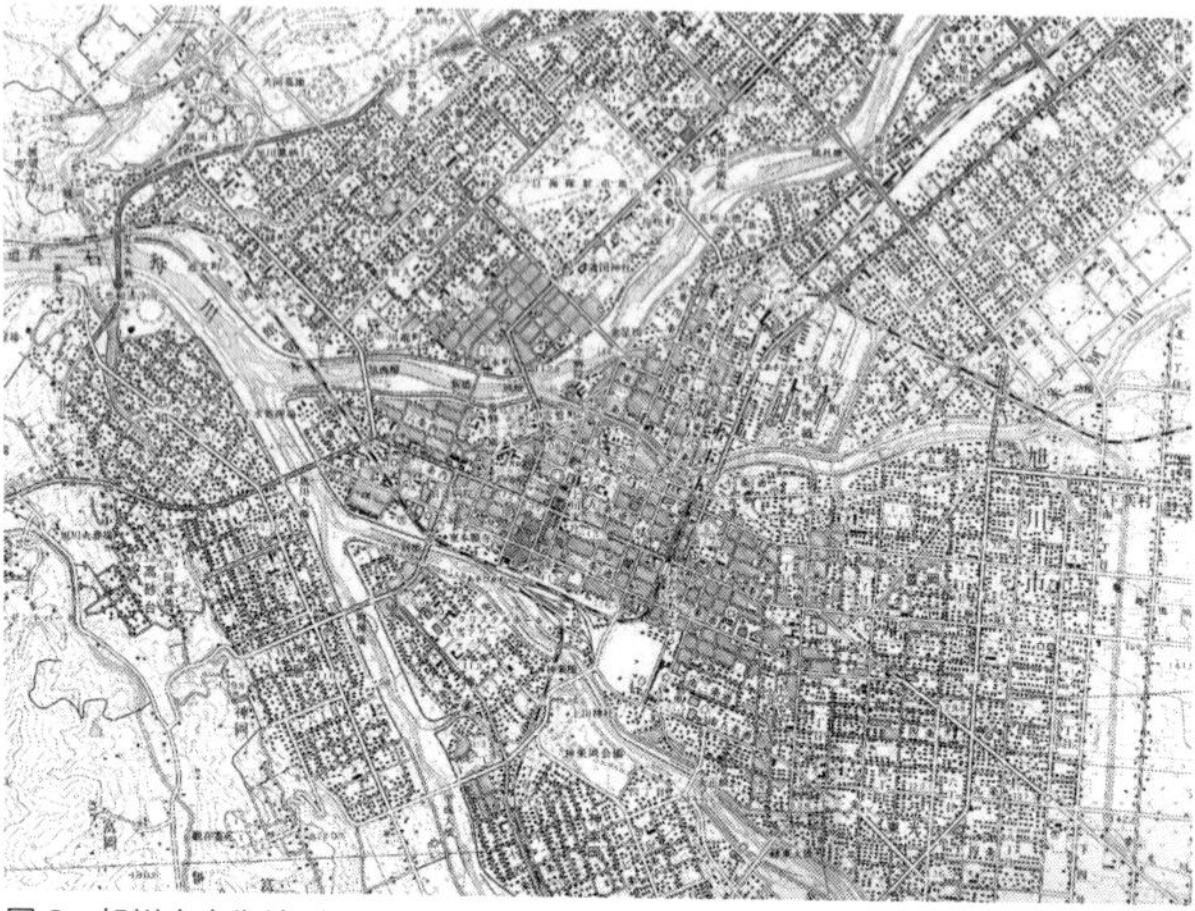

図２　旭川市市街地（国土地理院　５万分の１地形図「旭川」より部分）

2　社会の発展と地域の歴史

†国が地域をつくる

地域の中には、四角四面の正方形に区画されたものがある。

北海道の都市がその典型だが（図2）、戦災で焼けたあとに区画整理を実施した都市にもそうしたものが見られる。都市郊外の住宅団地にも多い形である。つまりはきわめて人工的で近代的な地域にこうした区画が登場するようだ。

四角四面の正方形区画は、それまでは利用できなかった広大で平らな土地が何らかの力で利用できるようになったことを示している。場合によっては山林を削り、あるいは海浜を埋め立てたりして強引にそうした地形を作り出しているところもある。要するに、近代的な土木技術が登場したことではじめて現れる区画といえる。

もっとも、こうした四角四面の区画は必ずしも近代にのみ特有というわけではない。奈良（奈良時代）や京（平安時代）の都（図3）が、東西南北に並行・直角に走る道路や水路によって区切られていることはよく知られている。こうしたかつての都や、各地の国府《こうふ》（古代各国の中心都市）などに見られる条坊制に加え、条里制（図4）と呼ばれる耕地区画も四角四面の正方形に区分された地形である。

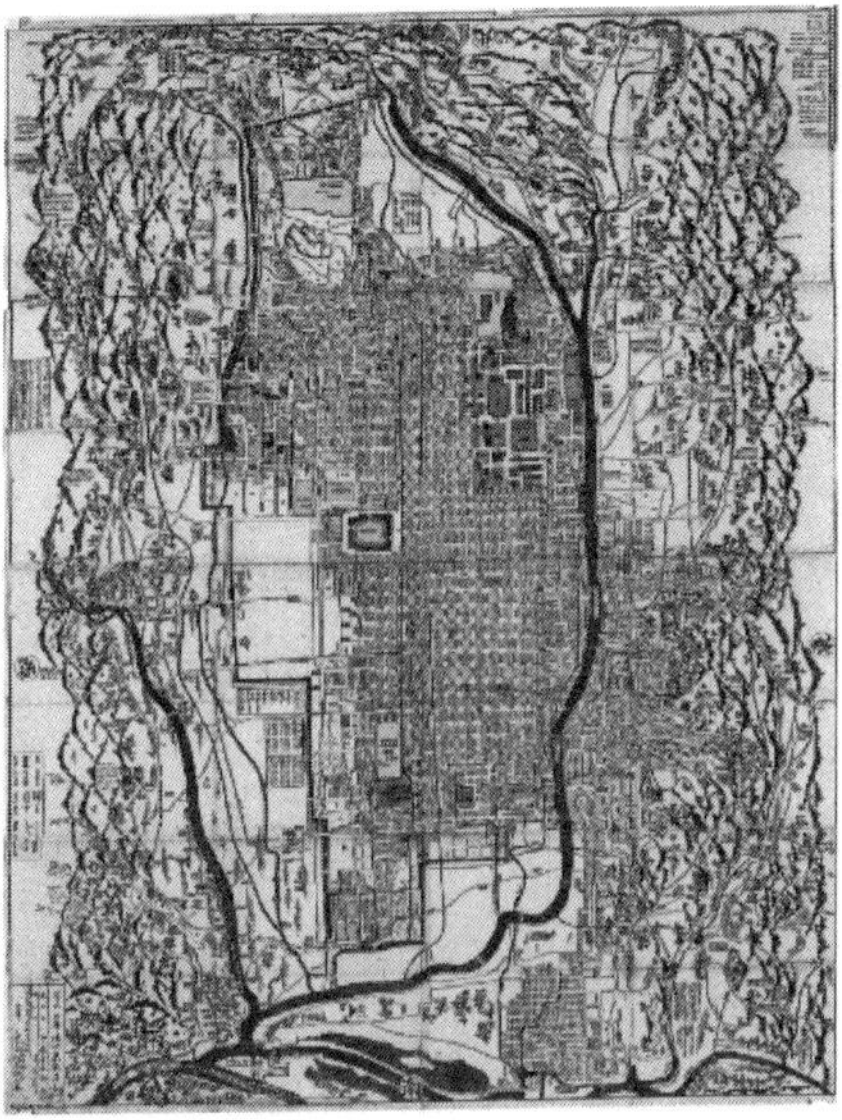

図3　平安京（金田章裕編『平安京――京都　都市図と都市構造』京都大学学術出版会）

これらに共通して現れているものは何か。

それは社会の力、それもとくに「国《くに》」の力である。

国家は様々な技術革新を可能に

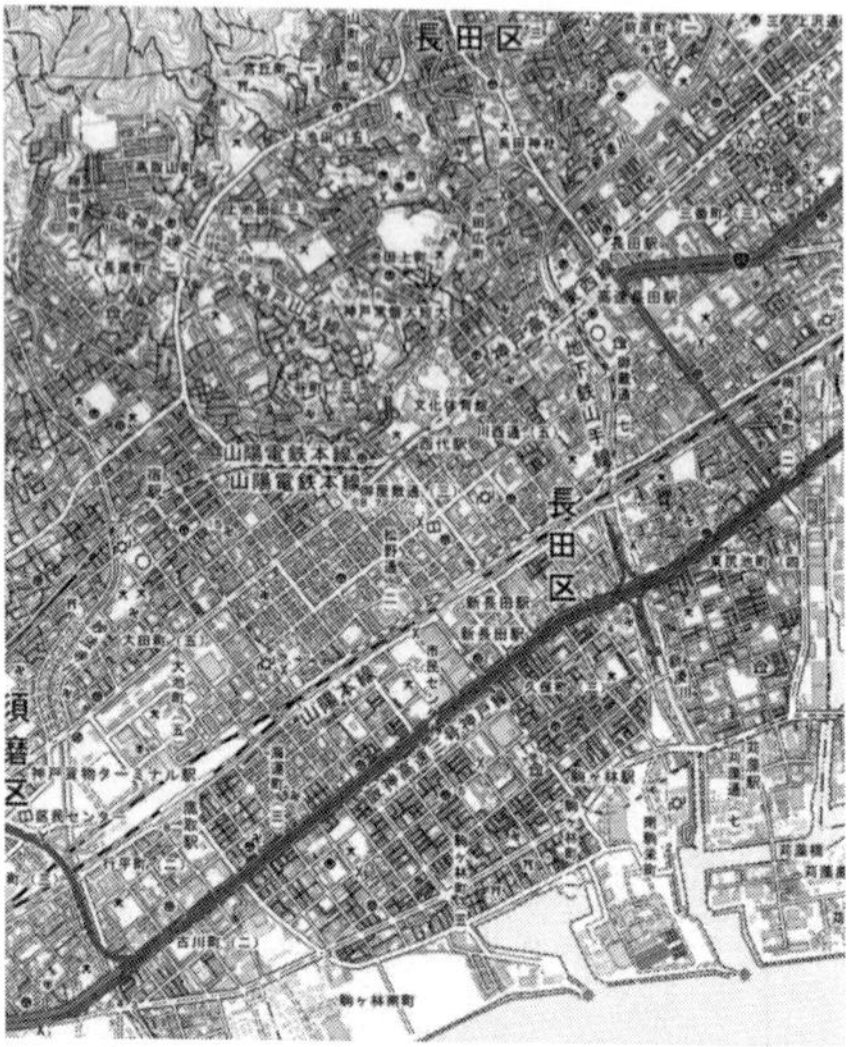

図4　条里制（国土地理院2万5千分の1地形図「神戸主部」「神戸南部」）
兵庫県神戸市長田区付近。このあたりの地形を条里制遺構として詳しく調査したものに落合重信『条里制』がある。この場所を取りあげたのは、ここが筆者の幼い時から歩いた馴染みの場所で、この本に出会うまでこの区画を近代都市計画によるものと思い込んでいたからである。

する。日本の場合、かつては朝鮮半島や中国大陸から伝えられる技術は画期的だったから、それを導入する経路の確立だけで国家は強大な力をもてた。

もちろん古代の技術は、近代のそれに比べれば貧弱なものととりあえず解してよい。だが逆に言えば、土木技術も現在のようにブルドーザーなどの重機はなく、すべて人の手にたよったから、古代の技術の実現には人間集団を引っ張る動員力も不可欠だった。そしてそうした人々を引っ張っていく力こそが、まさに「国家」が実現する社会の力だということができる。

「国家」の形成によって、私たちは社会集団としてより大きく強く固く結束するようになった。

結束した集団は、発達した技術を使って、周囲の環境をそれまでよりも容易にかつ大きく改変する能力を身につけることとなる。その力を使って国家は周囲を開発し、その範域を拡大し、さらなる国力の増大を実現する。こうした過程の中で、新たな場所に新たな地域が作りだされ、それに従って人口も次第に増えていったと考えられる。

弥生時代、古墳時代を経て、ヤマト国家が成立していく過程の中で現れる条坊条里《じょうぼうじょうり》の地形は、「国家」の発動によってはじめて出現するものである。この四角四面の区画には、それまでのように人間が自然に合わせていく関係から、人間集団の都合に自然の方を改変していく強い意志が見える。ここにはある種の人間中心主義がある。「国家」の生成は社会の大きな転換である。

では国家とは何か。日本の中にそうした国家はいつ誕生するのか。

†国々の発生と国家統一——弥生時代の開発と戦争

日本について記された最も古い記録は中国の史書にある。『魏志《ぎし》』の「倭人伝《わじんでん》」に、三世紀の日本のことが記載されている。弥生時代末期には九州を中心に「百余國」、のちに「使訳通ずる所三十数國」があったという。

こうした国々は、佐賀県吉野《よしの》ヶ里《がり》遺跡のように、そこに暮らす人々の居住区の周囲を堀で取り囲んだ環濠《かんごう》集落であったと考えられている。弥生時代後期には、わざわざ高台に築かれた高地性集落も数多く現れる。二世紀の「倭国大乱」が原因ともいう。まさに本書のはじめに触れた「戈を持った人々が境界を守っている」〝國〟をそのまま体現するものといえる。

もっとも本書の文脈では、戦い守る外向きの力よりも、内と外を区分したことによって生じる内向きの集団の力、すなわち結束力・統合力に注目したい。というのも国がもつ集団の結束力こそが、暮らしを以前と同様に維持するにとどまらず、発展・拡張させていく開発力の源泉だからである。

国とは、自らを防衛するだけでなく、その防衛を確実なものにするためにもこれまでの小さな範囲を越えて拡大し、発展しようとする社会集団である。それは人々を増やし、育成し、また外から知恵や技術を取り入れて、いままでにないような土木事業を実現して新たな地域を開発し、その力をより強大なものへと育てていく、そういう環境改変機構である。そして環境改変によって拡大された国力は軍事力の増強をも実現し、その先で接触するより小さな国々を併合して、さらに大きな国へと発展を遂げていくものである。

弥生時代の終盤、この列島に現れた小さな国々が各地で行った開発は、成功を重ねることで技術水準をより向上させ、人口を増やし、集団を大きくし、周囲を圧倒していくようになった。だがそれはまた、国々の間の対立や争いを引き起こすものでもあった。鉄器や馬が導入されて武具が発達し、殺し合いが頻繁に生じていく。弥生時代の最終期は血塗られた時代だともいわれている。海の向こうの中国では、巨大で強力な国家が現れ、互いに戦いをはじめていた。日本という国家の形成はこうした状況に触発されたものともいう。そして新たな国家の形成によるより強い権威・権力を軸にして、各地でさらに開発が拡げられていくことになる。

†ローカルな力が地域をつくる――勢力の統一化と分散化

もっとも、こうした国家だけが新たな地域づくりをになうものではない。このことにも注意したい。

統一された国家によって新たな地域の形成がうながされるのは事実だが、そうした新たな地域の開発を実際に誰が行うのかといえば、それはもちろんその地にいる人々である。そうした人々が国家によって遠くから運ばれてくることもあったが、いったんその地に定住すればその周囲の人々とも混住し、代を経るごとにその地の地着きの者になっていく。古墳時代に全国各地に築かれた古墳の多くも、こうした定着する在地勢力の者の墓と考えられている。こうした各地の地域勢力がその地の人々を動員して、新しい地域の開発を実現してきた。国家の力の拡大期において、地域の力は不可欠であり前提である。

だが、重要なのはその次の展開である。国家による地域の開発は、国力の増大とともに、各地の様々な勢力にもその力の増大化をもたらす。すると今度は各地の勢力自身が、自分たちだけの力でもって新たな地域を創造できるようにもなっていく。国家よりも小さな勢力による新たな地域の創造が、国家によるそれよりも広く深く列島を変えていく。そうした地域生成の典型を荘園といわれるものに見ることができる。

平安時代の中ほどになると律令《りつりょう》国家による一元的な支配体制がくずれ、荘園興隆の時代に入る。荘園とは、国家とは独立に、国家よりも小さな単位の集団が自ら投資し、人々を集め、田畑を開墾することによって生まれる、国家の中にある、ある種の小さな国である（図5）。荘園

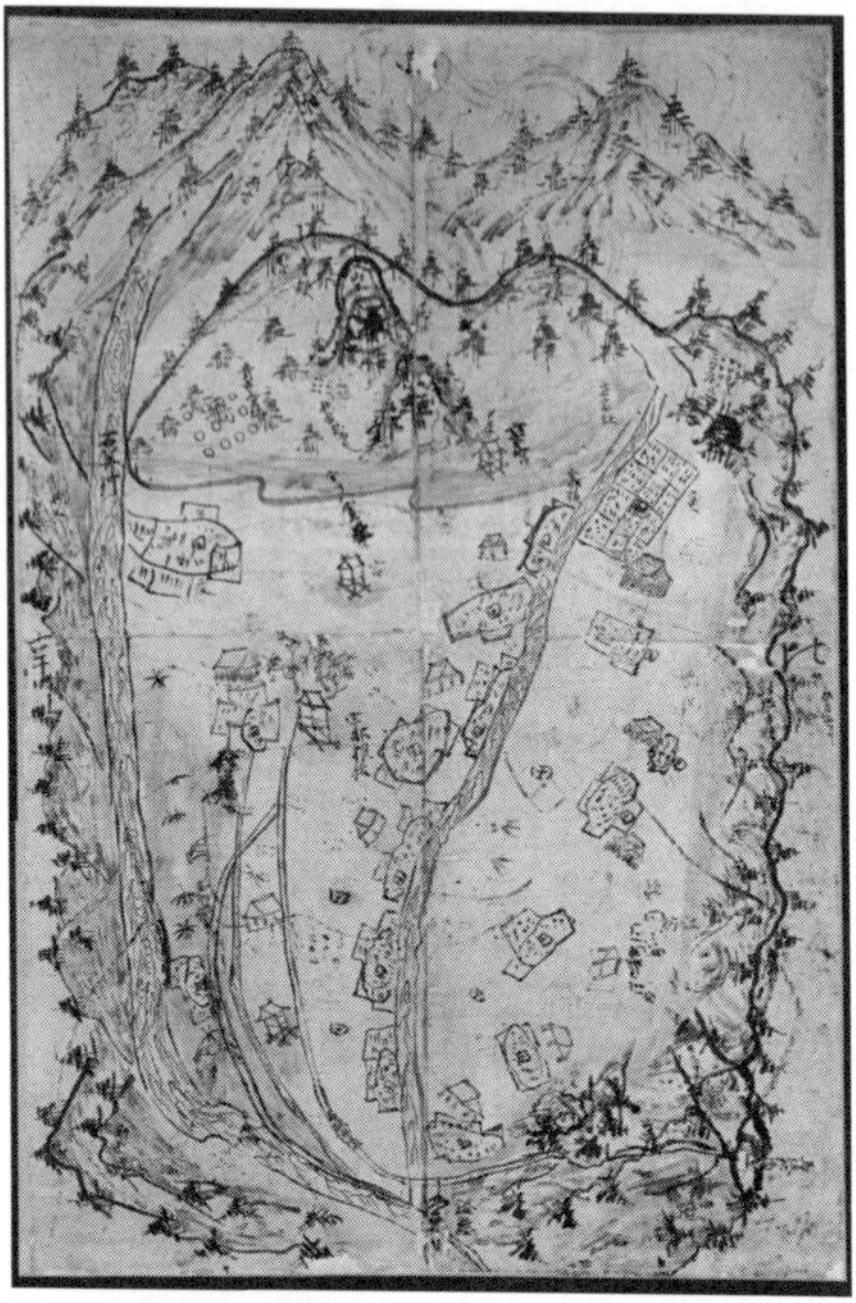

図5　平泉中尊寺の荘園であった骨寺村（「陸奥国骨寺村絵図（詳細図）」重要文化財、中尊寺蔵）。なお現地である一関市厳美町骨寺地区には、本図の当時を彷彿とさせる情景がいまも数多く残っている。

制は八世紀には始まるが、全国に広がるのは十一世紀あたりからとされる。寺社や神社、皇族、貴族による開発が各地で行われ、その運営に地元の勢力が活用された。現在ある地域（村や町）にはこの時の開発によって誕生したものも多い。そしてこうした開発によって新たな地域が多数出現することで、各地に国の支配から離れたローカルな独立勢力が多数現れるようになるのである。

こうして力を蓄えたローカルな勢力が、やがて互いに強くつながり、国家と拮抗し、国家の存立基盤を危うくするほどにまで発展した結果として鎌倉幕府は現れた。平安時代末、各地に根を張った武家勢力が結集し、京にある朝廷権力との間の力の均衡が破られる中に鎌倉幕府は誕生する（文治元〔一一八五〕年）。鎌倉に開かれた幕府は、朝廷国家や寺社・神社による旧来型の勢力とは別に、新たな中央集権的な権力をこの列島に実現するものであった。そしてこの新しい国家権力によって全国各地に新しい人々が送りこまれ、新たな開発が進められていくこととなる。

だが、こうして現れた鎌倉幕府も、約百五十年の後には、各地に展開された別のローカルな武家勢力（新田氏や足利氏など）が朝廷側と深くつながることで内乱が起き、倒されることになる。中世（鎌倉時代から室町時代を経て江戸時代の前まで）は動乱の時代である。日本中が二つに分裂した南北朝時代を経て、武家政権である室町幕府が南北朝を合一（元中九＝明徳三〔一三九二〕

年）するも、応仁の乱（応仁元～文明九〔一四六七～七七〕年）によって再び内乱状態に陥り、戦国時代を迎えていく。が、この間、各地は戦争でただ荒廃していたのではなく、各地の勢力が競い合って耕地の開発、流通の発展を進め、新しい地域――村・町・都市――が次々と生まれていたのであった。

戦国時代を制した織豊《しょくほう》政権（織田信長、豊臣秀吉）ののちも戦争はつづいたが、関ヶ原に勝利した徳川氏が江戸幕府を開設すると（慶長八〔一六〇三〕年）、ようやく近世＝江戸時代という長期的な安定の時期に入っていくこととなる。

もっとも、江戸幕府もまた統一的な国家による強固な支配体制であったわけではない。その内部には三百以上もの大名がいて、徳川幕府とともにいわば小国家として各地を分割統治していた。そしてこうした幕府や藩によって開発が全国各地で行われ、江戸時代初期にはさらに新たな村や町が生まれていく。とともに、戦いがなくなった江戸の平安の中で、次第に成熟するより小さな民間の力によっても、地域（村々、町々）の開発は行われるようになっていった。江戸時代に草創された新しい村々はとくに「新田村」と呼ばれる。「〇〇新田」など各地の地名にも残っており、地域によってはこれを「派立《はだち》（羽立）」などともいう。

こうして国家によって、国々によって、あるいは寺社や武士（元武士）、商家や地主、農民たち自身の手によって、様々な村や町が古代から中世、さらに近世にかけて誕生してきた。

そして十九世紀後半、今度は欧米諸国と向き合う中で幕府が政権を朝廷に返還し（慶応三〔一八六七〕年の大政奉還）、また藩が県へと転換されることで（明治四〔一八七一〕年の廃藩置県）、統一国家＝明治政府による近代国家が生まれることとなる。私たちはここにきてようやくはじめて、一つの日本国家を確立するに至る。そして荘園の開始以来、これまで各地につくられてきた小さな国々は、この統一国家のもと、国家の一部（各地域）となり、近代国家を構成する要素として新たな役割を担うことになったのである。

†三つの伝統的社会集団――いえ、むら、くに

「Ⅰ　生命の章」では、生命の営みとしての日本の地域のあり方は、江戸時代を原型として考えるのがよいとしておいた。

江戸時代の姿が現代の原型であるということは、社会のあり方にも通じる。この「Ⅱ　社会の章」でも、江戸時代の社会をまずは原型とし、そこに明治期以降の新たな近代国家と地域を書き加えていくかたちで、現代の地域学を考えていきたい。

江戸時代から明治、大正、昭和前半までの日本の地域を見るにあたっては、次の三つの伝統的な社会集団に注目する必要がある。「いえ」と「むら」、そして「くに」である。加えて都市（「みやこ」「いち」）を、さらにこれらをつなぐ「まち」や「みち」をおさえることで、私たちは、

地域とは何かについての基礎的な概念のほぼすべてを得ることができる。

　ここではこのうち「いえ」「むら」「くに」の言葉の意味を確認することからはじめよう（白川静《しずか》『字訓』などによる）。

「いえ」の「い」は「いつく（齋く）」に由来し、「いえ」は祭事を行う場所の意と考えられている。「え」は「へ（戸）」なのか、「ゑ（竈《かまど》）」なのか、あるいは別のものか確定されないが、前者であれば「いえ」は「他と隔《へだ》（戸立）てる内向きの信仰の場所」であり、後者であれば「竈《かまど》をまつる」という意味になる。竈は転じて共食する人々のことも指す。いずれにも確定しがたいのは音韻上の問題があるからだが、あえて両方をとるなら、「いえ」とは、生活に根を張った信仰の場につどう社会集団を指すものといってよさそうである。共同で火を使い、まつる場所が「いえ」である。

　これに対し「くに」は、「く」も「に」も、豊穣な大地が生命を生みだし、また私たち人間自身もそこから生み出されてくる、そんな生命の起点のようなものを指す言葉だとされる。何かが生まれ出る土地といった意味である。

　このように、「いえ」と「くに」という、この国の社会集団を表す基本的な語彙の原義には、この列島の大地から生み出されてくるものへの期待や崇信、あるいは生み出す大地そのものへの信頼感が含まれているといってよい。大地の恵みを人々が自らのものとして囲い込み、儀礼を通じて安定性・持続性を実現させていくことに「いえ」や「くに」の本義は求められそうである。そして「国家」とは、こうした「国《くに》」と「家《いえ》」を結びあわせた統一体であり、またこの統一体に集まる人々の集団とまずはとらえることができる。

こうした「いえ」や「くに」に対して、「むら」は、「群れ」からくるものと考えられている。人々がただそこに集まっている様子を表すもので、それ以上の深い意味はなさそうだ。いやむしろ、緊張なく群れていることこそが重要であり、漢字の「村」も、もとは「邨」であり、「屯」はたむろすること、「阝」はくつろぐ人を示すようだから、「村」とはただ人々が集まっているだけでなく、平和に暮らしている様を表すもののようだ（「邑〈むら〉」も「口＝人々」＋「巴＝阝」で同義）。「むら」とはだから、国家（「くに」＋「いえ」）によって人間と自然の間の、あるいは人間集団の間の、対立や緊張関係を克服したのちに現れる、安定した定住集団を指す言葉だということができる。

†家・村・国の変化としての歴史――弘前藩の場合〈事例5〉

これらの言葉をもとに、江戸時代の社会の様子を書き表してみよう。

江戸時代には幕藩体制が確立された。領土の定まった幕府と藩は、この日本国家を構成する**国々**である。徳川家を筆頭に、大名三百ともいわれる**家々**が各国の藩主として日本列島を分割統治していた。そして大名家にはその家ごとに家来衆が家臣団として組織され、各国の運営を担っていた。国には多数の**村**があり、これらを統治し、経営していくのが藩主らの役割であった。

そのうちの一つに、「I　生命の章」の各事例で見てきた弘前藩もある。江戸時代の間、一貫して津軽家が統治したので津軽藩とも呼ばれる。津軽氏の初代為信《ためのぶ》は、もとは大浦為信を名乗ったが、戦国時代に現在の青森県西半分にあたる津軽地方を制圧し、豊臣秀吉から徳川家康に至る天下統一の過程でこの地の領有を確かなものにして、津軽氏を名乗るようになった（のち弘前藩には黒石藩という分藩が置かれるが、ここでは一つのものとして記述する）。

まず、藩は一つの**国**である（図6）。

藩には領域がある。弘前藩は、東は盛岡藩（南部家）、南は久保田藩（佐竹家）に接しており、その境には関所が設けられていた。津軽平野の真ん中に城下町・弘前が置かれ、ここに藩主らが集住して統治が行われた。

藩主は弘前城に居住した（図7）。城郭の真ん中（空白になっている）が本城で、ここにこの国の中心となる**家**が置かれた。家臣たちもそれぞれの家を構成した。図7下には一つ一つの区画に家臣たちの名が記されている。

この城下町を運営するために必要な職人や商人たちが全国から集められ、城下の各**町**に分居

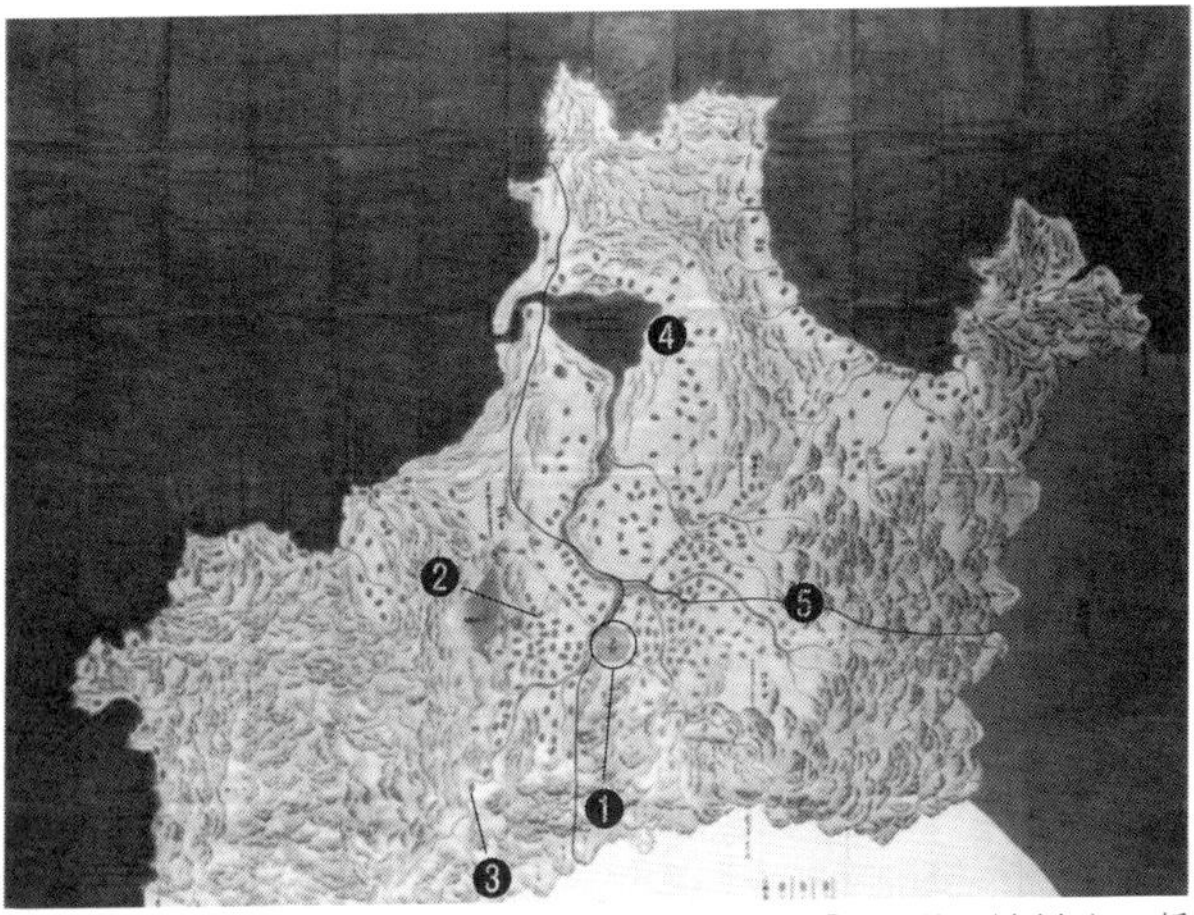

図6　正保国絵図写（江戸時代、青森県立郷土館蔵）。①が弘前。〈事例1〉の折笠村は②、また後述の〈事例6〉の砂子瀬村は③。〈事例2〉の田茂木村はこの時代にはまだ成立していないので記載はなく、その場所④は原野になっている。〈事例8〉の大川原村もここにはなく、⑤の位置になる。

した。各町にはそれぞれの役割を示すような町名が付された。現在の地図でも、本町《ほんちょう》、在府町《ざいふちょう》、元寺町《もとてらまち》、新寺町《しんてらまち》、親方町《おやかたまち》、桶屋町《おけやまち》、銅屋町《どうやまち》、鍛冶町《かじまち》、鉄砲町《てっぽうまち》、上鞘《かみさや》師町《しまち》、百石町《ひゃっこくまち》、五十石町《ごじっこくまち》、若党町《わかどうちょう》、小人《こびと》町《ちょう》、紺屋町《こんやまち》、馬屋町《まやちょう》、鷹匠町《たかじょうまち》などが確認できる。また森町《もりちょう》、土手町《どてまち》、川端町《かわばたちょう》など、地形に関係した地名や、相良町《さがらちょう》や大浦町《おおうらまち》のようにそこに移り住んだ人（相良清兵《せいべ》衛《え》）、弘前に城下を移す前の地名（大浦）をとった町もある。

　明治維新とは、こうした幕藩で分割統治してきた村々町々国々の統治権を天皇家に戻し、日本国という一つの集団として、藩を廃して県を置いた大変革である。この弘前藩も紆余曲折を経ながら廃止され、隣の盛岡藩の一部や八戸藩などとともに青森県となった。

もっとも、こうした形で藩が日本国家の一部に組み込まれて近代国家が誕生したとしても、それでもなお現在においても、私たちの地域社会の構成要素は「いえ（家々）」と「むら（村々）」であり、また大小様々な「くに（国々）」（市町村や郡、あるいは旧藩地域）である。私たちは依然として、江戸時代と同じように、「いえ」「むら」「くに」の概念の組み合わせのうちに

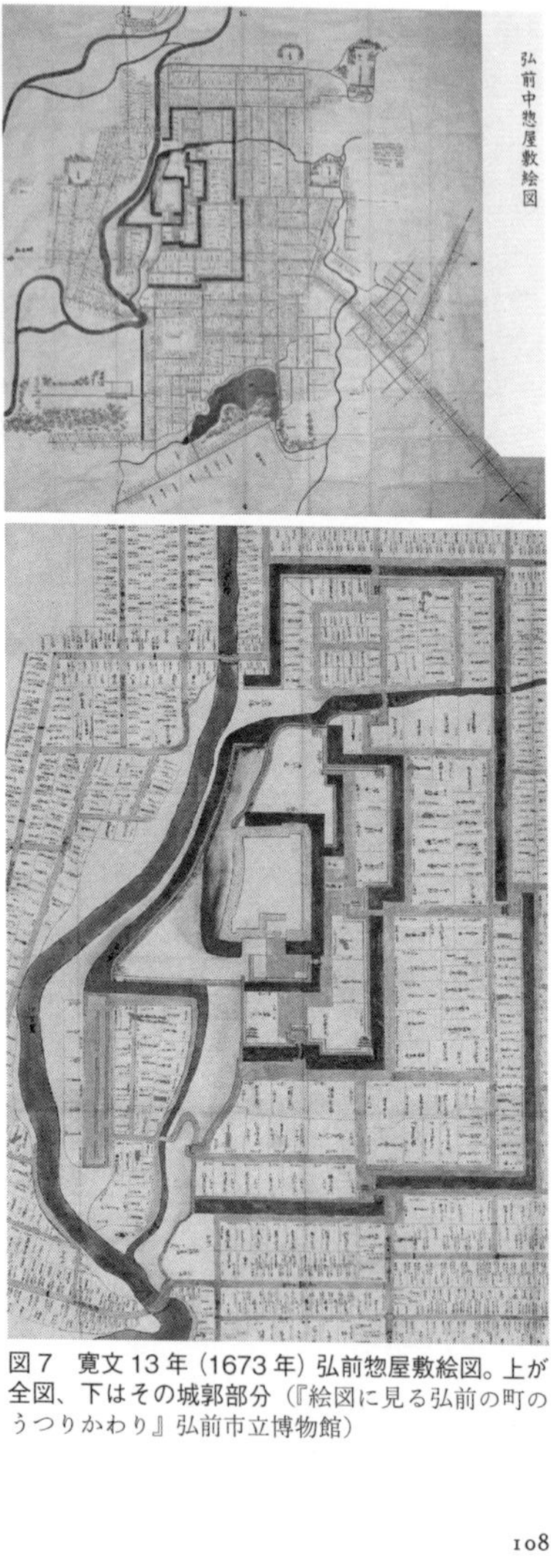

図7　寛文13年（1673年）弘前惣屋敷絵図。上が全図、下はその城郭部分（『絵図に見る弘前の町のうつりかわり』弘前市立博物館）

国家や地域を構成している。

以下ではさらに、いくつかの例を用いながらその構造について考えていく。まずは「家（いえ）」と「村（むら）」、次に「町（まち）」について掘り下げてみたい。

3　家と村

†生活共同集団としての家

最初に、家族と家は違うものだというところからはじめよう。「家族」は家の人という意味である。「族」の字は、同じ者（矢）たちが旗（方）のもとにゾクゾクと集まって来るということを表し、つまりは家に集う血族のことだという。

これに対し、「家」は必ずしも血族の集団を指す言葉ではない。「家」とは何かといえば、まずは住まいや住み処《か》（家屋）のことである。が、「家」の原義を探ると「家」は「ウ（家屋）」と「豕（豕は豚で、いけにえ）」であり、つまりは捧げ物を置く祭壇だということである。和語の「いえ」の「い（斎）」とともに、漢字の「家」にも祭事の意味が共通する。そして古代の祭事は暮らしと一体だったから、家は単なる住居や人々の集まりではなく、まして血縁集団でもなく、祭事を含む生活共同の場あるいは集団を指すものとして理解すべきもののようである。

こうした家々によって日本の村もまた構成されている。「村」もまた同様に、祭事と生活の共同集団としてとらえられる。この「Ⅱ　社会の章」では、〝生活共同〟に重点をおいて「いえ」と「むら」について考えていき、祭事に関しては別に「Ⅲ　歴史と文化の章」で扱うことにしたい。

いま家族は血縁集団だが、家は必ずしも血縁集団ではなく、むしろ生活共同集団と考えるべきだと述べた。もちろん家は血縁のある家族を中心に共同するのだから、その多くは血のつながりをもつ。しかしまた、昭和三十年代（一九六〇年代前半）くらいまでは限られた家族員だけで生活のことをすべてやり遂げることは難しかったから、夫婦以外の構成員を加えて生活共同を営んでいる家も多かったのである。

例えば東北の大きな農家には「借子」などという農家奉公人がいた。大きな商家にも同じく奉公人がいて、彼（女）らは子供のうちから仕事についていた。しばしばこうした人々は、奉公に入った農家や商家の家の子として扱われ、教育もつけられ、また成長したあとは暮らしの手段を与えられることも多かった。このように血縁の枠を越えた社会共同の最小単位をなすものが「家」である。

血縁を越えた人々の生活共同がかつての暮らしにおいて不可欠だったというのは、こういうことである。筆者は大学でこの説明をするとき、学生たちにこう問うている。「例えば皆さんのうち、今朝、水汲みをしてきた人がいますか」と。

現在は水道が発達しているから、そうしたことに労力をかけないでも——例えばたった一人でも——暮らすことができる。これに対し、かつては朝食の準備一つをとっても、水汲み、焚きつけの確保、薪割り、火起こし、炊飯その他の様々な作業があってはじめて実現したわけで、都市の小さな、それほど豊かでない家でも、暮らしていくために使用人を置くことがあった。明治時代の暮らしを描く夏目漱石の『吾輩は猫である』でも、さほど裕福とはいえない主人公の先生の家にお手伝いさんが働いている（ただし、このお手伝いさんは家の成員ではないが）。またかつての大学生たちは都市の家に間借りをして下宿したが、これも一人では暮らしていけないので、その家の持つ生活機能を一時的に借りる必要があったからである。そして中でも大きな農家や商家では、暮らしと生業（農や加工、商売など）が大人数で行われ、多くの人々の協力が必要とされたのであった。

「I　生命の章」で見たように、私たちは生きていくためにその周りの環境を必要とするが、その自然環境がそろっているだけでは条件は不十分であり、さらにもう一つ、そうした環境を利用するための社会的な生活共同をも必要とするということなのである。「家」はそうした生活共同の必要から成立してきた。それゆえ必ずしも血縁でつながっている集団である必要はなかった。血縁の異なる人も含めて、様々な人がその家屋のもとで暮らしを成り立たせるべく協力し合って人々は生きてきた。こうした家々がつながりあって村や町をなす。家、村、町という社会集団もまた人々が生きるための条件である。

†結婚、出生、継承

いま、家は血縁のある成員だけで構成されているのではないことを強調した。もっともそうはいっても、家の共同にはもう一つ大事な側面があり、それは血縁と深く関係する。すなわち結婚と出産を通じた関係である。しかもまたここには、非血縁の関係が本質的に絡んでくる。次にこのことに触れていこう。

例えばある家が夫婦とその子供だけだという場合——そして現代ではそうなっていることが多いはずだが——、その家は一見、一部の血縁者だけの閉じた集団に見える。だがよく考えてみれば、ここにはすでに異なる血縁の者が入り込んでおり、むしろ異なる血縁間の関係こそが家の本質だということにも気付くはずだ。

それはこういうことである。

ある子供のお父さんとお母さんは、もとは異なる家の構成員である。結婚とは異なる家、しかも異なる血縁間の結合であり、共同である。子供の出生はそれゆえ、生物的な現象であるとともに社会的な現象である。

そもそも結婚と出生は、異なる系列の家々に社会関係を生み出す契機なのである。例えば山村と平地の農家が、あるいは農家と漁家が、婚姻を通じてつながることでお互いに必要なもの（平場の農家にとっては林木や魚介類、山村の農家や漁家にとっては米）を融通しあうなどということが行われた。あるいは異なる業種の商家をつなげる結婚もあった。政治的思惑で力のある家に娘を嫁がせるという「政略結婚」も、結婚が両家をつなぐ社会的礎《いしずえ》になるからなされるのであり、ただ子供を生み育てるという生物学的理由からだけではこういうことは起きないのである。

さてこれを今度は婚姻で生まれた子供たちの方からも考えてみよう。この家で育った子供たちのうち、すべてがその家にとどまることはない。一部のみが残り、他は外へと出て行く。人々は必ずしも追い出されるのではない。外に出て行くことで他の家々とのつながりを広げていく。

その際、かつての家では、一般に家に残るのは長男だけであり、それ以外の男子も女子もその家から出て行かねばならなかった。ただしその際、女の子しかいない家もあるので、そういう家では長女が残り、別の家から男性（一般に次三男）を婿として入れることになる。さらに子供のない家では養子をとり、夫婦とも養子ということさえあった。誰もいなくなって継承の絶えた家系を別の家族が引き継ぐこともあったから、次三男でも多くの者には行き先があったことになる。むろん新たに家を分ける「分家」も行われたが、それは分けられるだけの生産力がある場合に限られた。そしてなおも継ぐ家のない人々が村を出て都会に行き、都市の人口（労働力）を補ったのである。

こうして家は、一方で次に受け継ぐべき人物に家および家産の活用権を排他的に継承させるものだが、他方でその配偶者には外から成員を新たに迎えて集団にたえず新しい人脈を引き込むものでもあった。そして他の成員（弟妹たち）は家の外に出て結婚したり、働いたりすることで、別の家や村、あるいは都市とのつながりを元の家にもたらした。こうして人々は家々を渡りゆき、互いに混じり合って共同の関係を広げてきた。

なお、家の継承には家産の継承だけでなく、その家を創始し、引き継いできた先祖祭祀の継承もあるが、この点については「Ⅲ　歴史と文化の章」で触れたい。

†家々が集まって村をつくる、町をつくる

人はこうした生活共同集団としての「家」に生まれ、大人になる。もっとも、この家の暮らしもまた単独では成り立たず、複数の家々とのつながりの中にある。家々は必ず複数が組み合わさって「村」をつくる。そして村もまた、家と同様に生活共同集団としてとらえられる。

一つの村は、たとえその開発が当初一つの大きな家だけで行われたものだとしても、必ず複

数の家へと分かれ、村をなしていったものと考えられている。そして村は長年にわたってルールを積み上げ、各地域の歴史や生活文化をつくりあげてきた。暮らしの面での共同はむろんのこと、生業においても水田の水管理や農作業が共同され、そして主たる生業が漁業の場合は漁場や浜を、林業である場合には山林を、それぞれのやり方で共有し管理し運用してきた。村は領土をもち、共有財産をもち、これらを家々が共同で維持管理し経営する。そして互いに助け合い、支え合って村の存続を図っていくものである。現在では本来、村が行ってきたことを行政が肩代わりしていることが多いが、それでも、共有する山林や土地、水源の管理や、道の草取りなど村の共同は現在もつづいていて、一切の共同を失った村というものもないはずである。

なおここでいう「村」は江戸時代のいわゆる自然村（鈴木榮太郎）である。これに対し、明治以降には現在の地方自治体に通ずる村（行政村）が複数の村（自然村）より構成されたので〝村〟の名称の使い方がややこしくなっている。本書でも文脈によって同じ語を別の意味で用いていることがあるので注意されたい。

さて、家々はしばしば集まって集落（聚落）をなし、村をつくる。もちろん地形その他の理由から一カ所に集まらず、散居集落のような体裁をとることもある。が、それでも家々は社会的にはつながっていて、村という集団を形成しているのが一般的である。家屋が離れていても、水源の管理や田畑の作付けはもちろん、災害対応や冠婚葬祭などもあり、やはり決して単独では各家々の暮らしは成り立ちえなかった。そもそもその地の最初の開墾・入植が単独の家族だけでは無理だったはずで、村の暮らしは本質的に社会的なのである。

そしてこのことは、形を変えて町の中でも同様であった。町では人々の流動性が高く、家の継承は村に比べれば限られた形でしか行われなかった。が、それでも同様に町の構成員は家々であり、家長や家主・店親を中心に従業員や店子《たなこ》の家々が連なって、大小様々な生活共同が行われていた。明治初期の身分制の解体は、こうした町のメンバーシップを大きく変容させたが、その変化は次第に運営の担い手が有力者から庶民へと解放される方向に進み、昭和初期までにはそこに暮らす家々による自治（町内会・自治会など）が各地に成立していくことになる。

村も町も、地域はいずれも家々でできてきた。家々がなければ地域はないといってもよい。しかもそれぞれの村や町に特徴的な家（建築としてはもちろん、その生業のあり方に特色があった）というものがあり、それによって特徴的な村や町の姿も現れていた。ここでまた、青森県津軽地域の中から事例を一つとりあげて家と村の関係について具体的に見ておきたい。

†砂子瀬村の場合〈事例6〉

図8は、弘前市の南西部、西目屋村《にしめやむら》にあった砂子瀬《すなこせ》集落の家々の関係図である。もとになった図は昭和二十六（一九五一）年から二年にわたって行われた調査（津軽民俗の会

によるもので、昭和三十五（一九六〇）年に建設された目屋ダムによって、当時の砂子瀬村は湖底に沈んでいる。筆者自身による調査は、この目屋ダム建設で移転・再建した新砂子瀬村とその隣の川《か》原平《わらたい》村について、平成の前半期に行った。新砂子瀬村も川原平村も、平成二十八（二〇一六）年に竣工した津軽ダムによって、いまはダムの湖底に消えている。砂子瀬は二度目の移転である。ここでは、昭和二十六年の調査記録に、筆者が平成期に行った調査を重ねて、この古き砂子瀬村の家と村の様子を再現してみたい（詳しくは『砂子瀬部落史』、森山泰太郎『砂子瀬物語』、筆者らによる『白神学　第1巻　新砂子瀬物語』を参照）。

まずは家の並びから見ていこう。

家の位置は災害などで移動していることもあるが、一般に力のある大きな家がしばしば村の真ん中とか、日当たりのよい場所とか、景色がよいとか、水源に近いとか、ともかく最も有利な場所に置かれているものである。

砂子瀬の場合、村の中心は図の右下（図中の▢部分）の北西部分で、川のほとりの日当たりの良い場所が選び取られている。ここはまた図の西（右）から東（左）に流れる岩木川と、南（上）から入ってくる湯ノ沢川の合流点の直下にあたる。

丸く囲んだ一角に工藤五軒、佐藤二軒、三上一軒があり、このうち①長九郎（工藤）、②砂八（佐藤）、③勘七（三上）といった家が（これらは屋号である）、それぞれの家集団（マキ、同族団）の

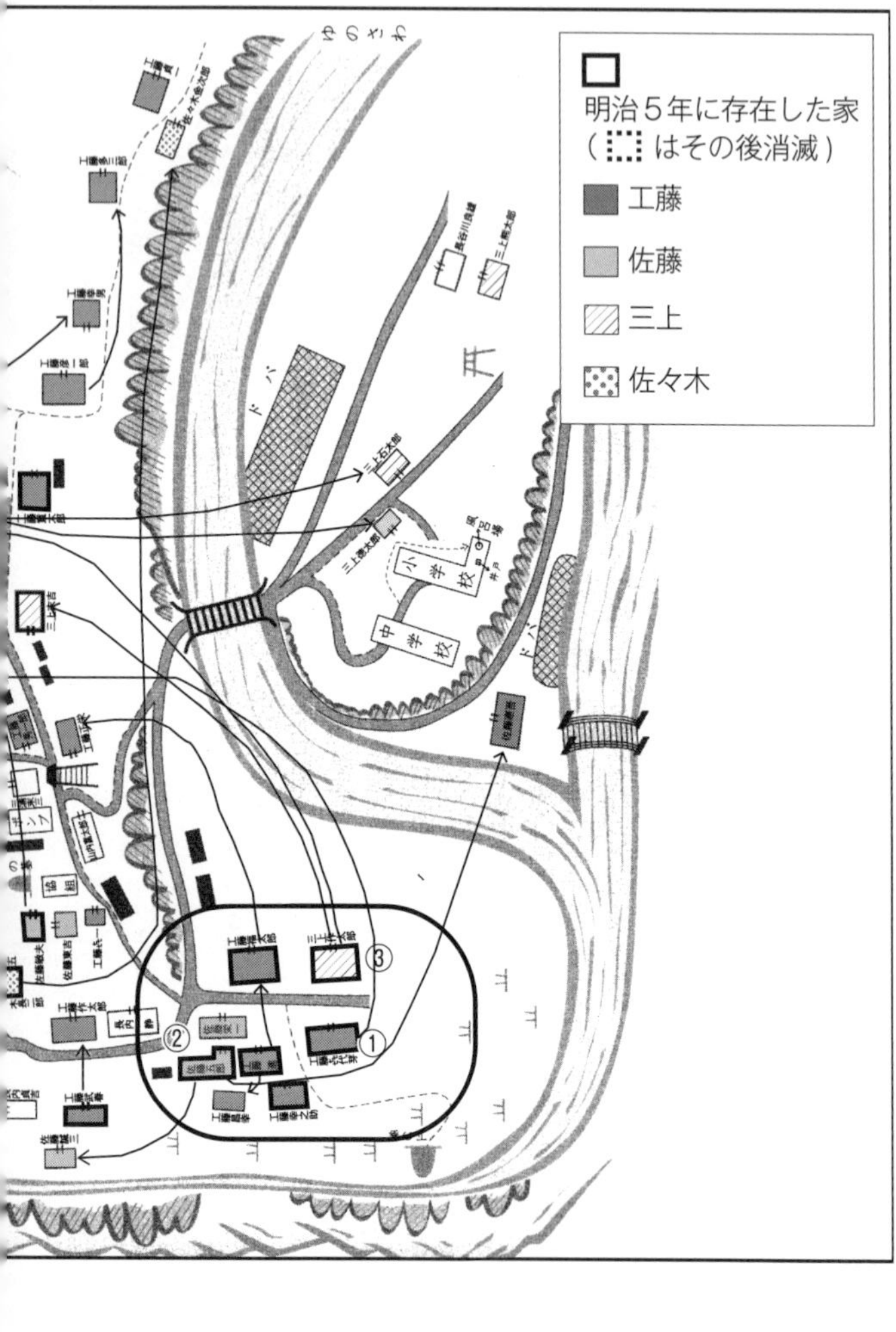
明治５年に存在した家
（ はその後消滅）
工藤
佐藤
三上
佐々木
ゆのさわ
小学校
中学校
ドバ
ドバ
ドバ

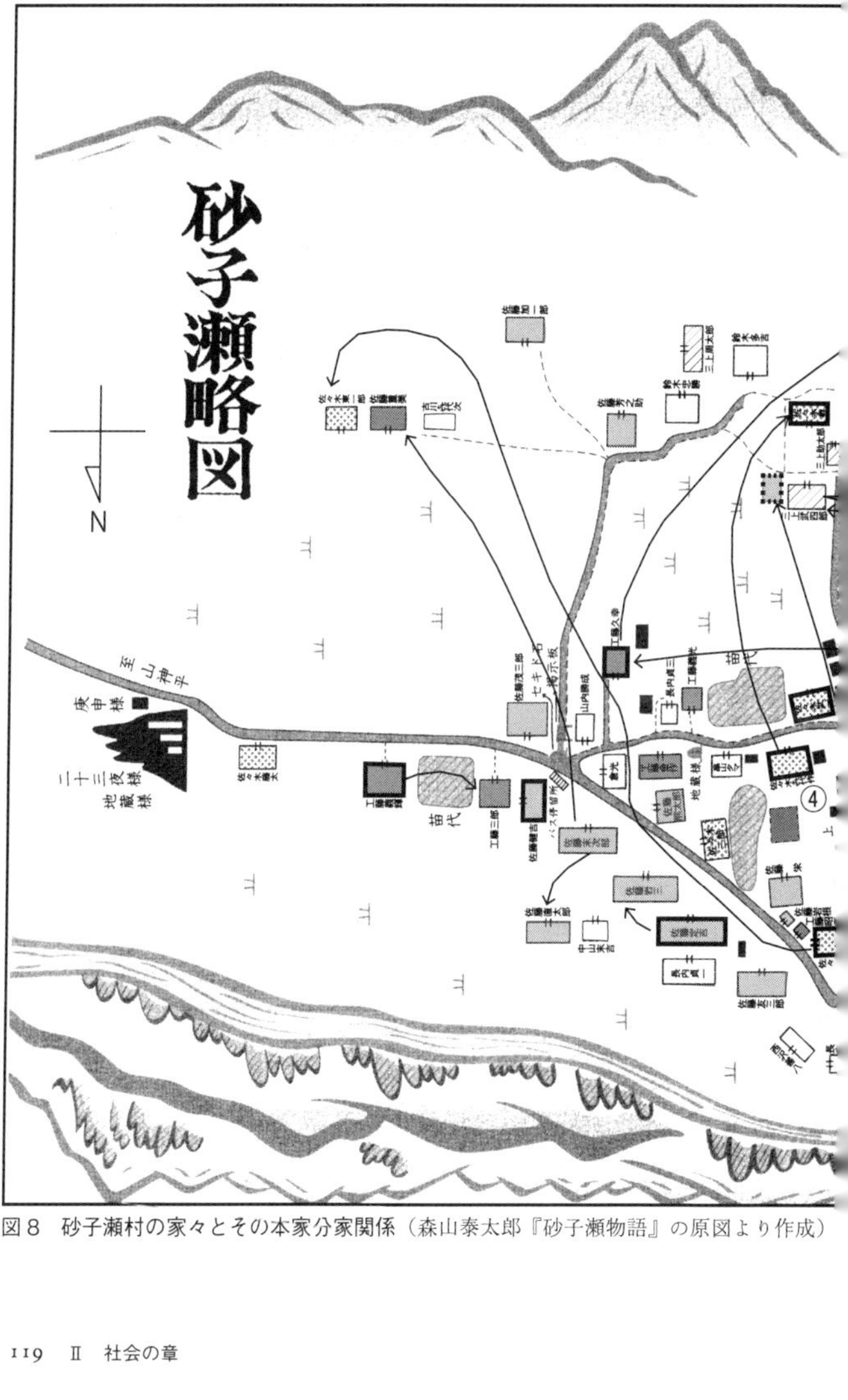

図８　砂子瀬村の家々とその本家分家関係（森山泰太郎『砂子瀬物語』の原図より作成）

写真1　昭和26年の砂子瀬村（西目屋地域生活文化調査委員会提供）

本家であった（このあたりではとくに大きな本家を「オォヤケ」ともいう）。このうち①長九郎家が最も古く、砂子瀬の草分けとされており、江戸時代には代々庄屋をつとめ、昭和二十六（一九五一）年で十八代目とされている。いくつかの記録から見ても、砂子瀬村の発生は室町時代でよいかと思われる。

おそらくこれらより後に入ったのではないかと思われるのが佐々木の本家（④権助）で、集落中央の苗代の前にあった。記録からは、江戸時代初期に大きな開田が行われているので、佐々木系統はその際に入ってきたものではないかと推察する。

これら工藤、佐藤、三上、佐々木の四つの系統の家々でこの村は構成されていた。先の文献に明治五（一八七二）年の戸籍の写しが残っていたので、それをもとに江戸時代末にはあったと思われる旧家を太枠で囲み（一部推定）、その後、この図が書かれた昭和二十六年までに増えた家と区別しておいた。さらに四つの苗字の家にすべて網掛けをし、その本家分家関係を矢印で、森山泰太郎『砂子瀬物語』ほか、聞き取った情報からわかった限りで書き込んでみた。不明も多いが、それらについてもそのほとんどが何らかの形で系譜関係にあるものと思われる。

他方、網掛けをしなかった家は、いくつかを除いてこの四つの系統以外の家である。その多くが幕末から明治・大正・昭和初期にかけて、湯ノ沢川上流にあった尾太《おっぷ》鉱山などの鉱山に関わって入ってきたものである。そのうちのいくつかは明治五年の記録でも確認でき、先ほどあげたオオヤケに当初は寄寓（同居）しながら定着し、後に独立していった（「ワラジヌギ」といった）もののようである。

†山村の暮らしと家々の共同

この図が書かれた昭和二十年代（一九五〇年頃）の砂子瀬の生活について記そう。砂子瀬は北国の山間部にあるので水田は狭く、また米の出来もよくはなかった。が、それでも昭和三十（一九五五）年には約四十町歩もの田を確保し、その用水はおもに湯ノ沢川上流から水路で引っ張っていた。管理は関係する家々で行い、田んぼの農作業もかつてはすべて手作業であったから、お互いに手間を寄せて共同作業で行い、作業が終われば「さなぶり」といって慰労会が行われていた。

畑作の方は、山の木を切った跡地を利用し、粟《あわ》や蕎麦、稲黍《いなきび》、大豆や小豆を蒔いた。山の地味がよく比較的手間のかからぬ作業で収穫が得られ、こちらは各家ごとに作業を行っていたという。

砂子瀬村は山村である。これら田畑で得られる食料は年間の半分くらいであった。そのため、ここから数キロ奥に入った山間部の森林の利用（炭焼き、薪出し）によって残りの生計を立てた。切り出しには、現在の世界自然遺産・白神山地の中まで入っていった。この山村利用もまた個人ではなく社会共同的に行われていた。

まず薪出しは奥山の木を切り、乾燥させ、川水で流して城下町まで運ぶ仕事で、城下町・弘前の燃料確保のためになくてはならない仕事であった。この村の人々は、昭和初期まで下流の集落の事業者にみなヤマゴ（山子）として雇われて流し木に従事した。事業者といっても下流の村の大きな家《オオヤケ》である。昭和に入ってからは国有林の林野の払い下げを直接、集落で受けられるようになり、集落共同で薪を生産し、新しく設立された集落単位の産業組合（農協の前身）を通じて出荷を行うようになった。

人々はまた山に入って炭を焼いた。白神山地の奥に炭小屋をかけ、その周りの木を炭に利用した。昭和初期には窯の改良が進んで一人窯になっていたが、かつては五人窯、七人窯という共同窯で行っていた。炭をめぐる家族の労働は性別、年齢別で役割分担があり、夫婦の間では、男が山にこもって炭を焼き、女性が炭俵を背負って町に運んだ（本章扉写真参照）。片道七キロほどの道を毎日女性たちが一緒に川筋を連なってふもとの集落（田代）まで歩く。子供たちも手伝い、男の子は大人について炭焼きを習い、また女の子は家事や小さい子の世話をした。こうした手伝いを通じてみな仕事を覚え、次三男や、とくに女の子は年頃になると結婚し、家を出て行くのであった。

このように村の生業は家々の協力により共同で行われていた。人はこの社会集団としての家や村を離れては生きていくことができなかったのである。

その家々の姻戚関係に触れてみよう。かつては婚姻は同じ村内で行っていたことも少なくなかった。ただし婚姻は家格で行うので、大きな家は大きな家同士、小さな家は小さな家同士で結ばれた。そして大きい家は同一地域にはたくさんはないので、しばしば遠距離で結びあった。それ以外の家では近くの特定の村との婚姻が多かった。同じ村の間での結婚が多かったのは、嫁いだ人が、嫁いだ先でその村の中の適齢期の人を元いた村の人に紹介するからでもあった。婚姻圏は地域事情を強く反映していた。この婚姻圏が大きく拡がるのもまた戦後のことである。

こうした家々の関係は、戦後の農地改革を経て、さらに昭和三十年代以降に始まる大きな環境変化の中で変わっていくことになる。砂子瀬村では先述のように昭和三十五（一九六〇）年に完成した目屋ダムのために、集落全体が移転を強いられたことも大きい。またちょうど同じ頃、海外からの石油の輸入が増え、燃料として使う薪炭《しんたん》の需要も急速に失われていった。人々が行っていた農林業が必要とされなくなり、共同作業も縮小していく。

他方で、湯の沢川上流に位置する尾太鉱山が近代鉱山（三菱系）として昭和二十六（一九五一）年から操業を再開し、昭和四十年代をピークとして昭和五十四（一九七九）年の閉山まで、この山村に都会の人々と文化を持ち込んでいった。それでも村の家々の関係はまだまだ緊密であった。しかしながらその後、過疎化・少子高齢化が進む中、小さな村の中でも人間関係は希薄

写真2
上　津軽ダム移転前の砂子瀬・川原平（『砂子湖・川原平の記憶』より）
中　湯の沢川での流し木（西目屋生活文化調査委員会提供）
下　砂子瀬の土場（同上）

になっていく。昭和末から始まった平成の津軽ダム移転では、砂子瀬は複数の移転地に分かれ、世紀の変わり目までに集落解消となった。昭和の目屋ダム移転では人々は山間部に残ることを当然としていたが、平成の移転では同じ人々が個別バラバラを決断した。つまりはこの半世紀の間に村の社会関係が大きく変化していたことになるが、この変化の意味については本章の最後に考えることにしよう。

†村の集団

砂子瀬の家と村、社会関係とその変遷を記述してみた。

村とはどんな集団なのか。村の理解にあたってはさらに、村に展開する下位集団について確かめておくのがよいだろう。

村にはいまも多数の集団が機能している。これらはたいていは新しく、多くは戦後のものである。だが、その機能までもがみな新しいかというとそうではなく、もともとの村がもっていた多様な機能を分解して現在の下位集団は形成されていると見るのがよさそうである。ここでは昭和三十年代以降の村が一般にもっている（いた）集団を列挙してみたい。

①自治集団

村はまず自治集団である。先述のように、明治中期の行政村の出現で「村」の語の使用が混乱を来したためであろう、自然村はしばしば「部落」とも呼ばれ、その自治機能を部落会との名称で表すことが多かった。もっともこの語も、のちに差別語の文脈に置かれたので、現在では地区会や町内会などの名称をとることが多い。ここで村の暮らしに関わる様々な問題事が相談され、また行政からの情報の伝達や、行政に対する様々な意志表示がなされてきた。そしてこうした自治集団の中に、あるいはこの自治集団に併置されて、地域の中におおむね次のような多数の集団が置かれてきた。

②生産集団

第二に、村は生産共同集団である。水田耕作をはじめ、多くの生産は一人ではできない。一軒でもできない。それゆえ家々はたとえ分家を行ってもその関係は長く取り持たれ、生産の共同はつづけられてきた。

また村には各種の協同組合がある。農協、漁協、そして林野に関しては森林組合があり、共有する土地について財産区を持つこともある。協同組合にはまた執行部の他、生産部門ごと(例えば水田組合や野菜組合、畜産組合など)の組織が置かれたり、また婦人部、青年部などの性別・年齢別集団がある。農業については、事業に応じて農協とは別に水利組合、土地改良区、その他様々な生産組合が作られる。これら地域の生産工程や施設の管理運営に関わる公的組織は、現在では行政村の単位を超えて広域で運営されているが、元々はこうした村(集落)を単位に形成されていた。それらが統合されて現在のように大きくなっているのである。

③**生活集団**

第三に、村は生活手段を共有する集団である。生産と同様に暮らしも一軒ではできない。村には様々な生活インフラに関わる集団がある。まず重要なのは水である。その集落が置かれた地形にもよるが、簡易水道組合、集落排水組合などがある。また山村や離島ではテレビのアンテナや携帯電話、インターネット接続などもこうした集団をつくって対応している。地域によっては商店やガソリンスタンド、郵便局あるいはバス交通などを集落で運営しているところもある。

災害時のための防災組織も重要であり、消防団はもちろん、川や海のそばの集落では水防団を組織する。また専門の訓練を受けた人々だけでなく、地域の構成員全員が参加する防犯組織や自主防災組織といった集団を持つことも多い。

④**文化教育集団**

学校もまた地域になくてはならない施設である。小学校に通う子供の親たちで作る保護者会やＰＴＡも、かつては親だけでなく村の全戸で運営しているのがふつうだった。

加えて村には公民館があり、多くの集団が形成されている。地区の公民館をのぞいて見ると、そこにはたいてい婦人会、青年団、子供会、敬老会（老人クラブ）、若妻会等がある。これらは社会教育の一環のうちに組織されるが、もともと村の人々を性別・年齢別に組織化する集団（性別の年齢集団）があったことに注意したい。

こうした集団はそれゆえ実体を持っているので、単なる学習機関や親睦団体にとどまらず、しばしば村の大事な場面で実働する。これは例えば災害が起きた時の対応などを見るとよくわかる。学校が避難所になる。そして消防団（大人の男の人たち）は救援・救助活動に、婦人会は炊き出しに、子供たちは子供会でまとめて避難し、老人会は避難するとともに、子供たちの面倒を見るといった具合である。性別年齢別に分かれているので、村全体で一人残さずくまなく人々に役割を与えるのに適した構造になっている。つまりは、年齢や性別にもとづく伝統的な集団が、近代にいたってこのように再編成されたものと理解しうるのである。

⑤宗教集団

そして村は宗教集団でもある。「Ⅲ　歴史と文化の章」でも述べるが、村は一般に、産土様《うぶすな》（ないしは氏神《うじがみ》さま）である神社を中心にした一つの宗教組織を構成している。神社の運営は、現在ではたいてい町内会などとは別の氏子《うじこ》組合で行っている。地域によってはもともと集落が一つの宗教集団として成立し、例えば集落にある寺を中心に集団構成がなされてきたところもある。ともかく村は祭祀を行い、何らかの信仰とのつながりを必ずもつ。宗教集団色のない村はないといってもよい。

⑥政治集団

①とも重なるが政治行政的にも村はしばしば一つである。行政連絡員や民生委員、公民館長など、村には行政から任命される役職があり、行政の末端を担うこともまた現代の村の果たす重要な役割である。議会議員なども――これは投票を通じてだが――村の代表として出ることが多く、村は議員や市町村長などといった政治家を選ぶことを通じて、しばしば一つの政治集団でもある。

こうして村には多数の集団がある。もっともこうした集団には、行政が仕事の都合で村に作らせるものも多く、作っただけで実際には機能していない集団もある。そうした官製の集団が多いこともあって、右にあげたような集団は日本中どこでも同じように構成されており、列島の北から南まで同じような形で現れる。例えば数戸しかない小さな集落にさえ、これらのほとんどが存在する（していた）。しかしそれはまた、地域の暮らしにこうした集団が必要だからこそだともいえ、また同じように集団が存在していても、地域によって各集団への力の入れ方はそれぞれに異なるので、こうした集団の特徴によって、地域の個性も現れてくることになる。そしてこうした集団が重なって、村（自然村）はすべてを備える総合性を確立している。

4 町と町内社会

†町と家

こうした村々と関わり、また場合によっては村々を統治するものとして、町や都市が現れる。町は、村よりも人工的にできている。そもそも町の発生からして何かの行政的政治的、あるいは経済的文化的必要からはじまるものである。

「まち」の「ま」は、おそらく、「間」であろう。漢字の「町」の字も、何かの目的のために土地を区切ることを表すものである。実際、町はそのように統治上の必要があって上から区割りされ、つくられてきた。人々が自由に集まって作ったとされる自然発生的な町も、統治の目的に沿うからそのまま維持されるのであって、統治の側から見て無用な町は強制的に解体さえされるものである。

さてこの「間」だが、そこに入るのは個人ではなく、村と同様に家である。町の単位もまた家である。町の家々は商人なり、職人なり、あるいは江戸時代なら武士、明治以降なら公務員・会社員などのサラリーマンの家であって、そこには当主がいて、その家族員によって家は構成された。

その際、例えば大きな商家なら使用人や奉公人たちを伴い、場合によってはその家族ごと一緒に住んだ。奉公人たちはそこで育ち、「暖簾《のれん》分け」という形で分家も行われたが、分家しても本家との関わりがなくなるわけではないのは農家の場合と同じである。図9は、中野卓《たかし》『商家同族団の研究』掲載のものだが、これを使って商家の分家を説明しておこう。

図9①によれば、商家の分かれには、㈠A「親族の分家」と、B「非親族の分家（別家）」があり、㈡またC「直接の分かれ」とともに、D「分かれの分かれ」、すなわち孫分家があった。そして町の家屋は大きくないので、奉公人が所帯をもつとしばしば外から通うことになり、㈢F「外から本家に通う者」もいれば、G「自宅で商売をやりながら、本家に通う者」もあり、さらにそこから独立してE「店持の分家」が現れていくのである。

㈠ 末家
- A 分家（親族分家）
- B 別家（非親族分家）

㈡
- C 直接末家（第一次的末家）
- D 間接末家（第二次的以下の末家）（孫分家とか孫別家とかいわれる）

㈢
- E 自営開業（店持）
- F 本家通勤（かよい、肩入れ、宿持手代）
- G 本家通勤兼自宅小営業

㈣
- V 同業
- W 一部同業
- X 類似業
- Y 下請業
- Z 異業

図9① 商家の分家（中野卓『商家同族団の研究』90頁）

もちろん多くの分家を出すような家は限られ、またそうした大商家には、他の商家から商売を学ぶために来ている者も多くあった。現在の専門学校のようなものである。こうした人々もまた、自分の家（店）に戻ったあとも学んだ家との関係はつづいた。それは師弟であるととも

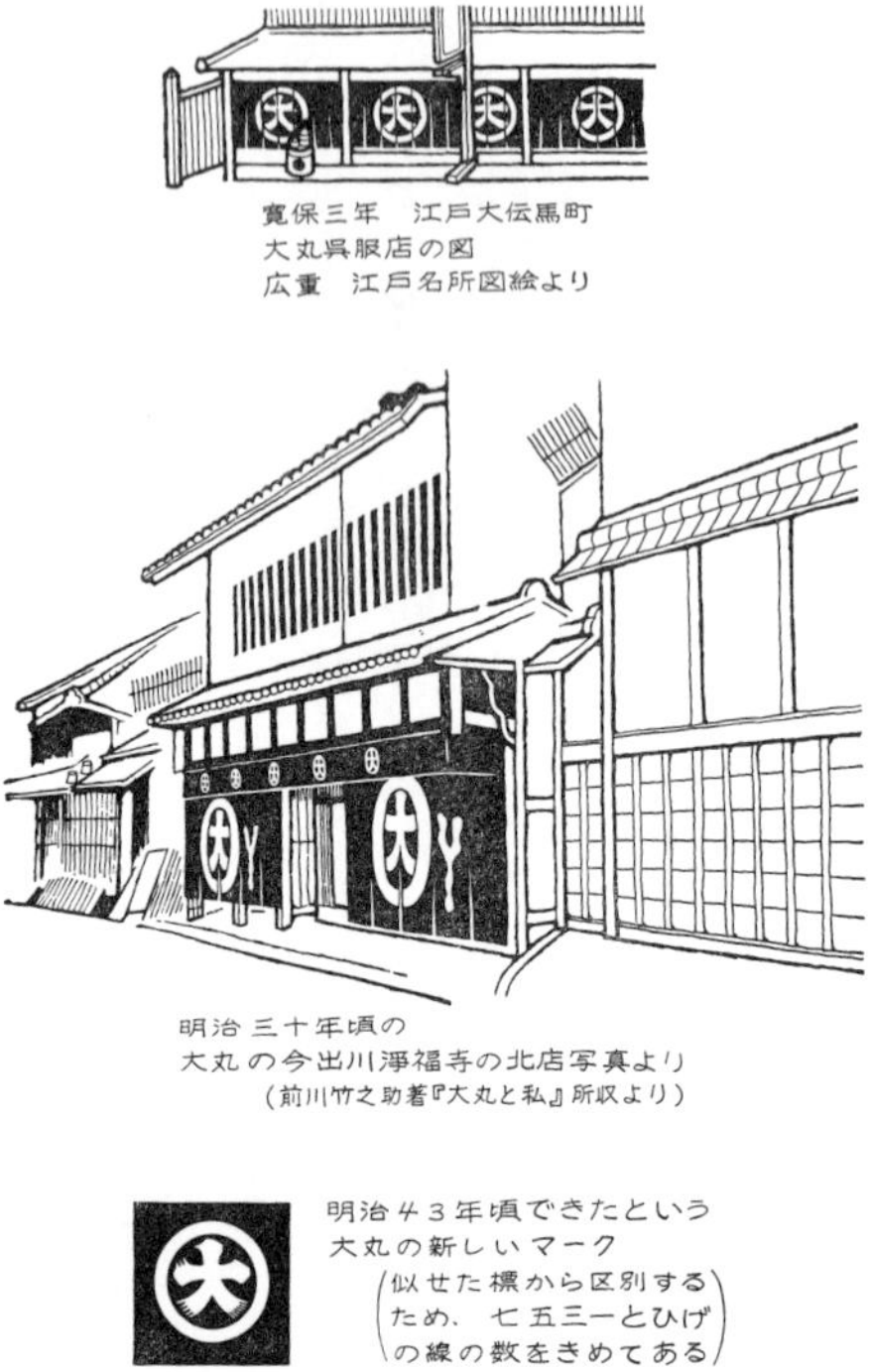
寛保三年　江戸大伝馬町
大丸呉服店の図
広重　江戸名所図絵より
明治三十年頃の
大丸の今出川淨福寺の北店写真より
（前川竹之助著『大丸と私』所収より）
明治４３年頃できたという
大丸の新しいマーク
（似せた標から区別するため、七五三一とひげの線の数をきめてある）

図９②大丸の暖簾（前掲書 131 頁）
この図の出典である中野卓『商家同族団の研究』は、商家の家を詳細に分析した研究書である。商家の象徴は暖簾であり、商家の分家を「暖簾分け」と呼んだ。図は京都発祥の百貨店大丸の暖簾を示したもの。

に擬似的な親子関係でもあり、また学んだ者どうしの間にも兄弟のような支え合いの関係が築かれた。町もまたこうして家々の系列でできているのである。

すでに「I　生命の章」でも見ておいたが、江戸時代にこうした町の原型をいくつか求めるなら、交通の結節点としての宿場町や港湾にひらかれる湊町などがあげられる。また産業の場としての林業集積地や漁業集積地に伴う町、あるいは鉱山町などがあり、さらにこうした町々と村々を結ぶ在郷町《ざいごうまち》があった。そして有力な寺社には門前町があり、門前町にはさらに流通や加工業の集積地である職人・商人町を伴うものもあった。

そしてなにより城下町が藩の運営を行う必要から設けられ、藩の統制のもと、藩士の居住地とともに、商人のいる商人町、職人のいる職人町などが配置され、藩にとって必要な仕事をそれぞれに分担していた。その単位は家だった。こうした都市や町が現代にもつながっている。ここでは城下町・弘前の商人町の一つを例にその様子を確認しておきたい。

†上土手町の場合〈事例7〉

前掲の図7上（一〇八頁）を見てほしい。江戸時代の弘前の町の全体図だが、右下（東南）に長く飛び出ている町がみえる。この部分を別の絵図で拡大したのが図10①である。

現在では城に近い方から順に、下土手町《しもどてまち》、中《なか》土手町、上《かみ》土手町、松森町《まつもりまち》と分かれているが、三つの土手町は江戸時代には一つの町だったらしい。このうち上土手町を中心にその現代の変遷を地図で見たのが図10の②、③である。

まず①から。江戸時代の町が、道に面して同じ幅で短冊状に向かいあう形で区切られており、先ほど述べた「間ち」であるのが見て取れる。この通りは羽州街道の一部であり、江戸時代の参勤交代路でもあって、ここから江戸まで津軽の殿様は長い旅路を往復した。その道を間口で均等に区画して町人たちに活用させたので、このように同じ間隔で道を挟んで向かい合い、後ろに長くのびる短冊状の構成になっている。①（絵図）は万治二（一六五九）年のものだが、この町割りが②昭和四十（一九六五）年、さらには③平成十一（一九九九）年にもそのまま踏襲されているのがわかるだろう。この各区画にそれぞれ家が入って商売が営まれてきた。

土手町は城下町弘前とともに江戸時代初期に誕生し、全国各地からここに商売人が入ったとされている。なお、「I

③ 上土手町現況図（平成11年）

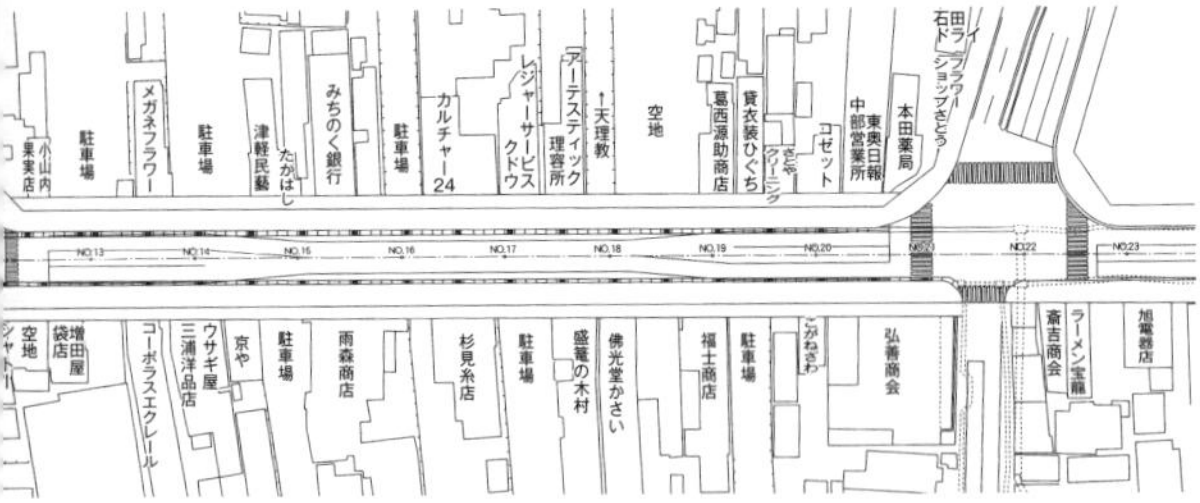

図10
①万治2（1659）年津軽弘前古絵図より土手町部分（下・中土手町を含む）。『絵図に見る弘前の町のうつりかわり』より
②昭和40（1965）年弘前市・黒石市住宅明細図（東交出版社）より上土手町部分
③平成11（1999）年『弘前の成りたちと上土手町』（上土手町町会）

生命の章」の〈事例1〉折笠村の家々の並び（「I　生命の章」図3、四二頁）もここと同様に通りに向かい合い、同じ〝間〟でならんでいたことも思い起こしたい。「間《ま》ち」はだから、現象としては村の中にも現れる。折笠集落の家々もおそらく自然に集まったとか、増えたとかではなく、どこかの時点で家々が計画的に並べられたことを示している（その場合、点在していたものを、何かの理由でここに集めたということも考えられる。ある集落では、過去——近代以前——の災害復旧でそうなったという話を聞いたことがある）。

ちなみにこの上土手町の「上」は、お城に向かってではなく、江戸に向かっての「上」である。それゆえ上土手町は土手町の中では城から最も遠い場所にある。この位置関係がそのまま商売の格にもつながっており、下土手町が上流階級向けの商売であるとすると、上土手町の商売は庶民向けだった。さらにその外側、城下町の入り口に位置した松森町の商売が農村向けのものとなっていて、こうした商《あきな》いの違いはいまも町の特徴として残っている。高級な品をそろえるデパートも城に近い方に形成された。このことは現在も同じである。

図10②の住宅地図で昭和四十年の商店街の様子を見てみると、上土手町には衣料品や食料品、金物屋や質屋など、暮らしに密着した店が並んでいる。ここから城の方に進むにつれ、銀行や高級文具、宝石店や時計店、呉服店などが現れる。平成に入ると図10③のように空き店舗や駐車場が多くなるが、それでもこの町の庶民向けの雰囲気は変わっていない。

†学校、道路、神社、アーケード

さてこうした町には、農山漁村に見られるような家々の直接の共同関係はあまり見られない。水や食糧、燃料のような生活必需品は自前で確保するのではなく、別のところから買い入れたり、あるいは町の設置とともに用意されたりするものだった。とはいえ、町は町で、自分たちに必要なものを自分たちで確保する必要があった。上土手町の歴史の中に見られたそうした共同を、おもに明治以降のそれについて『弘前の成りたちと上土手町』(上土手町町会)や、『大成《たいせい》百年史』(第一大成小学校創立百周年記念事業協賛会)などから拾ってみよう。

まずは子弟が通う小学校の設立。明治十(一八七七)年に土手町に設立された蓬莱《ほうらい》小学校は、明治十八(一八八五)年学区制施行の際に周辺町村の三校を統合して大成小学校となった。まずはこの学校の設立が町内にとっての大事業であった。

もちろん生業に関わる協同も大きい。明治維新による弘前藩廃絶後、弘前県が設置されるも数年で青森県となり、県庁所在地が青森町(現青森市)に移ったために弘前の人口は激減した。明治二十七(一八九四)年に青森・弘前間の鉄道が開通し、明治二十九(一八九六)年に第八師団が設置されると再び息を吹き返すが、その際、駅と軍隊の間の道路が上土手町を通らず迂回する形になっていたため、町に人の流れを呼び込もうと商人たち自身で資金を拠出し、新道

（大町新道《おおまちしんどう》）を開設して市にこれを寄付するということも行っている。こうした中で町は一時、繁栄をきわめ、町から出た「角《かく》は宮川呉服店」は、一番町《いちばんちょう》に青森県で初のデパートを開店するまでになる。

加えて、大正六（一九一七）年、昭和三（一九二八）年の大火では、おもに隣町の被災者のために義援金の拠出や復興に町は尽力し、昭和五（一九三〇）年には上土手町町会が正式に設立されるに至る。その後、町会は、氏子神社、消防、衛生、防犯など暮らしの協同に積極的に関わっていくが、その後の町内会の活動としてはとくに、街路灯の設置、道路の舗装、ゴミ追放運動、土淵川の浄化運動などを行っている。また神社への神輿《みこし》渡御《とぎょ》も繰り返し行われ、ねぷたにも参加、また隣の中土手町では、大火で失ったこみせ（雪国に見られる店の前に設置された雪よけの半公共空間）の代わりとして、昭和四十（一九七五）年にアーケードの設置を実現することになる。

しかしながらちょうどこの昭和四十年代からモータリゼーションがはじまり、また大型店の立地もすすむこととなった。平成六（一九九四）年には、大町通りにダイエーがオープンする（平成十七〔二〇〇五〕年閉店）が、他の大型店はすでにこの平成期には弘前市街地を大きく迂回するバイパス道路沿いに出現するようになっており、商店街は顧客獲得競争に苦戦を強いられていく。平成十一（一九九九）年には都市区画整理事業を入れて町のかたちを一新。しかし、この時までには多くの自営業者自身が都市の郊外に移るようになり、二十一世紀に入るまでには中心市街地の町々は次第に活気を失っていくこととなった。

†町内社会の形成とその意味

ところで、こうした都市の町内社会は、かつては有力な家の代表者による協議で運営されていた。明治維新を経て大正デモクラシーで民主主義の考え方が広がり、また家々の平等化も次第に進んで、近代的な町内会が生まれてきたのである。そのきっかけとして大正十二（一九二三）年の関東大震災がよくあげられる。昭和初期には、いま見た上土手町がそうであったように、全国各地で町内会・自治会が組織され、町や都市を運営する中心的な集団となっていった。

町内会の運営の特長として、かつては全戸加入が問題とされていた。全戸加入の原則とは、その町内に住む家ならみな町内会に入りなさいというものである。こうした原則はかつては強制加入と理解され、伝統社会の悪しき慣習と考えられてきた。しかし現在では、全戸加入はむしろその町内に住む以上、平等に与えられる権利と義務を明確にしたものとされ、町内社会の民主化の結果であったと認識されるようになっている。町の構成員は村と違って出入りが激しい。新しい人が入ってきても、町内社会にきちんと加わり、義務を果たすとともに、町内が持つ資源を活用する権利が与えられるよう配慮された仕組みが町内会だったのである。

町は村ほど全般にわたってはいないが、やはりその地域の生業・生活環境を管理・運営している。人々の親睦や、町で起きる様々な問題の解決はもちろん、清掃や防犯、防災といった活動のほか、行政が行う仕事の末端も引き受けている。町内会は、町で暮らすのになくてはならない集団である。

そして町々にはまた、先ほど村の中に見たのと同じような諸集団が作られている。

まずは性別年齢別集団。子供会、婦人会、老人クラブなどがある。また防災・防犯の組織があり、多くの地域が消防団や自主防災組織のようなものをもっている。また、その町を特徴づける仕事に応じて、様々な組織や集団がある。商店街には商店会、職人町では職種による同業組合、観光の町には観光業者の組合があり、例えば温泉街には温泉源を管理運営する温泉組合など、生業のための共有資源を運営する組織がつくられている（もちろん例えば泉源《せんげん》を一業者が独占しているようなケースもある。これもまた各町の形成の歴史的経緯による）。さらにこうした町々の自営業者をたばねた商工会や、地域の観光を促進する観光協会などが、市町村単位の民間組織として構成されてもいる。

ところでこうした集団のうち、同業者の組合を除けば、生活集団としての町内社会の運営は郊外住宅団地においても同じようになされていて、分譲マンションの管理組合さえ同様の町内会的やり方で運営されていることにも注意したい。こうしたことを、社会学では「文化の型」

とも呼ぶ（文化については「Ⅲ　歴史と文化の章」で詳述する）。

町内会は実は、敗戦直後のアメリカ軍の占領下では大政翼賛《たいせいよくさん》組織として禁止されたこともあった。町内会は民主化の産物だという説を紹介したが、欧米にはないものなので外国人は驚いたのだろう。他方で、東アジア各国には同じ様な集団が確認されていて、日本のみの特殊なものでもなさそうである。町内会的なものは要するに、たしかに近代化の中に現れてきた新しい地域の形なのだが、それは欧米的なものからは縁遠く、東アジアや日本に固有の集団形成パターンから生成したもののようである。

†会社という家――〈家連合＝村〉としての都市

この文脈で、「会社」という存在にも注意をうながしておきたい。会社とは本来、家。そして業界は家々による連合体、すなわち村であると。

日本の会社はもともと各地の有力な商家や事業者、あるいは廃藩置県で仕事を失った武士たちが始めたものが多く、そのため旧来の家や藩を模して作られており、企業も財閥もかつては「家」であった。いってみれば会社員は会社という家に所属し、会社という家のために滅私奉《めっしぼう》公《こう》したのである。逆に会社は、社員だけでなく社員の家族にも責任をもち、しばしば親が引退すればその子がその会社に就職した。そもそも感覚としては会社員の家族もまた、会社という家の一員なのであった（「社宅」のあり方にその特徴がよく現れていよう）。

それゆえ日本の会社が元々もっていた年功序列（能力ではなく、その人の年齢で賃金等が決まる）や終身雇用（入社すれば定年まで雇用される）といった仕組みも、会社が「家」なればこそのものだったのである。会社は、年功序列や終身雇用で、社員やその家族が困らないようにする責任があった。いや退職してもなお、社員は会社の家族でありつづけた。

そして会社は他の会社との間で系列を作る。これも日本的な特長であると言われている。親会社に子会社があり、孫にあたる会社がその下に系列を作る。会社の系列は、直接の分社もあるが、まったく関係のない会社が傘下に入る形でもつなげられていった。こうした系列化が進むことで、戦前の財閥のような形態も生まれたのである。戦後、財閥は解体されたが、このような疑似的な親子孫関係を形成する日本の会社の特長もまた、「家」の性格——血縁を越えた生活共同体——から読み解くことができるものである。

こうして、村も町も基本的には家々が集まって形成され、それらが小さな国（地域）をなしているというのが、日本の社会の本来の基本的な姿であった。そしてこのように家々の関係を軸に地域が構成されていることは、村や町や古い城下町に限らず、近代工業都市にさえ現れてもいたのである。

「企業城下町」という言葉がある。藩主の家を中心に集まる家臣団の家々でかつての城下町が構成されていたように、近代都市もまたしばしば主要な企業＝家《オオヤケ》（例えば豊田市の自動車メーカー・トヨタ自動車）を中心に、中小様々な傘下企業＝家々《コカタ》が集まって地域社会を構成した。このことを指して企業城下町と呼んだのである。

そしてまたこうした集団間の関係は、実は官公庁においてさえ同じなのであった。日本の行政は縦割りと言われるが、それは国の各省庁の管轄に応じて、地方自治体や産業界の方でも系列ができるからである。そもそもオオヤケ（公）とは、大宅（大家）のことである。省庁も、都道府県も、市町村もまた、職場はどこも一つの疑似的な「家」であり、また別様に言えば「藩」であった。

「家々が集まって村をつくる」という原理はこうして、町や都市にも共通し、近代的な都市においてさえ繰り返し再現されてきたものである。都市もまた要するに、家々が複雑に交錯しながらつくる巨大な同族団、すなわち〈家連合＝村〉なのである。江戸時代から、幕藩体制の解体を経て近代に至ってもこの〈家連合＝村〉の社会形成パターンはつづき、良くも悪くも日本の社会文化（文化の型）を表すものだったといえよう。

二十一世紀に入る前後に行われた会社や雇用をめぐる様々な改革は、こうした日本文化を否定し、大きな変更を迫るものだった。多くの会社で年功序列や終身雇用が解除されて、業績給や短期契約・更新制が導入された。これまでの常勤制を中心とした雇用から、非常勤という人々（これはもはや会社の家の子ではない）を多く使役する企業経営が一般的となった。会社の性格も、株式の導入とその展開によって大きく変わっていった。「家」としての会社は広く解体された。グローバル化がこうした動きをもたらし、それをさらに促進しつつある。こうした会社という近代的な家の変化が、二十一世紀のこの国のあり方、そして地域のあり方に大きな影響を及ぼしていることも、私たちはよく知っておく必要がある。

5　都市と国家

†都市について――みやこ、いち、まち

ここまでの説明は、「いえ」「むら」「まち」を軸に、これらが社会の形成を下から――草の根から――積み上げて、この「くに」を作ってきたという方向で論じてきた。

ここでいま一度この章の前の方で触れたことに戻りたい。

日本の歴史を振り返るとき、地域はローカルな力（小さな国）以上に、「国家」という上からの力が働いて形成されている。いや、町や都市に関しては、国家による統制力・支配力を抜きにその成立を考えることはできない。今度は都市の形成を、人々を統治する側の視点からとら

えていくことにしよう。

ここでも言葉の吟味からはじめたい。

都市は、都《みやこ》と市《いち》という語からできている。「みやこ」は、「宮処＝御屋処」である。「御《み》」は尊敬語であり、「屋《や》」は住まうところ。つまりは天皇の住まいであり、皇居のある場所である。その限りで、都は江戸時代までは京都を指し、現在は東京になる。

都の反対語は鄙《ひな》である。鄙は夷とも書き、中心から離れた場所という意味である。鄙がそういう意味だとすれば、都とはその反対に、国の中心を指す言葉だということにもなる。日本という国の中心、それが都である。そこには天皇――す（清）めら・みこと（尊・命）――がいる。この天皇を中心に行うのが国の政治、すなわち「まつりごと」である。

ここで注意しなければならないのは、この「まつり」には、「政」（「政」とは「正しく強制すること」）とともに、「祭」（神を奉ること）の意があるということである。要するに政治と祭祀は本来同一であり、政事として権力行使を正しく行うためには、その方向性を正しく占い、見極め、また願う、権威ある祭事が必要であった。「みやこ」とはこうした政／祭の中心であり、だからこそ人がたくさん集まる場（都会）なのである。

もう一つの「いち」についてもその原義をたどっておこう。

「いち」もまた人の集まる場所だが、とくに経済活動の中心地として現在では理解されている。しかし、「いち」もまた「みやこ」と同様に、信仰や聖なるものとの関係が深いことばである。「いち」の「い」は、「いえ」の「い」と同じく「斎《いつ》く」や「祈《いの》り」の「い」である。市はもともと、有力な神社や寺社の前で開催されたものという。神仏の力を借りて結界を張り、そこで物の交換が行われたのが始まりのようだ。だがなぜそんなことが必要だったのか。

物の取引は多様な人々が、それもそこではじめて出会った人同士が、身分や出自を越えて対等かつ正直に振るまうことで成立する。人々が嘘やごまかしを行えば市は成り立たない。神仏に対して「私は公正です」と誓いを立てることが、市を成立させる第一の条件だったのである。のちに国家がそこに介入し、人々に正しさを強要することによって、経済活動が現在のような安定性を確立するのであり、「いち」が実現する経済もまた祭祀や政治を抜きには考えられないものである。なお、「いち」はもともと男女の出会いの場である歌垣だったとされる。そもそもは恋愛の場における身分の違いを超えた正直さ、誠実さが原義のようである。

こうした「みやこ」と「いち」の合成語である「都市」はだから、国家における政治・経済の中心だが、それはまた信仰や文化の中心地であった。いや、文化や信仰の発信地だからこそ、政治権力の発源地になるのであろう。

ところで「まち」は、先述したように、人々が自由に活動できるよう、国土の一部を国家が区画し（「ま〈間〉ち」）、人々の活動に提供した場所であった（「まち」の「ま」は、「まつり」の「ま」だという説もある）。そして「みち（道）」は、こうした町や村を都へとつなぐ「み（御）ち」である。これら「まち」「みち」もまた、都市（「みやこ」「いち」）と同じく国家が提供ないし補償するものということになる。

さてこの「いち」「まち」「みち」の語に共通するのが「ち」である。この「ち」はいったい何だろうか。

それはおそらく「ち（霊・血・乳）」であり、また「ちから」（力・税）の「ち」であろう。「くに」は「みち」を通じて各地（むら、まち、いち）に「ちから」を授ける。各地は生産を通じてその「ちから」を増幅し、その「ちから」を再び「みち」を通じて「みやこ」に送り込む。こうして、こう言うことができる。「ちから」を各地から集め、また各地へと送り込む装置、それが都市であると。

†城下町と町々、村々

このように、私たちの社会の基本になっているものごとの言葉の意味を探っていくと、その言葉そのもののうちにそれぞれの関係が見えてくるようである。おそらくこうした言葉を作り出したであろう弥生時代には、これらの関係が現実に目に見えてそこにあったのだろう。そしてそうした関係が完成された一つの姿を、私たちは江戸時代の社会体制に見出すことができる。古代・中世を経てその後の近代国家へと日本が展開していく過程で、江戸時代は大きな画期であった。いま検討した言葉を用いて、この時代の地域のあり方をあらためて説明してみよう。

江戸時代、この列島は幕藩体制全体で一つの国家のかたちをとってはいるが、この国家は江戸幕府を中心に、日本列島を数百もの藩で細分化した連合国家（「いえ」と「くに」の連合体）であった。そしてこれらの国家が、それぞれに多数の「むら」を抱え、そこからの貢納（ちから）によって各国はその経営を実現した。ちなみにここまで「藩」の語をとくに説明なく使ってきたが、この語は明治維新後に広く使われるようになったもので、江戸時代の藩は「家」であり、また「國（国）」であり、すなわちまさに「国家（くに、いえ）」であった。そしてこの国家（藩）には城下町（みやこ）があり、その城下町と村々は「みち」（道）で結ばれていた。前掲図6（一〇七頁）の国絵図でも、城下町を中心に藩内の村々が道でつながれている。

そして城下町のほか、国の各所にも「まち」がつくられ、「いち」（市）がたった。寺《じ》社町《しゃまち》、宿場町、在郷町、湊町、鉱山町、関所町《せきしょまち》その他の町があり、各町にはそれぞれの町内社会があった。そしてこうした村々、町々がそれぞれにまとまり、それらが積極的に支配機構に従属することによって、幕藩体制全体が一つの統一体として実現されていたのである。

いま、村や町が〝積極的に支配機構に従属する〟と述べた。それはこういうことである。

村々は年貢や税を通じて「くに」の基礎を支える食糧や原料を提供する。とともに、市や町にも参加して市場経済に資源を提供した。町ではそれらを加工し、また商う。だがなにより、そうした生産物は消費されねばならない。その消費の場もまたつまりは家であり、圧倒的多数の家は村々にあった。町々では資源を使って各種産業を発展させ、農村・農家では実現できない製品を作り、城下とともに農家・農村にも流通させていく。

こうして家々、村々は経済の一環としてなくてはならないものだが、それとともに村や町の自治もまた支配にとっては不可欠だった。村・町は生産物・収益から一定の割合で都・国家に租税を納めた。また村や町の内部には常に新たな矛盾、新たな問題が生じてくるものだが、村・町はその多くを各自、自力で解決しえた。地域の自治が機能しているかぎりで、体制は安定する。国家は地域の上位にいて、地域から回収した力(税)をもとに、地域間の格差や対立を解消し、体制維持を模索すればよいだけである。村や町はこうして自治を通じても統治に積極的に関わっていた。逆にいえば、各地が自治で解決できない問題が噴出するときは、体制がゆらいでいるときだということになる。

「みち」「まち」「いち」はこうして、「くに」の統治の手段である。統治の側はこれらを用いて人々を社会・経済・政治に積極的に関わらせ、「くに」の富を生み、その安定を実現していく。「みやこ」がこれを主宰する。これら一連の社会的装置を上手に配置し運営し、安定的な

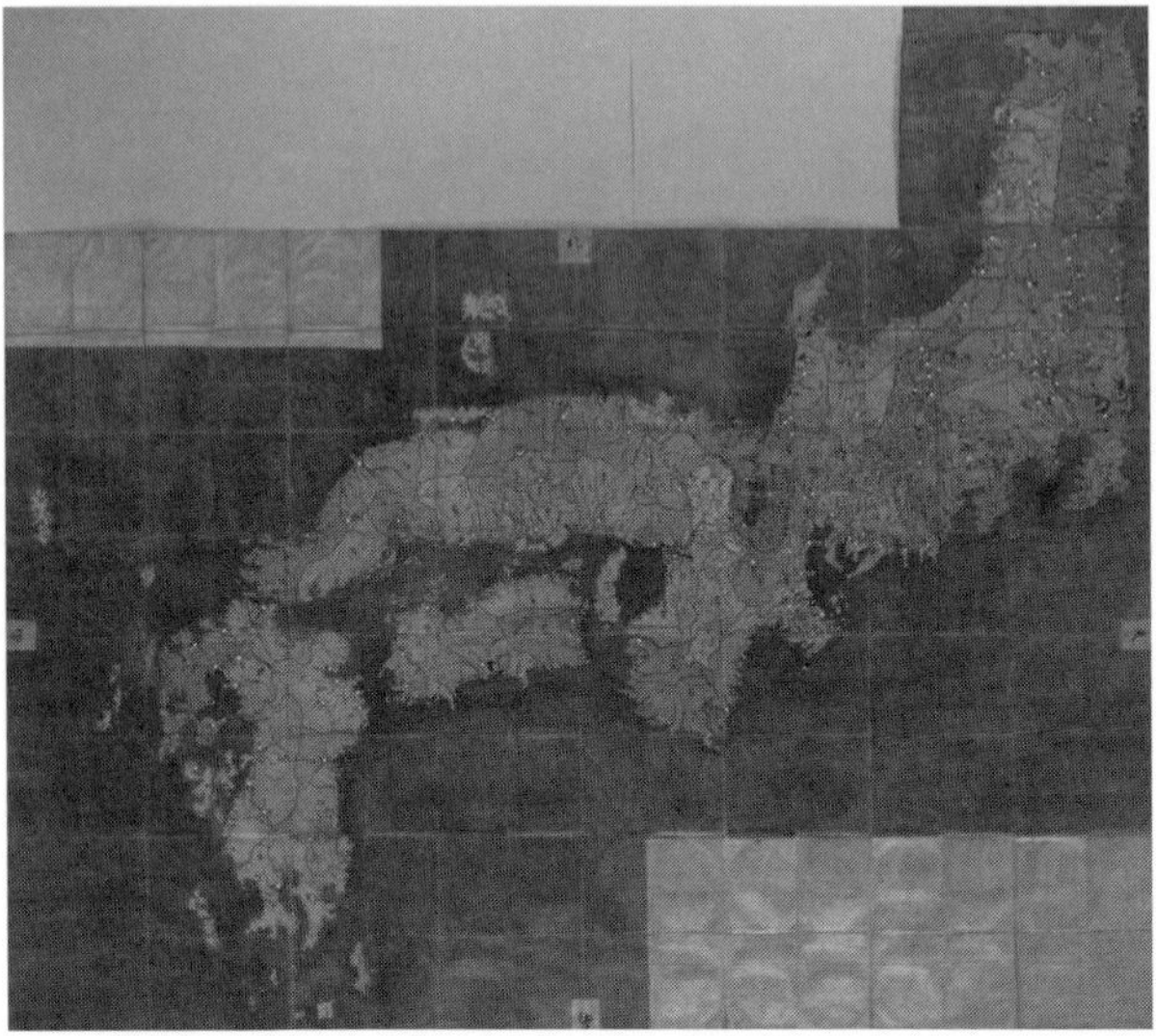

図11　江戸時代の日本図（寛永日本図、国会図書館蔵）
江戸時代の日本全図。各地の国絵図をつなぎ合わせてできているので、どこか全体に形がいびつである。これを作成するのにも、各藩の協力が必要だった。

循環を確保することが「みやこ」の「まつりごと」が目指すものである。

江戸・京・大坂という広域機能都市

原始・古代のどこかでこうした循環が確立し、様々な形態を経ながら、江戸時代にはそれがある形をもって完成していたということになろう。ともかく江戸時代までには、列島は各地で独立しつつ、かつ積極的に国家（幕藩）に関わることで、全体として一つになっていた。

ところでこの江戸時代の全国的なつながりだが、それは各地域が個別に連携しているというよりは、列島の中に重要な中心が何ヵ所かあって、そこが各地をつなぐ中継的な役割を果たしていたことにも注意したい。その中継地が、江戸・京・大坂である。ここでこの三都市の特徴にも触れておきたい。まずは江戸の広域機能から見ていこう。

全国的な人の流れ、情報の流れという視点から見たとき、江戸という都市の重要性・特異性は際立つ。そもそも江戸ははじめから日本列島の政治の中心となるべく作られた都市であり、その点で各地の城下町とはまったく異なる性格を持っていた。江戸は幕府が各藩の上に立ち、この列島全体の秩序を確立するための都市、都市の中の都市、すなわち首都である。

その秩序形成を実現した仕組みのひとつに参勤交代がある。江戸幕府は参勤交代制を採用した。諸大名は家族を江戸に置き、一定期間交代で江戸に参勤しなければならなかった。国元と江戸との二ヵ所居住を義務づけられたのである。江戸城の周辺には、幕府に直結する徳川家やその家来たち（旗本）が暮らしていただけでなく、各藩の大名やその家来たちも居住し、幕府の運営に関わっていた。そしてこのことが江戸を巨大都市――当時としても世界で有数の巨大消費都市――にしていたのであった。参勤交代はしかも江戸の消費を喚起するだけでなく、参勤に伴う人々の往復が、その道中に様々な経済効果を及ぼし、各地の町々を潤した。またこうした度重なる移動が各藩の財政を圧迫したことによって、江戸時代の日本社会は反乱も少なく安定していたのだと考えられている。

他方、江戸時代の経済は、その前半までは江戸よりも京や大坂の役割の方が大きかった。京は江戸開府後も天皇が住まい、宮廷が存続する都でありつづけた。京は江戸とともにもう一つの大消費地だったが、他方で京と大坂は織物や磁器、漆器あるいは油などの加工品の大生産地でもあり、要するに有数の工業地帯でもあった。そして大坂はこうした生産物を積み出すとともに各地からの米をはじめとした物資を集積する拠点であり、そしてその資源を消費地帯へと送り込む貿易都市であった。こうした仕組みは室町時代までには確立されており、江戸時代の安定的な支配体制のもとでさらに成長発展をつづけていったのである。

江戸時代には、先述のように各地で新田開発も行われ生産力は増大し、人口も増えていた。各藩は各村々から多くの生産物を貢納させたが、それら（とくに米）を売り、別のものへと換える必要が生まれていた。米は買われ、広く流通し、消費された。要するにそれだけ社会は豊かに、経済も大きくなっていったのである。こうした経済の成長にこたえる生産物の産出・物流拠点が京や大坂であった。

江戸時代、各藩は、江戸だけでなく京や大坂にも出先機関を置いて様々な経済活動を行っており、これら江戸・京・大坂という三大都市に全国の湊町や生産地がつながることによって、各村・各町・各都市が相互に物を行き来しあう関係が確立され、それが江戸時代の安定の基礎となっていたのである。

なおこうした体制が江戸時代に数百年の間つづいたのは、当時、日本が鎖国をしいていたからだということにも注意する必要がある。江戸幕府の開府とともに幕府は鎖国をしき、国内で物資のすべてを調達するために、各地域にそれぞれ役割が課せられた。長崎で唯一、南蛮（オランダ）や中国・明との貿易が許され、また朝鮮との関係では対馬《つしま》藩を通じた貿易があり、また明との間には琉球（沖縄）を通じた関係も開かれていた。ともあれ、こうした閉鎖経済に対して海外からの政治的介入はほとんどなく、幕府は基本的に国内のことだけを考えていればよかった。ただし、だからこそ江戸時代にはまた、凶作時には物流が行き詰まり、大飢饉が何度も生じていたことを忘れてはならない。

以上見てきたように、江戸時代の日本の社会では、村も町も都市もみな各地域それぞれに役割があり、しかもそれはただ各地で結びついていただけでなく、全国規模でも互いに強く結びつけられていた。

各地域は互いにつながりあっている。つながりあっていながらもまた、各地はそれぞれ独立してもいる。こうしたむら・まち・都市の関係をもとに、明治期以降の日本という近代国家はつくられた。これら江戸時代までの分業の下地があってはじめて、明治維新を経ての近代化の過程も可能になるのだが、その変化は、いまとなってはやや異様なものにもなりつつあるようだ。日本の近代化以後に生じた各地域の変化については「Ⅳ　変容の章」で詳しく扱うが、この章の最後に、その変化のうち、社会の面で生じた重要なこと――国家と地域の関係の変化――について前もって触れておくことにしたい。

6 近代国家と地方自治体

†近代国家がつくる新たな地域

近代国家としての日本は、江戸時代末期、幕藩体制下の日本が欧米の諸国家と向き合ったときにはじめて必要となり、明治維新を経て確立されたものである。

欧米諸国に対峙する中で、日本列島に暮らす人々は集団として一つになって内政・外交・軍事を進めていく必要を感じた。幕藩体制はあくまで徳川家と諸大名の寄り合いであり、「一つの国家」ではなかった。欧米との出会いが、これまでの「くにぐに」とは違った形の「くに」を、すなわち近代国家を誕生させることとなった。この章の最初の方で、新しい国家の統一は新たな地域を生み出す力をもたらすと述べた。では、近代国家が生み出した新たな地域にはどんなものがあっただろうか。

近代国家としての日本が生み出した新しい地域には、これまでの地域とは違う明らかな特徴が見てとれる。それは、日本という新たな国家を守るための、「国のための地域」だということである。

その一つが北海道である。北海道は江戸時代の終わりまで蝦夷地《えぞち》と呼ばれ、和人とは別のアイヌの人々が暮らす場所であった。蝦夷地は日本という近代国家に移行する過程でその名称を変えられ、また役割が付与された。北海道にある村や町は、アイヌのコタンと道南に展開された江戸時代の地域（松前藩および幕末の北方警備関係）をのぞけば、すべて明治期以降にひらかれたものである。それは植民と開拓によってひらかれた。それも北方からの他国の侵入を防ぐために築かれたものである。初期の開拓者である屯田兵《とんでんへい》は農民であるが兵士でもあった。

同様に国防の地として南に琉球・沖縄があり、この地の位置づけも近代国家の成立の中で大きく変わっていった。沖縄は、江戸時代に入る直前に、独立していた琉球国が武力で併合された経緯がある（併合したのは薩摩藩）。が他方で、琉球王は明から封冊《ほうさく》も受けており、列島内の天皇制国家とは独立した位置づけにあった。しかもまた文化面で見れば、アイヌ以上に日本との共通性が強く、それどころか日本の古代文化を探る際の材料として、沖縄の民俗事象はしばしば注目されるものであった。

沖縄という場所の重要性は、アメリカのアジア進出の中で（ペリーの艦隊は、まず沖縄に立ち寄っている）、さらには第一次世界大戦後の日本の東アジア・南洋群島への進出によって強まり、沖縄は日米の緊張の焦点となっていった。そしてこの地は現実にアメリカとの戦争で凄惨な戦場となったのである。太平洋戦争後、沖縄は長期にわたってアメリカに占領され、日本への返還は昭和四十七（一九七二）年である。沖縄には今もなお在駐アメリカ軍の多くが配置されている。そして北にも北方領土という旧ソ連に占領されたままの場所があり、また中国東北部（旧満州国）、朝鮮半島、台湾、そして南洋群島には日本軍が占領し、また入植して形成した村々や都市があった。

近代国家は海外と向き合うためのものである。それゆえ、内地に目を向ければ、開国と同時にまずは外国にむけた玄関口として新たな都市が開かれている。江戸時代には長崎の出島のみで行われていた海外貿易が、幕末にヨーロッパから外国船が続々と到来するに及んで、横浜、函館、神戸といった新たな港に開かれていく。そして明治維新後にはさらに、富国強兵を目指して近代産業都市や軍事都市が次々と生まれていった。戦時中および戦後には、国力増強および戦後の食糧増産を担うべく農地開拓事業も各地で行われ、新たな村が開かれる。とくに戦後開拓は海外からの引き揚げ者を含み、過酷な環境に挑むものとなった。農地開発を通じた新たな地域作りはブラジルなどへの海外移民にもおよび、昭和三十九（一九六四）年秋田県の大潟《おおがた》村《むら》立村までつづく。

こうして近代国家を確立しこれを守るために必要な場所として、明治以降の新たな地域はその開発が企画され生まれたのであった。これまでは、「くに」が関わって地域を創生するのであっても、それはあくまでその地域の生産の場を広げ、生命力を増大させるためのものだった。たしかに開発当初は国家(幕府や藩など)の力が働いたとしても、時間の流れとともにそこに暮らす人々の力が強まり、やがては独立した地域(村や町)へと成長していくものだった(この性格は、内地の近代開拓村に引き継がれてはいる)。

これに対し、近代に新しくつくられた地域は、国家に必要な機能を果たすための場所として位置づけられており、地域にはその役割を果たすことが強く要請され、場合によっては捨て石となり、犠牲になることまでもが要求されている。そうした地域が、とくに国家の辺境において多数現れることになったのである。

さて、その中でも国家との関わりの深い地域が首都・東京である。徳川家を中心に、親藩、譜代、外様の各藩が寄り合いながら運営してきた幕府の舞台としての江戸と、近代国家設立以降、国家を統一してその内政を担い、また諸外国とぶつかり合いながら外交や軍事を進める首都・東京は本質的に異なるものである。首都とは、近代国家の運営のために確立された、それまでにはない、新たなタイプの「みやこ」である。

東京は、統一的な国家を国内外に明示し実現するための都である。日本国家の司令塔であり、対海外に向けた国家戦略を描き実現するための中枢機構である。近代以降、「くに」が対峙する相手は、グローバル（地球規模）なものへと切り変わった。それに伴い、「地域」の意味も、「都市」の意味も、そしてなにより「国家」の意味が転換されることになる。

こうして進められた国家に関わる一連の変革を、私たちはごく大ざっぱに日本の「近代化」とよんでいる。

†西欧からの近代化の導入

日本の近代化は欧米のそれに比べて遅れた近代化だと言われる。遅れるのは当たり前で、欧米列強の進出に対してあわててこれを模倣し、それに向き合える国家体制を確立しようとしたのが日本の近代化の実像だからである。模倣によって日本国家は、産業化と軍事化を短期間で実現し、欧米に負けない体制を作ろうとした。

ここまでこの章では、国家と地域の関係を、互いに支え合い影響し合う良好なものとして描いてきた。しかし、こうして海外と向き合う中で始まった近代国家は、いままでとは違う性格を持つものとなる。当初はこの国家も国内の小さな国々を、すなわち地域を守るために設立されたはずである。しかし激化する他国との競争の中で、国家は次第に自分を守るために地域を作り改変し、ただ利用するだけでなく、犠牲さえ強いるようにもなっていく。

こうした作動はむろん国家発である。明治国家が確立されると、この近代国家はそれまで各自バラバラでよかった地域を一つのものとして、国家目標に向けた役割のうちにまとめ、統合しようとし始めた。それは地域の存在を否定さえするものであり、近代国家と地域は要するに、はじめから何か両立しえないものを含むようである。

ここで具体的に何が起きたのかについては、「Ⅳ　変容の章」で詳しく扱いたい。ここではこの章の最初に述べた人口の問題に立ち返り、その変化の一面を記述しておくことにする。

†社会が一つになっていく

日本国内で都道府県間の人口移動が増えるのは大正期あたりからである。この人口の流れの変化については次のように理解しておくのがよいだろう。

すでに述べたように、地域人口の移動は、村の人口過剰、村から都市への移動（人口供給）、都市の人口過少（人口消費）という一方向的な流れが基本である。この流れは江戸時代には確立されており、近代以降も変わらず維持されてきた。しかしその質と量はまったく異なるものとなった。なかでも太平洋戦争後には、「民族大移動」ともいわれるほどの大量で広域の地域間人口移動が進むこととなった。

戦後の数十年を通じて、日本社会は「農村から都市へ」のみならず、都市圏を越えた「地方から中央へ」の大量の人口移動を果たし、多くの人々が混ざり合って、まさに一体化していくこととなった。それまでであれば一部の人はともかく、多くの人は生まれた地域からそう遠くに離れて暮らす必要はなく、家や村、町のうちで暮らしていくことができた。これに対し、近代以降の人口移動は、村や町の若い人々を、早くは小・中学校卒業後から、それも場合によっては数百キロも離れた都市に単独で住み込んで労働させるという状況を生み出した（例えば集団就職など）。むろんそれも人々の暮らしの豊かさにつながり、自由や平等の実現に寄与する限りは、そしてそれがずっとではなくごく一時のものである限りは、それほど問題になるものではなかったろう。

しかしこの人口移動はあまりにも大量に、しかも長期的広域的に行われた。そのために、昭和四十年代（一九七〇年代）には都市の人口過密、村落の過疎高齢化が問題となり、過疎化が進んだ地域では平成期（一九九〇年代）には子供の生まれない場所も現れはじめ、各地で人口の自然減少がみられることとなった。二〇〇〇年代にはその帰結として日本全体の人口自然減にまで至り、集落の消滅可能性が叫ばれ、二〇一〇年代には人口減による自治体消滅や地方消滅の危機が識者により警鐘されるようになったのである。

人々は混ざり合い、社会は一体となった。だが一体となったことによって小さな地域は一つの国家に完全にのみ込まれ、その解消を余儀なくされつつあるかのようである。私たちは文字通りの大転換期にいる。一部の地域は消えるかもしれず、それはこの日本という社会集団の営みを大きく変えることにつながりそうである。国家を守るために一致団結したのだが、その国家の大事な構成要素であったはずの小さな村や町が解消を迫られている。

†地方自治体の形成とその変遷

ここで私たちは視点を変えて、近代国家の誕生とともに現れた、もう一つの新しい地域について考えておく必要がある。それは地方自治体である。この地方自治体を私たちがこれからどのように考えていくのかによって、いま述べたような転換期を日本社会がどう乗り切れるのかが決まってくるだろう。

当たり前すぎて多くの人が気付かずに暮らしているが、私たちは必ずどこかの自治体に所属している。まずは都道府県。これはいま四十七存在する。加えて市町村。平成の合併でかなり数を減らされてしまったが（平成合併前の約三千二百あったものが、現在千七百十八。さらに特別区が二十三）、これがいわゆる基礎自治体であり、私たちの暮らしの基盤を担っている。

地方自治体は、明治期中頃にいまの形に整えられた。地方自治体は二層になっており、まず国の次に都道府県があり、これは幕藩体制を再編して構成されたものである。いわゆる廃藩置県（明治四〔一八七一〕年）で三府三百二県からスタートし、明治二十一（一八八八）年までに三府四十三県一庁となっている（東京都、北海道の設置は戦中・戦後〔一九四〇年代〕）。この都道府県の下に市町村があるが、こちらは幕藩体制下の村や町を再編して、やはり明治中頃までに編成されたものである。当初は七万あったとされ、明治二十二（一八八九）年の市制町村制施行時に約一万六千に再編された。こうした経緯からみて、都道府県がここでいう「くに」（加えて「いえ」）を、そして市町村が「むら」「まち」を出自にしていることは明らかであり、この二つの従来の系譜の上に、日本国が〝近代国家〟として新たに設置されたものと現状をとらえることができそうである。しかもいきなり新しい国家を興したものではなく、天皇制（いえ）を再構築してその連続性を保っていること――すなわち革命国家ではないこと――も付け加えておくべきだろう。

ともあれ明治維新で首都・東京に国家政府が誕生したものの、それが直接様々な政策や事業を展開できるわけではなく、その実働はこれら自治体（都道府県や市町村）が行ってきたわけである。そしてこれら地方自治体は本来、「くに」「むら」「まち」をもとにしたものなので、自立的自治的にも振る舞い、放っておいても様々な問題を主体的に処理してきたのであった。要するに、地方自治体はなお幕藩体制を引き継いだ生きた機構なのであり、それは現代的表現でいえば自治組織と政府の行政末端の二面性をもつものであった。このうちとくに自治機能が重要であることはヨーロッパではとくに強調されるところであり、そして自治を強調する限り、その大きさ（人口）はできるだけ小さくしておくのがよく、行政末端機能だけを要求すべきものではないのでもあった。

ところが日本では、この重要な自治の単位についてたえずこれを統合させ、その人口規模をひたすら拡大させてきたという経緯がある。明治二十二（一八八九）年に約一万六千あった市町村は、まずは昭和三十（一九五五）年前後の「昭和の大合併」で四千弱にまでその数を減らした。こうして自治体を大きくして狙ったものは、行政効率化を進めて地域での開発を容易にし、産業化を推進することであった。かつそれは実現し、高度経済成長を経て、日本は世界経済のトップに名を連ねることになる。この経済発展は昭和四十五（一九七〇）年のオイルショック以降もつづき、世界のトップに立った自信と誇りは、平成期に入ってすぐ、一九八〇年代末のバブル崩壊後しばらくまで持続することになった。

バブル崩壊後、平成前半の一九九〇年代から二〇〇〇年代は経済成長がストップする。空白の二十年とも、またいまにつづく三十年ともいわれるこの状況への対応として行財政改革が断行され、二度目の市町村合併（平成の大合併）がその一環のうちに行われた。

この時の合併が目標とした、国家財政難を乗り切るための行政効率化は、いまもなお達成されていない。また当初は地方分権も合併の目標だったが、その分権化も進められなかった。それどころかこの改革は、東京一極集中・中央集権化を促進し、少子化と人口減少を止まらないものにした可能性がある（この点の詳しい分析は、拙著『地方消滅の罠』を参照）。

ここで重要なことは、こうした昭和、平成の二段階で進められた市町村合併はけっして地域のためではなく、いずれも国家の発展・存続のためであったということである。昭和の合併は国の工業化を進めるための、平成の合併は国家財政難を乗り切るための。これらの国家目標を実現するために、自治体の本質において最も大切とされる自治機構が、スケールメリットという旗印のもと、いとも簡単に犠牲にされてきたことに、私たちは注意せねばならない。

†小さな国家――地域としての自治体

だが、そもそも地方自治体とはいったい何なのだろうか。

地方自治体については、研究者でも国の行政末端機構とのみ見なし、その存在価値を国民へのサービス供給にしか見ない人もいる。

しかしすでに述べたように、都道府県こそが本来の「くに」であり、市町村はその「くに」を構成する「むら」「まち」である。いや市町村とても、同じく小さな国なのであり、地域の一つの姿にほかならない。地方自治体は小さな国＝地域だということを、ここでしっかりと確認しておきたい。

地方自治体には領域がある。一定の土地を占有し、そこに住む人々とともにその領域を運営しまた守っている。そこには地域住民によって選挙で選ばれた首長がいて、また議会がある。

彼らが現代的「まつりごと」を行っており、その決定に従って行政職員たちが行政機関を動かし、地域住民にとって必要なサービスを行っている。

すでに見てきたように、地域＝国の要件とは、領域があり、メンバーがいて、そのメンバーがその領域を守り、維持するために様々なことを執行し、自治を実現していることである。

市町村はまさにこうした意味で、文字通りの小さな国である。そして同様に都道府県は都道府県民によるより大きな、しかし国家よりは小さな中規模の、中間的な国だということができる。

大事なことは、近代国家が実現されるためにも、その下にあるこうした小・中の国＝地域がきちんと運営されていなければならないということである。そしてそれは、この国に暮らす国民一人一人にとってそうなのだということである。

私たちの暮らしは決してすべてが国政によって成り立っているのではない。住環境整備や防災、土地の境界やご近所のもめ事云々、すべて地域が取りしきっている。子育てや暮らしに関わる学校、病院、公共交通などの地域問題は、暮らしにとっては国政以上に切実で重要なものである。これらを国がさばいてくれることはなく、地域で問題解決を図るべきものであり、国はそれを遠いところから、またいざという時にサポートしてくれるにすぎない。

それどころか次のことこそが真実なのである。こうした地域問題を各地域がしっかり解決できていない限り、国家は安定しないということだ。国家は地域によって支えられており、だから国家もまた地域を支え、様々な問題の解決に責任を負わねばならないのである。そしてこうした内政を確立していることではじめて、国家は外交や軍事、経済問題に憂いなく取り組むことができる。

ここまでは江戸時代を原型として、ある意味では抽象的に地域というものについて考えてきた。が、現代的で具体的な地域を考えるなら、目の前にある地方自治体がどのようなものであるのかが重要になる。すなわち地方自治体のあり方によって、具体的な国家と地域のあり方は変わってくる。自治体ははたして今後も地域でありつづけることができるのか。それとも国民支配のための国家末端機構に徹するのか。私たちの村や町は、もはや地域の過去の残存物でしかないのではないか。だがその時にはいったい何が起きるだろうか。

†この国の本質はどこに

問題の焦点はこうである。地方自治体ははたして、この日本という国家の中にある「くに」でありつづけるのかということだ。「くに」は多層である。日本国家はもちろん大事だが、国家だけでは国家は成り立たない。地域は国の一面であり、見方によっては国そのものである。国家は地域によってできており、また地域は国家があることによって成り立っている。

だがいま、どこかで国家の重要性のみが強調され、私たちは小さな地域をたえず合理化し、国家運営の効率化のために犠牲にするのが当たり前だと考えるようになっている。だがそれでは国はバランスを崩し、自壊してしまう。事実私たちが迎えている人口減少という難題はどうも、このバランスを失ったことに原因がありそうである。地域の維持は、国家の維持にとって必須である。地域を守らなくてはならない。だが、いまやその肝心の地域が見えづらくなっている。今後ともなお地域が力を持ちつづけるとすれば、それはどういう形においてなのか。むら、まち、都市、自治体は、日本という国家の中で、これからどういうものでありつづけるだろうか。

ここで国家の原義に、別の方から探りを入れるのもよさそうである。

国家は英語で nation state という。このうちネーション（nation）は国民や民族などと訳されるが、その本来の語義は、裸になっているもの（naked）である。皮をむいていった時にその芯にある本質のようなもの、殻を取り除いたときに剝き出しになって出てくるものがネーションである。

西欧（とくにフランスやイギリス）では、異なる民族が侵入・支配を繰り返し、国家を構築してきたので、常にその国の本質、ネーションが問われてきた。そして彼らの答え探しの結果が、私たちの言葉でいうなら、「国民」であり、「民族」なのだといえそうだ。

では日本のネーションとは何だろうか。

かつて太平洋戦争の時までは、日本の本質は「国体」であり、「天皇制」だと理解されていた。二十一世紀の現在、いまの日本にはネーションをめぐってどうも大きく異なる二つの見解があるように見える。

ある人々はそれを経済大国に見出し、あるいはまた技術立国に求めようとしている。日本の強い経済力こそが世界の中で発言力を高めるための唯一の手段なのだとか、最高水準の技術を究める国民性こそが日本の強みなのだとかといった具合である。それはあたかも前の世界大戦で、我が国のネーションを強大な軍事力に求めたことに通じている。その象徴が巨大戦艦やゼロ式戦闘機であり、現代風にいえば超高層ビルやスーパーコンピューターということになろう。

これに対し、これまでも見てきたように、「くに」の原義をたずねるなら、それは私たちの目の前にある地域(小さな國)であり、「むら」であり、「まち」である。それは国土そのものでもあり、そこには私たち人間自身も含まれる。こうした「くに」、小さな国々もまた、この国のネーションといってよいはずである。

地域学が目指すものはむろん後者である。もっといえば、経済大国こそがこの国の本質だといわんばかりの風潮に対して、本来のこの国のあり方を列島の現実の中にいま一度しっかりと見出し、それを再建していこうという運動が地域学である。地域学はだから、単なる趣味というわけにはいかないものである。私たちがこの国土にどんなふうに地域を見出し、維持再生していけるかに、この国の未来はかかっているからである。

もっとも、そうした日本の国の本質を考えるためにも、地域や国をその社会の面のみ扱っていては不十分である。国家も地域も単なる領域ではない。それは認識に深く関わっている。地域も国家も文化コードである。それは歴史のうちに構築された何かに対する人々の心の共振である。国家の本質を問題にするのなら、その認識のうちに使用されている文化コードのあり方についてもさらに深く問うていかねばならない。

そしてどうも筆者はこう感じるのである。こうした文化の役割を、多くの人はもしかすると軽々しく見ているのではないだろうかと。経済や法、技術や科学に対して、文化や文学の力を薄っぺらなものだと勝手に判断してはいないか。だがまさに、文化こそが私たちの暮らしのもう一つの土台なのである。私たちが「見ているもの」は、何もなしに見えているのではなく、私たちの文化が「見せている」ものである。地域も国家も文化を通じて現れる。文化のコードやパターンにこそ、地域や国家の本質が潜んでいる。次に歴史と文化を考える章に進んでいこう。

Ⅲ 歴史と文化の章

黒石市大川原で毎年8月16日開催される奇祭「火流し」。火を灯した茅舟を流し、その燃え具合で豊凶を占う(ものの芽舎提供)

1 文化というもの

†文化集団としての地域

私たちは行動するとき、その行動に先立って何かを認識し、考えている。私たちはモノそのものの世界とともに、文化コードによって構成された世界にも向き合っている。そこではとくに言語や観念、シンボルが働く。

言葉によって多くのことを他者に伝える。また他の人々と共同で自然に適応する方法を編み出し、しかもその方法を次世代に引き継いでいく。文化コードの多様性は、私たち人間にとって他の動物との生存競争を勝ち抜く大切な手段である。

だが、文化とはいったい何だろうか。

このことをまずは、文化コードを代表する言語がなぜ可能なのかということから考えてみよう。言語には話し言葉と書き言葉があるが、ここでは話し言葉について。

言葉はなぜ通じるのか。言葉に意味があり、その意味が伝わるからである。だが、なぜ言葉に意味があるのか。しかもそれが、なぜある人からある人へと伝わるのか。

まず「伝わる」ということからいこう。言葉が伝わるのは、言葉がただ何かを意味しているだけでなく、その意味が人々の間で共有されているからである。そして意味が共有されているというのは、その人々が同じ世界に生き、同じような暮らしをしているからにほかならない。

要するに、言葉は文化を共有しているから伝わるのである。例えば住宅に入るとき、日本人は当然のように履き物を脱ぐ。しかしヨーロッパの人には土足厳禁であることを理解してもらわねばならない。むろん逆も同じ。こういうことも共有する文化が違うから生じるのである。

この文化を共有し意味をともにする集団は、同じ言葉を使用する集団でもある。では言葉とはいったい何か。言葉が意味を持つとは。

言葉は物理的にとらえれば単なる空気の振動であり、音の断片にすぎない。しかしこのひとかたまりの空気の振動に何らかの意味がくっつくことで、単なる音の断片が言葉になる。しかもその際、別の音とその意味がくっついても構わないわけで、音と意味のくっつき方は随意である。例えば「ミズ」という音が、「水」を意味する必然性は一切ない。現に英語の'water'は「ミズ」と同じ意味を表す言葉だが、「ミズ」とは似ても似つかぬ音があてられている。

音と意味の関係は偶然である。しかし、いったんつながりが形成されれば、そこから発して別のつながりが生まれ（「ツチ」に「土」が、「ヒ」に「火」がといったように）、最初のつながりは他の言葉との差異の中で確定されて、それ以外に動かすわけにはいかないものとなる。偶然も、一度始まれば必然となり、有意味なコードとなる。言葉たちは互いに関係しあっており、構造をなす。そしてその構造はただ言葉の構造であるだけでなく、意味の構造と重なり合っている（こうした言語の構成をF・ソシュールはシニフィアン〔能記〕とシニフィエ〔所記〕の語で表した）。

言語が作る世界とはこうして、人々が共有する音と意味の構造的体系である。それはそこにある世界（物理的世界、社会的世界）を音や文字に写し取ったものだが、そこにある世界とは別の独立したもう一つの世界（文化的世界）を形づくっている。文化コードは言語の他にも、身振りや習慣、儀礼などに現れ、歌や舞踊、道具や衣装、美術や建築、そして神話や伝承、文学などといった形でも表現される。こうした、人々がものを考え、行為し、自然や社会に応対する際に用いられるパターンのすべてをまとめて、私たちは文化と呼ぶ。

こうした文化を共有する基礎的な集団の一つが地域である。本章では、地域を文化の面から見ていこう。

†地域と国家の力がせめぎあう構造

いや、ここは適切に説明しなくてはならない。

現在の日本列島において、最も基本的な文化集団は、地域ではなく国家である。現在どころではない。ずいぶん前からこの国に暮らす人々は同型の文化を共有する文化集団であったようだ。

それがとくに現れるのがいま述べた言語である。私たちの言語は日本語である。北海道のアイヌの言葉は異なるが、それを除けば北から南まで日本列島に暮らす人は、基本的に日本語の使用者である（ただしアイヌ語も日本語に近いという説がある）。

これまでの各章で見てきたように、各地域は各地の生態的条件のもとにあり、また村や町といった各地の社会集団のあり方に強く制約されている。たしかに個別に見れば差異はある。しかしこの列島の外の文化と比較すれば、私たちには各地の差異よりも、むしろ列島の中の同質性の方が目立つ。言葉は共通であり、文化も生態も似ており、社会秩序の構成パターンも同じである。地域文化の多様性は、日本文化の中の多様性にすぎない。

だが、ならば国家だけで文化が成り立ち、維持されているのかというと、そういうわけではない。日本語がいまなお各地の方言として異なる形で用いられているように、そこには地域ごとの差異が存在する。いやそれどころか、各地域で実践される多様な文化があってはじめて日本の文化は総体として成り立っている。

おそらくこう言える。私たちには、文化の大枠である国民文化と、そうした文化パターンの実際の使用を日々行い、文化を再生産する地域文化との二つのレベル（層）が存在するのだと。

私たちが使っている文化コードは、この列島に住み着いた先祖たちが何万年もかけて積み上げてきたものである。その長い歴史の中では、一方では同じ文化が分かれて多様化し、また他方で異なるものが融合して一つに組み合わさったりもしてきた。こうした文化を共有する基礎単位の一つが地域だとすると、地域文化は各地の独立性を保ちながらも、ある時点までにより大きな一つにつながり（あるいは分かれて拡がり）、列島の外とは異なる日本文化圏を形成したようである。それはおそらく、日本という国家の形成とも深く関わりのある出来事だったろう。

国家は政治的・経済的統一集団であるとともに、何らかの文化的統一を実現してはじめて国家たりうる。話し言葉、書き言葉、そして貨幣や法、その他、いまでいうコミュニケーション・メディアがいくつも成立して多様な各地が一つにつながることで、国家は実現される。

もちろん、海外には多様な文化・民族を含む国家がたくさんある。しかしまたそこではしばしば内乱や紛争が起き、差異を解消しようとする同化の強要も生じている。要するに、放っておけば分離分散する各地域の文化的統一を実現し、各地を多様の中に互いに関係づける装置が国家なのである。そして良くも悪くもこうした国家に守られていることによってはじめて、国内の文化は他国に侵食されることなく保持される。文化を扱う本章では、いままでの章よりも国家と地域の強い関わりを強調することになろう。

とはいえ、いきなり本論に進むのは避け、ここでもまた、筆者がよく訪れる村や町の例を紹介することから説いていきたい。

2 歴史と文化から村や都市を考える

†大川原村の場合〈事例8〉――火流しの由来

東北の背骨である奥羽山脈の北端に八甲田山《はっこうださん》がそびえている。青森県黒石市大川原村《おおかわらむら》はその西側に位置する。太平洋戦争後に開拓村がひらかれるまで、大川原村（図1）は八甲田山に最も近い山村の一つだった。

ここでは毎年八月十六日に大川原の火流《ひなが》しと呼ばれる奇祭がとり行われる（本章扉写真）。いわゆる灯籠《とうろう》流しなのだが、茅《かや》でつくられた巨大な柱を有する舟を三艘組み上げ、それに火をつけ、男たちが川（①中野川）に入れて四百メートルほど下流の大川原橋（②）まで引っ張る。夏の夜、子供たちによる笛と鉦《しょう》の囃子の中で川を下る男たちの姿は、暗闇の中、炎に照らされて荘厳でさえある。最後は舟の燃え具合でその年の豊凶を占う。

この火流しは、大川原の村人にとってきわめて大切な行事とされている。村の出自に関わる伝説があるからだ。

この村にはひとつの文書がある。そこには後醍醐《ごだいご》天皇の皇子の一人、宗良《むねなが》親王に関わる村の

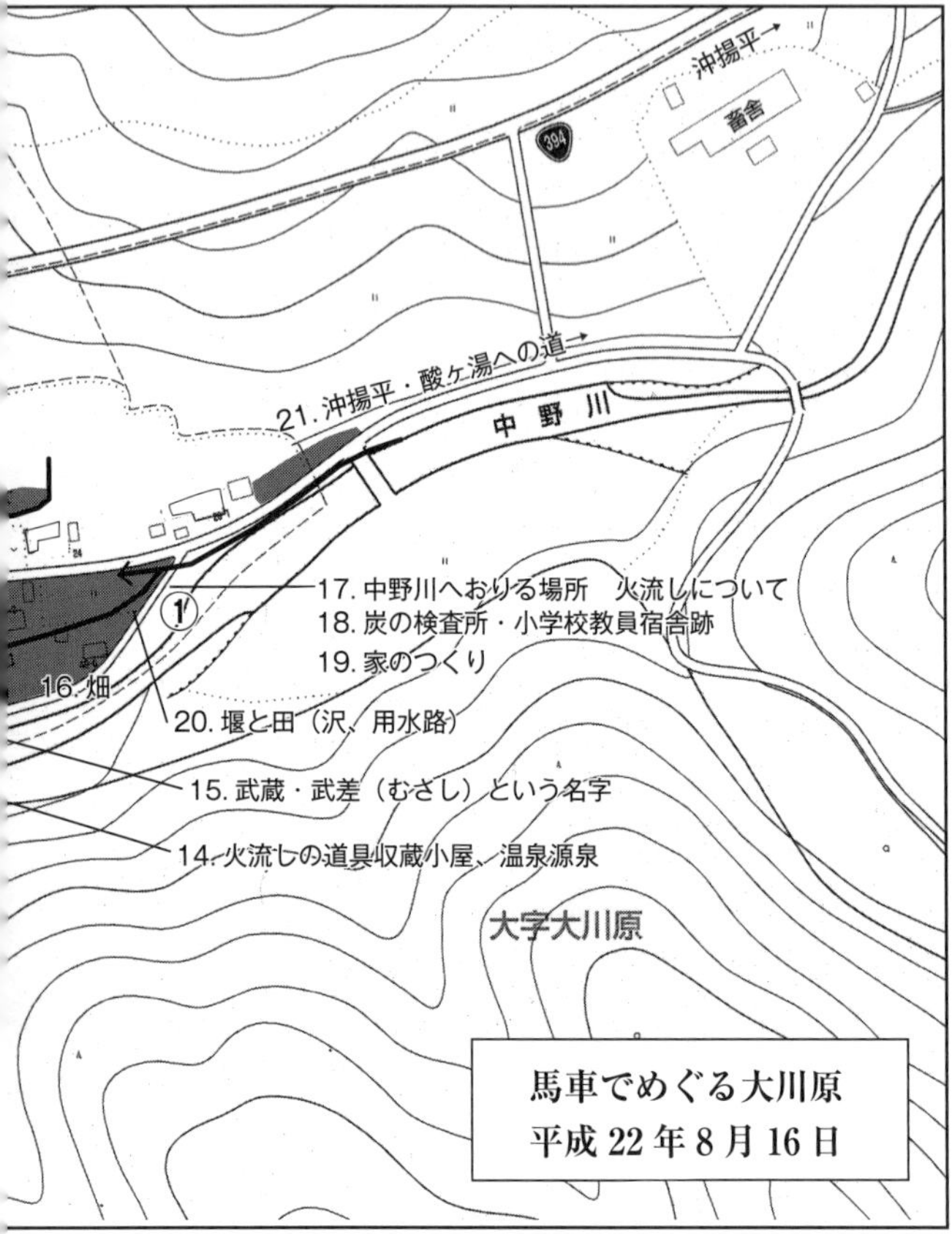
沖揚平→
畜舎
394
21. 沖揚平・酸ヶ湯への道→
中野川
17. 中野川へおりる場所　火流しについて
18. 炭の検査所・小学校教員宿舎跡
19. 家のつくり
16. 畑
20. 堰と田（沢、用水路）
15. 武蔵・武差（むさし）という名字
14. 火流しの道具収蔵小屋、温泉源泉
大字大川原
馬車でめぐる大川原
平成 22 年 8 月 16 日

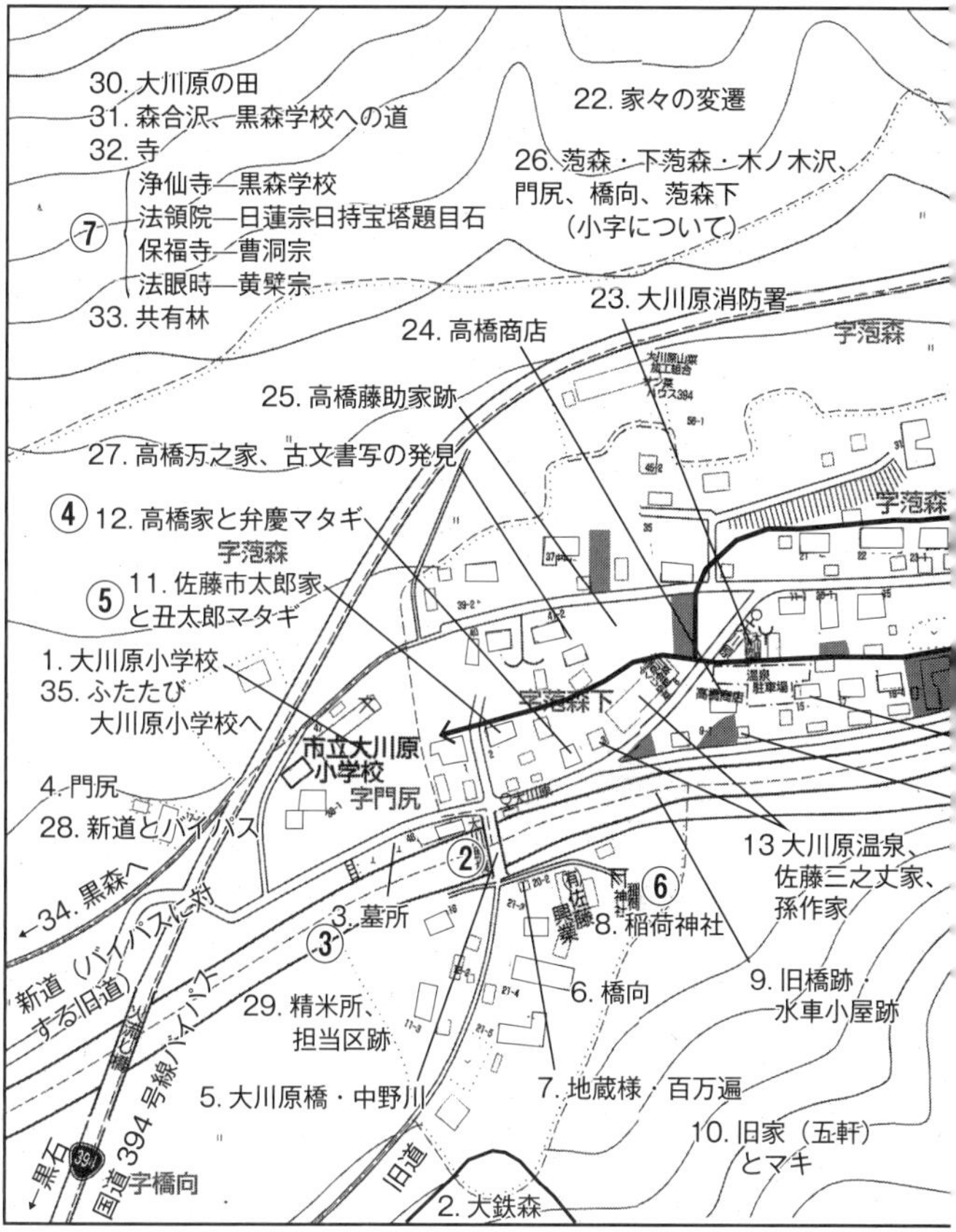

図１　黒石市大川原（馬車でめぐる大川原・巡検レジュメより）
この資料は、2010年の大川原の火流しの日にあわせて、旧大川原小学校の校舎を活用した「山のおもしえ学校」のイベントとして、馬車を使ってぐるりと村を回る集落観光を企画・実施した際に使用したものである。利用した地図は当時のものである。またこの日以外はふつうの集落なので現地の見学には注意されたい。

由来が記されている。大川原村の先祖は南北朝時代、遠く信州（長野県）の大河原（下伊那《しもいな》郡大《おお》鹿村《しかむら》）で親王をかくまっていた者たちの子孫だという。火流しは、その記憶から、後醍醐天皇の霊を弔うためのものとされている。

このことは村の形にも表れていると、村人はいう。

図1の左下（西南）、黒石市の中心市街地（弘前藩の支藩・黒石藩の城下町）からこの大川原村にあがってくると、その入口にいきなり③墓地が現れる。入ってすぐが墓地とは奇異である。村の人々はこれはもともとこの村が、江戸時代にひらかれた新しい城・黒石城を向いていないからだという。大川原村の正面は北側（図の上側）にあり、北の山中をたどっていくと浪岡城《なみおかじょう》跡（青森県青森市）に行き着く。浪岡城主の北畠《きたばたけ》氏は戦国時代末期に、のちの弘前藩を築く大浦氏（のちの津軽氏）と争い、攻め滅ぼされたが、この北畠氏こそ南朝で後醍醐天皇を支えつづけた北畠家（親房《ちかふさ》・顕家《あきいえ》）の末裔であった。大川原村はこの北畠・浪岡城と深く関わる村だというのである。

もっともこの文書には裏付けはなく、むしろ様々な疑義が出されている。とはいえ、この村にはかつて「公家村《くげむら》」と呼ばれたり、また「くなか（国中）からきた」という言い伝えもあって、室町期あたりにそれなりの地位にあった人々がこの山中に定着した可能性は否定できない。伝承には何らかの事実が反映されているのかもしれないのである。

†マタギの村――山村の信仰

大川原はまたマタギの村である。マタギとは江戸時代の伝統的な猟師のこと。記録（弘前藩庁日記）によれば、大川原には幕末に活躍した④猟師・弁慶《べんけい》という者がいた。熊を毎年数多く捕り、藩から褒美を何度ももらった。熊は皮とともにその胆《い》（胆のう）が重要で、いまのような抗生物質がない時代、万能薬として使われる貴重品だった。猟師は山に入って熊をとるのだが、乱獲がたたってか幕末にはほとんどとれなくなっていた。その中で弁慶は津軽半島まで遠く旅して多くの熊をとり、まさに津軽を代表するマタギだったのである。

弁慶マタギは幕末を生きた実在の人物だが、その家系には驚くほど古風な伝説がつたわっている。弁慶は力持ちで、その本家にあたる家の新しい墓石を一人で担いで山からもってくるほどだったという。山中にはその弁慶が「すべらった石」があり、すべった拍子にその足形がついたといわれている。源義経の家来となった武蔵坊《むさしぼう》弁慶にも各地にこうした足型石があるので（例えば青森県八戸市にある八戸城址・三八城《みやぎ》神社のものなど）、おそらくそうした話が同名のこの人物に被さってできたものと推察される。幕末の実在の人物ながらすでに伝説の人なのである。

マタギは独特の山言葉を持ち、そこにアイヌ語も混ざることから、マタギはアイヌの子孫ではないかとする説もある。だが現在ではとくに修験道との関係が重視されている。修験道《しゅげんどう》とは日本古来の山岳信仰と仏教（密教）が結びついてできたもので、修験者は山中で修行しながら、各地で加持・祈禱を行った。大川原にも修験者の活動のあとがあり、天台系のマタギ文書も見つかっている（⑤）。

大川原には⑥稲荷神社がある。由来書によれば、江戸時代初期にここで観音様が見つかった。それをまつったのが最初だという。明治になって神仏が分けられたとき、観音様は稲荷神社となった。その観音様がある時盗まれた。困った村の人々は新しくご神体を求めたので表向きは稲荷様だが、中は別なのだという。

この集落内には⑦寺はない。村人のほとんどはすぐふもとの温湯《ぬるゆ》にある禅宗の寺の檀家であった。ところが、のちに一部の家が城下町・黒石にある別の寺に分かれた。先のマタギの家系に関係しているというが、現在となってはどういうことだったのか判然としない。

集落のすぐそばの黒森山《くろもりやま》（図の西北方向）には浄土真宗の寺（浄仙寺《じょうせんじ》）がある。明治になったとき、大川原では学校をつくることができなかった。村人はこの浄仙寺が提供する寺子屋（黒森学校）にお世話になったという。浄仙寺はいまでも村の人々の大切な相談役になっている――。

山間部の集落にはこのように、独特の歴史的・文化的性格を持つものが現れることがある。大川原はその典型である。この村の出自については、残されている記録から見る限り江戸時代初期の開村と考えるのが自然だが（「Ⅱ　社会の章」図6、一〇七頁も参照）、ここに残っている文化にはたしかに古い時代の心性を伝えるものが多いようだ。

とはいえまた、いま見たようにすべてが独自のものではなく、神道・仏教に連なり、都の文化、町の文化につながっていることにも注意したい。言語ももちろん日本語である。政治文化的にも天皇制への強い親近感を示している。この地の文化でこの地のものだけで成り立っているものはないといってよいくらいである。すべては日本という国家との強いつながりのうちにある。

次に、近世都市の例として、これまでも取りあげてきた城下町・弘前（現弘前市の中心市街地）を、今度は文化の面からとらえてみたい。江戸時代にできた新しい町にも、聖なるものや過去との関係が深く刻まれている。近世都市が文化的に設計されていることを確認してみよう。

†城下町・弘前の文化的構成〈事例9〉

「I　生命の章」でも触れたが、江戸時代の都市は武家によって作られたので、まずは物理的な防御面から構築されている。城は小高い丘の上に置き、その周りを堀で取り囲む。かつ川をたくみに利用して城下町は築かれた。弘前の場合、①岩木川と②土淵川にはさまれた台地が利用された。

軍事的にはこうした自然地形とともに、寺の配置が重要である。弘前城の南側に③西茂森町

〈禅林街〉と④新寺町があるが、ここにあわせて六〇軒ほどの寺が建ち並んでいる。これらは有事の際には城の一部となる。このうちとくに茂森の禅林街については、弘前城が攻め落とされた場合の再起の拠点としての役割があったとされている。

そして城下町そのものが防壁の役割をなす。外から町に入ってくる道の入口には要所に仕掛

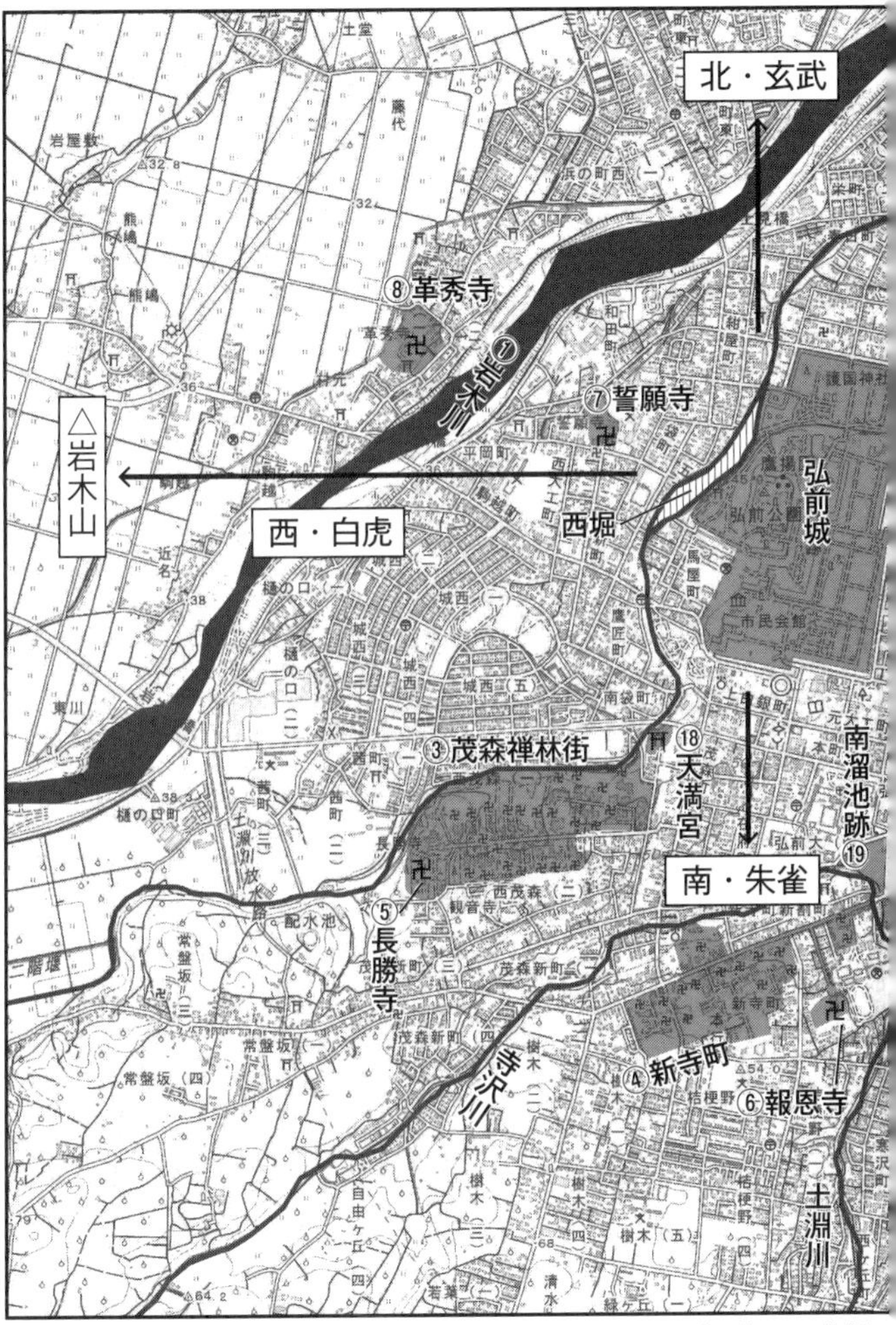

図２　弘前城周辺の寺社・神社の配置（国土地理院１万分の１地形図「弘前」より作製）各社域は航空写真等から推定したものである。

けが施され、侵入が難しいよう設計されていた。

さて、こうした物理的な防御とともに、町は文化的にも守られている。いま述べた寺社はもちろん、そこにただ物理的に配置されているだけではない。その配置には意味があり、かつそこには過去の歴史が巧妙に編み込まれている。

まずいま触れた③西茂森町に曹洞宗《そうとうしゅう》の寺院が集中しているが、その三十五寺は、津軽氏の菩提寺である⑤長勝寺《ちょうしょうじ》を筆頭に、藩政を支える武士団の各出身地から集められたものである。桜庭《さくらば》（弘前市東目屋）、赤倉（弘前市鬼沢）、新岡《にいおか》（弘前市旧岩木町）、大浦（同上）、金屋《かなや》（平川市）など、津軽各地の地名を寺号に刻む寺が並ぶ。ここには弘前藩創設の歴史が刻まれている。

これに対し、④新寺町には、藩主ゆかりの寺である⑥報恩寺《ほうおんじ》（天台宗）があり、また浄土宗六寺、浄土真宗九寺、日蓮宗六寺の寺々が立ち並んでいる。真言宗の寺も配置されている。要するに曹洞宗以外の寺がここに集められている。

そして城の西側には、津軽統一の際の拠点の一つ、大光寺城（平川市）そばから移された⑦誓願寺《せいがんじ》（浄土宗）があり、城と岩木川の間の空間を守っている。「I　生命の章」ではここがかつての岩木川の中州で、後に下級武士たちの町となったことを示しておいた（五六頁図5⑭下町の説明）。その西にはさらに岩木川を隔てて、藩祖為信をまつる⑧革秀寺《かくしゅうじ》（曹洞宗）がある。

このように城の西南は多くの寺院で埋められているのだが、これに対し北東側には今度は神社が立ち並んでいる。まず城の北東に武運の神・⑨八幡宮が、またその横には⑩神明宮が置かれている。城の北には⑪春日神社があって①岩木川と城の間を守り、また城の東には②土淵川との間に⑫東照宮が置かれている。東照宮は徳川家康を祀り、春日大社は奈良にある藤原氏の氏神である（津軽氏は藤原を名乗った）。さらに⑬大杵根《おおきね》神社（山王権現）、⑭熊野奥照《くまのおくてる》神社があって、こうして北東の一帯は神社で固められている。

また町の南側にも⑮松尾神社、⑯富田稲荷《とみたいなり》神社があり、そして城のすぐ南には⑰八坂神社、さらに城の南西に⑱天満宮が配置されている。

さてこれら寺院・神社は、城下町の外縁部に位置しており、事が起きれば物理的に町を守る壁となる。が、それとともに、そもそも平時より外からの悪霊を追い払う結界《けっかい》の役割を果たしていることに注意しなくてはならない。

ここには風水の考えが取り入れられている。風水とは中国からもたらされたもので、都市や建物などを設置するときに、その地勢や方位、陰陽《いんよう》の気などを考慮して設計する手法である。弘前という都市によい気をもたらすべく、水や山などの地形が考慮され、各施設が巧妙に配置されている（以下、風水からの読み解きは、佐々木隆『風水で読み解く弘前』による）。

まず城の東には②土淵川が流れ、青龍を表す。その側に⑫東照宮がおかれている。西は白虎で津軽の霊峰・岩木山がそびえている。この方向に⑦誓願寺があり、さらに岩木川をはさんで初代藩主為信公の霊廟・⑧革秀寺がある。ここには豊臣秀吉の像もあったという。

北は玄武で⑩神明宮がある。神明宮は天照大神《あまてらすおおみかみ》（太陽神）と豊受大神《とようけおおかみ》（穀物神）をまつる。南は朱雀で、いまは埋め立てられて弘前大学のグラウンドになっている⑲南溜池跡があり、その向こうにかつては大円寺《だいえんじ》があり（現在は⑳最勝院）、⑰八坂神社がある。そして八坂神社は素戔《すさの》嗚尊《おのみこと》をまつるものだから、北の⑩神明宮（天照大神）とは姉弟関係にある。

これらをつないで最初に述べた③禅林街（西茂森町）や④新寺町が配置されているのであり、こうして城下町・弘前は、風水の思想のもとにその設計がなされ、各施設で行われる祈りによって、藩に繁栄を呼び込む装置となっているのだった。

†都市の祭り——ねぷた〈事例10〉

このように、日本の都市は神道・仏教・陰陽道《おんみようどう》（風水）など、中央文化の影響を受けながら、この地域ならではの施設の配置を実現し、また各種の信仰文化を取りそろえてその地域に暮らす人々に提供してもいるのであった。ここには日本のほぼすべての宗派が揃っている。明治以降はさらに、キリスト教の教会のほか、新宗教の各施設も配置されていった。

とはいえこうして作り上げられた文化装置としての都市が、すべて中央文化の単純なコピーかといえばそうではない。それぞれの信仰の実際は、家々そして町々が実践し、支えているのであり、そこにはやはり固有のものが形成されもする。弘前藩主・津軽家代々の廟所や寺院・神社でさえ、この地に暮らす人々の信仰の具体的な姿を現すのであり、その形一つをとってもここにしかないものがある。例えば、鶴と亀の懸魚《げぎょ》をもつちょっと変わった誓願寺の山門であったり（写真1）、あるいは長勝寺に平成まであった藩主世継ぎのミイラだったり、神社の鳥居に組み込まれた鬼の像であったりといった具合である（写真2）。

こうした地域の文化的独自性をよく表すものが祭りである。ここでも弘前を題材に例示しよう。

写真1　誓願寺山門（重要文化財。大光寺より弘前に移され、室町時代の様式をもつ）

写真2　鳥居の鬼（弘前市撫牛子）

弘前では、毎年八月の第一週にねぷた祭りが開催される（写真3）。ねぷたは神事とは関係なく、各町内で初夏より小屋がけをして扇形の巨大な灯籠を作成し、これを引っ張って練り歩くものである。青森市のねぶたがもっとも巨大で有名だが、ルーツは城下町・弘前にある。江戸時代中頃までに弘前城下で成立したねぷたが、その後、青森県津軽地方の各地に伝播し、青森市では横に広がった巨大な組みねぶたへ、また商人町・五所川原《ごしょがわら》市では上方に伸びる立ちねぷたにもなった。津軽のもう一つの城下町・黒石市のほか、弘前周辺の各地では、弘前と同型だがやや形の小さい中型・小型の扇ねぷたが引かれる。各地ごと、さらに各町内ごとに自分たちのねぷたがあり、その形とともに、囃子や太鼓、踊りの型にも違いがあって、その良し悪しが競われる。

ねぷたの起源には諸説ある。そのうち地元でよく聞く話はこういうものである。奈良時代の末、東北の蝦夷《えみし》の乱の際、津軽を平定しようとした坂上田村麻呂《さかのうえのたむらまろ》が蝦夷たちに歯が立たず一計を案じ、ねぷた灯籠を作って夜襲して、相手が狼狽したところを攻め込み征服した。これがねぷたの起源だというものである（内藤官八郎『弘藩明治統一誌　秘事録』など）。

これは史実ではない。坂上田村麻呂が戦争をしたのは津軽よりもっと南の岩手県の方で、そもそも田村麻呂は青森県には来ていない。ではねぷたはどうやってはじまったのかといえば、江戸時代、すでにこの地に存在していたであろう七夕や眠り流しの民俗行事に、京都から持ち込まれた盆灯籠が重なってこのような形態になったのではないかと考えられている（松木明知『「ねぷた」その起源と呼称』など）。七夕や眠り流しは日本全国にあり、また盆灯籠は仏教に由来する。しかしそれがこの地ではこのような巨大な形になり、その由来に本来のものとは関係のない起源説まで付会されて、元のものとは似ても似つかぬものになっている――ねぷたはそう

青森ねぶた　　五所川原立ねぷた

弘前ねぷた（左右とも）

黒石ねぷた　　平賀ねぷた

写真３　津軽の各地で行われるねぶた・ねぷた

した、在来のものと外来のものが重なりながら、この地独自の変貌を遂げて創造され、継承されている地域文化である。

†都発のものと地域発のもの

日本列島の北辺の山村／都市の事例から、都発・国家発のものと地域発のものが混ざりあって現在の私たちの文化ができていることを示してみた。

新しい文化はたいてい都からくる。文化事象の創発は人口の多い場所、都市で起きることが多いものである（C・S・フィッシャー『都市的経験』）。新しい言葉もしばしば都で発明され、地方に伝播した。外国からの先進的な文化もまずは都に取り込まれて各地に伝わっていく。

そのため、周辺の地方ほど古い言葉や文化が残り、都に近いほど古いものが失われて新しい言葉や文化を用いているということが起きる。柳田国男は『蝸牛考《かぎゆうこう》』（一九三〇年）の中で、これをいわゆる方言周圏説として示した。「かたつむり」など、方言はしばしば近畿を中心とした同心円の形で分布するものだという（図3）。新しい文化は都ではじまり、都を真ん中に、水面に落ちた水滴が示す波紋のように周辺へと広がるものである。

とはいえ、文化はすべて都が中心であり、また主体だというのではない。各地域には各地域の文化があり、その地域の文化に受け入れられてはじめて都市からの文化が定着するのである。

それゆえ受け入れられる文化は必ずその地域ならではの変形を受ける。大事なことはむしろ次の点にある。

中央で発した新たな文化は周辺に及び、地方で再現されるが、まさにその再現・反復によって、中央文化の中心性は発現するのだということである。

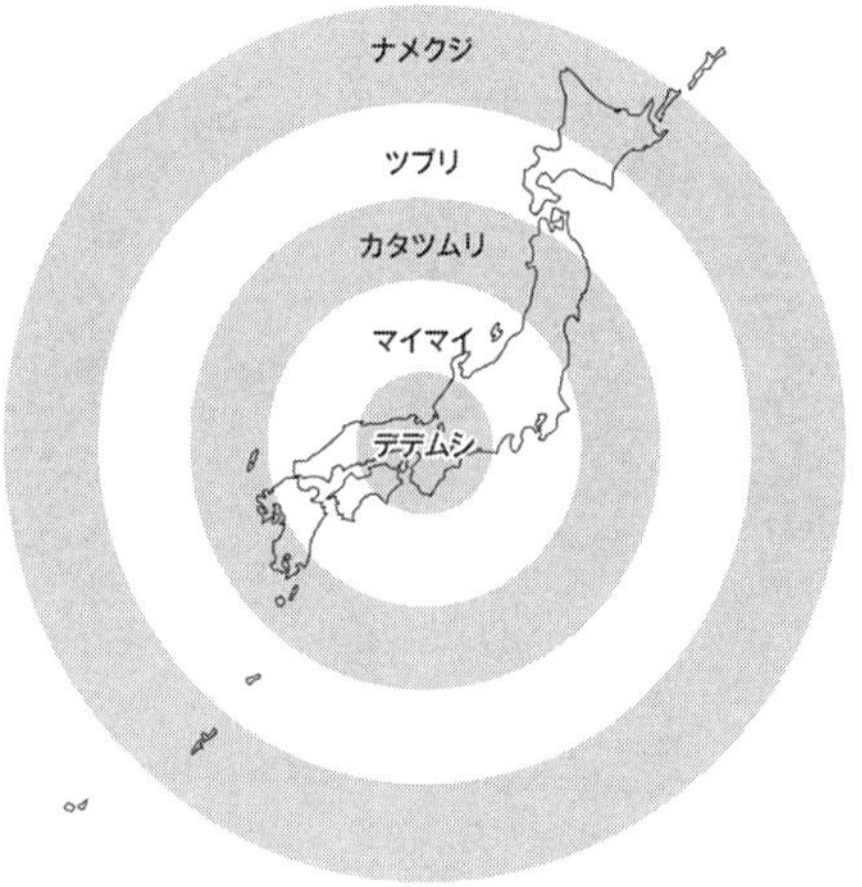

図３　方言周圏説（大西拓一郎『ことばの地理学』24頁。なお「この図はイメージであって現実の方言分布とは適合しません」との原著者の注記あり）

文化事象の波及によって中央と地方が共鳴する。この共鳴が国家としての統一的な脈動を可能にするのである。地方の文化が中央のそれと共鳴しているときは、その国は非常に活気があり、統一感が表れているときである。逆にそこに齟齬《そご》やズレ、無理が見られれば、それは国家が分裂しているときだということになる。場合によっては地方が中央に対して反発や反抗を示すこともある。中央の文化が積極的に拒否されることとさえあるわけだ。

たしかに列島の文化のあり方を見ると、

表向きは各地域が都発の号令にしたがって、同一の文化を受け入れているように見える。しかし各地はまったく同じことをしているのではない。それぞれ独自の地域文化のうちにそれを受容したり、あるいは自分たちにあった形に変型したりもしているということだ。このことは大変大事なことなので、さらに次の二つの説明で補足しておきたい。

†方言と気質――地域に共有される物語

まず第一に、地域がもつ気質や性格というものがある。

先に列島の言葉は日本語として一つだと述べた。たしかにその形は一つだが、地域にはそれぞれに方言がある。

方言はもちろん日本語である。しかしその使用する音韻や語彙、あるいはアクセントには各地で違いがある。また、好んで使われる語や表現にも地域集団によって差が現れるので、日本語(言葉や文法)としては共通であっても、各方言を使う地域によって言葉の体系が違ってくる。言葉の体系はそれぞれの歴史を反映し、それがひるがえって集団に個性を生み、気質や性格の違いまでをも生じるもののようだ。

方言分布には様々な要因が考えられており、先の方言周圏説はその一つだが、現在のような分布の成立にはかつての幕藩体制の影響も大きいようである。藩境を越えると言葉が違うということはいまでも見られる。そして言葉と同様に、暮らしの文化にも各地にその違いがあった。例えば、青森県の津軽地方（奥羽山脈の西側）と南部地方（同東側）は江戸時代には別の藩であり、方言も分かれている。そこには津軽人、南部人の性格というものまである。例えば「津軽のじょっぱり」（強情張り）や「もつけ」（馬鹿者）といった、「津軽人とはこういうものだ」という自分たち自身の性格付けの典型化があり、人々は実際に機会あるごとにそのように振る舞う。こうしたことは全国各地にあり、それがいまでも各県の県民性のような形として現れる。

だが言葉はさらに、もっと細かい単位でも異なっている。同じ方言にくくられていても、沢筋や半島などの地形で違う。それどころかもっと小さく、各集落・各町内ごとにも言葉は異なる。言葉はまた生業や身分の違いによってもかわり、農民の言葉、漁民の言葉、商人の言葉、職人の言葉、さらには武士やその後の官僚の言葉というものまである。念のため付け加えれば東京の中にも方言はある。そもそも教科書で教える標準語は日常の中で正確に使えばおかしく聞こえるもので、ある意味で虚構の言語である。こうしたそれぞれ各地・各集団の言葉を反映して、各地・各層の性格や気質も形作られてきた。地域集団はそれぞれに特異の文化を持ち、気質を有するものである。

が、第二に、より重要なのは、こうした地域の性格をさらに明瞭にし、人々の考え方や行動を方向付けるような、地域に固有の物語が存在するということである。

地域にはしばしばその地域の人々で共有されている物語がある。それはかつての藩レベルのものもあれば、村や町レベルのものもある。

先の大川原村では、南朝の歴史と結びつけた起源説を紹介した。これに対して、「I　生命の章」に登場した折笠村は、戦国時代を制した津軽氏の側から地域の物語を綴っていた。津軽にはまた逆に「わが村は為信に打ち破られた」というところから話をスタートする地域も少なくない。南北朝や戦国時代の戦争は各地に様々な物語を残したようだ。

もっとも、戦いに関することだけが物語を構成するのではない。

物語は例えば生業によっても特有の形で刻まれる。農村にはその地の開発や定着に関わる伝承がしばしば残されている。どの家がどのぐらい古いか、それがどう分かれてきたのかが、農村の物語の中心である。また山村には山林をめぐる開発や所有の話がかかわり、鉱山や製鉄などの産業につながる由来が説かれることもある。町の場合も同じで、職人にも商人にもそれぞれ固有の物語があり、その地が開かれた経緯や、そこで活躍した家、指導した人物などが物語として語り継がれている。

その地の地形や地理的条件に関わる話が説かれることもある。山や岩、滝や淵などが具体的に指定されることも多い。山同士のけんかで一方が大きくなり、他方が小さくなったなどというのも一つの典型で、そうした話がその地域の農地開発の経緯を象徴していることもある。

山・川・海がもたらす自然の恵みの偉大さが強調されることもあれば、火山や津波、地震など、自然災害の脅威が織り込まれた物語もある。そこには巨人（だいだらぼっち、弥五郎《やごろう》など）や鬼、あるいは河童や天狗のような物の怪が登場することもある。

†文化を構成する信仰と歴史

文化とは、人々の社会活動や生活行動を媒介する、集団に特有のコードセットである。こうしたコードはただ活用されるだけでなく、物語も含むので、ある文化の共有はしばしばその地域に他とは異なる独特の感覚・感情を生み出すものになる。そしてこうしたものがいったん形成されると、その文化がそれを利用する集団の行動を強く方向づけるようにもなり、地域集団に独特の気質や性格までをもつくるもののようだ。

文化ほど移ろいやすく、変化しやすいものはない。しかしまた逆に、表向きは変化してもその根っこのところは変わらず、芯の強いものもない。たしかに地域の文化は国家の影響を強く受ける。だが他方で都からくるものほど変形されやすいものもないようだ。これに対し、土台になっている地域の文化は、いったんつくられるとどうもそう簡単に変化するものではなく、そうした地域の文化に国家を通じてもたらされるものが重なりながら、この国の文化的様相は多様にかたちづくられてきた。

この章ではさらに地域学を文化の面から二つの方向で考えていく。

一つは聖なるものとの関係である。

この点では、次のような常識が私たちの理解を妨害するかもしれない。すなわち、日本人は宗教や信仰との結びつきが非常に弱いというものである。「私は無宗教だ」と思っている人も多いようだ。「信仰がない」とも。

だがこの列島に暮らしている限り、私たちには考えている以上に深く信仰が組み込まれている。すでに村と都市の例を見ておいたが、私たちはそのことにふだん気付かないので無宗教と思い込んでいるのにすぎない。ここではさらに地域に埋め込まれている信仰の姿を探っていこう。

もう一つは歴史の中の地域という視点である。この列島は国家成立後、ずっと一つの国家でありつづけてきたが、その母体となる中心権力はしばしば揺れ動き、何度も分裂と統合を繰り返してきた。その中で地域の文化は幾度も変転してきたのである。国家との関わり方は各地域で、また時代によって異なる。国家と地域は深く関わっているが、両者の物語は必ずしも協調関係にあるものではない。

文化は過去の歴史の蓄積である。各地でなされた経験が各地に異なる記憶を刻む。本章の後半では、そうした文化・歴史・記憶がどんなふうに各地に配置されているのか、そのありようを確認していこう。

3 祈りの場

†過去と未来を現在につなぐ祈り

地域には必ず祈りの場がある。一般にそれは神社や寺院の形をとる。神社や寺院は日本の地域のあり方と深く結びついている。なかでも神社についてはそれが存在しない地域はまずない。神の依り代がない地域の方が例外である。

なぜ神が必要なのか。

私たちは神に祈ることをどこかで昔のこと、非合理なことと考えがちである。

しかしながら現代に生きる私たちもまた、日々、祈って暮らしていることに変わりはない。食事の時に「いただきます」という。あるいは試験の回答に迷った際、「当たれよかし」と願わぬ人はいないだろう。肉親のこと、友人のことを思い、「幸あれ」と祈ることもある。亡くなった人に手を合わせることも当然するはずだ。

私たちはなぜ祈るのか。

祈りというと宗教的であり、古いもの、伝統的なもの、過去にとらわれているから行う後ろ向きのものと考えている人もいるようだが、それは違う。祈ることとは逆に、現在を未来に確かな形でつないでいく前向きの行為である。

私たちはいまを生きている。いまこの時点で未来は見えない。未来が私たちの思いどおりになるという補償はない。私たちは未来が見えないままに何かを決断しなければならない。

だがまた、未来が見えないからといって、未来に絶望してしまっては生きられない。私たちは常に、未来がよいものであると信じ、よいものであるよう祈る。祈ることによって未来を確かなものとして引き寄せようとする。「祈り」とはだから、統制できない未来を現在のうちにつなぎ止め、自分にとってたしかなものにするための時間のマネージメントである。

その際、確かさの根拠は過去に向けられる。過去に経験したこと、さらには私たちよりも前の時代を生きた人々――先祖たち――が過去に体験したことを現在に呼びさますことで、私たちは「祈り」に確かさを与えようとする。そして祈りは本来、個的なものではなく共的なものである。人が集まり、祈りをともにすることで、みなの行動の統一が実現されていく。

とはいえ、こうした現在と未来の関係は、未来がまだ来ぬものである以上、やはりすべては現在にある。未来はわからない。いやわからないからこそ、現在のうちにその未来を確保しようと私たちは画策するのである。そこに過去を使うわけだが、過去もまた過ぎ去ったものである以上、やはりすべては現在にあるわけだ。

さて、こうした時間の構造は科学にも共通するものである。科学もまた、過去と未来を現在につなぎ止める思考法の一つである。そもそも近代科学はキリスト教に由来し、絶対神の合理的な働きを具体的に見定めようとしたことがはじまりだった。合理性を追求する科学もまた祈りの思考の一パターンにすぎない。

祈りはかつて、未来がいまほど安定的でなかったときには、日々の暮らしや生業の中で頻繁に行なわれるものだった。そしてそれはしばしば共的だった。とくに地域に共通の問題についてみなで祈ったのである。

例えば農耕は、必ずしも計画した通りの結果を約束するものではなかった。それゆえ実際の農耕に先立って行われる春先の豊凶占い、あるいは未来の豊穣を祈る予祝の祭りは、見えない未来をいまに約束する大切なものだった。そして秋の収穫祭は、確定した稔りを感謝し、さらに次の未来を確かなものにするためのものである。祭りをしなければ作物は育たないわけではない。が、儀礼をし、感謝をすることで、次の収穫を確実なものにしようとした。そして願うことから始まる生産は、人々の共同をよりよく実現させ、より多くの収穫を得る努力を引き出すことにもなった。感謝の気持ちをみなで確認することで、生産物の過度な消費を抑制し、次の収穫までの暮らしを律するようにも努めたのである。

祈りがあってはじめて私たちはこの世界を上手に生きていくことができる。そして人々は運命共同体として一つになれた。これは農民のみならず、漁民や、海運、商売を行う人にとっても同じで、職人・工人にもそれぞれに祈る対象があり、儀礼があった。なによりそれは国家という共同体にとって不可欠だった。願いや祈りのない暮らし、神々との交流のない暮らしも理論的には可能である。だが、現実にはどうか。祈りのない暮らしとは、自然や社会との関係を欠き、過去や未来との接続がない暮らしである。それは自然、地域、国家とのつながりが切れていることを意味する。

地域にはそれゆえ必ず祈りの場が存在する。いや、地域の本質の一つに、祈りの場を用意することがあるようだ。地域は一つの文化集団であり、ある種の宗教集団である。このことを日本のほとんどの地域に存在する神社と寺院を題材に考えてみよう。

†神社のこと

神が至る所に遍在するのが日本の文化的特徴である。神社は日本全国で約八万社ともいう。日本の神様をめぐる事情は単純ではない。八《や》百万《およろず》の神々があり、しかも神同士が様々なかたちで重なりあい、融合しあっており、それどころか仏教とも混ざり合って（神仏習合《しんぶつしゅうごう》、本地垂迹《ほんじすいじゃく》）きたからだ。

とはいえ地域にある神様にはおおむね二つの系統があり、複雑に見える神々も、そのどちらかだと思っていればそう間違いはないようだ。

一つは産土《うぶすな》である。産土は土地に由来し、何ものかを生み出す力を持つ。その地に生きる人間は、その地の力によって生かされており、その力を信奉するというわけである。

もう一つが氏神《うじがみ》である。氏神は、もとは「氏」と呼ばれた集団の祖先神のことであり、本来は特定の家系で信仰されるものである。産土と氏神はこうしてそれぞれ別系統のものである。

ところが、特別な家系の祖先神は長い時間をかけるとその土地に定着し、その土地を守る神にもなっていく。そしてそもそもその家が地域の開発者であることが多いのだろう、氏神はしばしば産土に転換し、現在では産土と氏神という言葉自体が混同されて使われている。

村には必ず神社があり、一柱以上の神様が祀られ、産土神ないしは氏神として信仰されている。農村はそもそもある土地に人々が入植し、農地等の開発が行われ、それが成功して家々がその地に定着することからはじまる。「Ⅱ　社会の章」で見たように、「家／いえ」は神をまつる最小単位の集団を意味する。開発の過程のどこかで家々がまとまって定着した時に、村全体の氏神なり産土神なりがその地に確立されるのだろう。

同様に町々にも神社がある。もっとも、町と神社の関係は村のように単純ではない。複数の町で大きな神社を抱えていることもあれば、家々が複数の神社に関わっていることもある。こうしたことは村でも起きる。ともかくこうした家・村・町と神社の関係は、その地域の歴史的経緯（とくに開発や入植の歴史）によって決まってくるようである。

城下町の主要な神社は一般に、その町を開発した領主が設置する。町割りがなされ、移住してきた人々もその神を信奉する。とはいえ町には方々から人が集まり、もとの地から信仰を持ち込む人々もいれば、町ができてから新たに神様を呼び寄せもした。在郷町や湊町、宿場町、鉱山町などの各町にもそれぞれ神社があり、信仰された。神社と関係を持たない地域はなく、必ず何かの神とつながりあっているといってよい。

ところで先に日本には八百万の神がいると述べたが、こうした地域（村や町）の神には様々なものがあるとしても、各神社にまつられている神はその地発祥のものは稀で、どこか別のところにオリジナルをもつものである。要するにどこかから迎えてきたものである。

先の大川原村の稲荷神社は、もとをたどれば伏見《ふしみ》稲荷大社（京都府）である（以下同様に、神名の煩わしさを避け、神社名で記す）。先の〈事例9〉弘前でも多くの神社を見たが、これらもすべて別の地にオリジナルがある。八幡宮のもとは石清水《いわしみず》八幡宮（京都府）で、さらにそのもとは宇佐《うさ》神宮（大分県）である。そして神明宮は伊勢神宮（三重県）、春日《かすが》神社は春日大社（奈良県）、東照宮は日光東照宮（栃木県）である。熊野神社、胸肩《むなかた》神社、住吉神社、松尾神社、八坂神社なども、それぞれ熊野三山（和歌山県）、宗像《むなかた》大社（福岡県）、住吉大社（大阪府）、松尾大社（京都府)、八坂神社・祇園社《ぎおんしゃ》(京都府)である。

これは例えば東京の都心でも同じで、首相官邸そばにある日枝《ひえ》神社(千代田区永田町)は日吉大社(滋賀県)、湯島天神(文京区)は天満宮(大阪府・京都府・福岡県)、王子神社(北区)は熊野三山(和歌山県)といった具合である。東京にオリジナルの神は少なく、明治以降のものを除けば、都心では平将門を祭神とする神田明神(千代田区外神田)くらいのようだ。

そういう意味では、各地域の信仰に多様性はあるといっても、神社は全国どこも同じメニューの中から選び取られて配置されているといえばそうなのである。そしてその多くがかつての都(京都)に関係する。神社や神道は、地域的であるというよりはきわめて国家的文脈が強いものに見える。

†地域のくらし──祈りの場と神

だが、地域と一切関係なくこうしたものが選択されているのかといえば、そういうことではない。繰り返すように、文化事象には常に各地域の事情と独自の感性が強く深く働いている。

まず地域の神様は、しばしばその地の生業に結びつけられている。農耕を主とする村は稲荷神や保食神《うけもちのかみ》、山林業を行う村は山の神あるいは大山祇神《おおやまつみのかみ》、商業町ならば恵比寿神《えびすがみ》、医薬なら少彦名神《すくなひこなのかみ》といった具合である。漁業なら住吉神社、海運業なら宗像神社や香取神社、さらには酒造業なら松尾神社、塩業は塩竈《しおがま》神社などなどが祀られる。たとえメニューを選択しているのであっても、地域にとって必要な神様が迎えられている。そして地域に何らかの事情が新たに生じ、新しく神様が勧請されれば神社は複数にもなる。また信仰にも流行があるので、忘れられて廃れたり、別々だったものが一ヵ所にまとめられることもある。

また神様は、その村の出自としばしば関係する。村の発祥の地がその社だというところがあれば、元いたところから神様を持ってきたという村もある。ある神社の荘園だった地域が、その神社をいまも祀っているというのも見た。かつての政庁や城跡などでは、支配者たちが去ったあとに残った神社を、その地の人々がそのまま大事にしているケースも多い。

だが神社は、とくにその場所がもつ意味が重要である。

そこは単なる空間ではない。神が降りてくる依《よ》り代《しろ》であるから、多くの場合、何らかの特別な場所が選ばれている。切り立った高峰や、遠くからも目立つ形の整った山、水源となる豊かな森。清い水が溢れる泉であったり、沢や滝、巨石であったりする。川が合流する地点や、平野を見下ろす高台もある。そもそもこういう場こそが日本の神の起源なのだろう。

また古墳や古代遺跡、あるいは用水路の出発点など、人間の手が入っている人工的な場所が選ばれていることもある。あるいはそうした明確なものがない場合でも、神社はしばしば広場とセットになっており、人々が集まれる場所である。そこでは年間を通じて祭礼が行われる。

人々が集まり、神が降り、祈り祭る場所が神社である。おそらく人は地域にそういう場を求め、地域に必要な神を選んでいるということなのだろう。

とはいえその神様選びはしばしば恣意的でもあり、色んなこじつけも行われている。明治の初めには神社統合も行われた。注意深く、その歴史をたずねたいものである。

また神社は移動する。本来は峰や巨石を祀っていても、その場所が遠いので集落近くに遥拝所をおいて祀っていることもある。道路工事などで移されたというのも少なくない。そして村が移れば神社も一緒に移る。また逆に神様は、いったん土地に根付くと、人々が離れたあとも、神様だけそこに縛り付けられてしまうことがある。そこで何らかの理由で消えた集落の跡で神社だけが残り、人間の方がそこに通っているということも起きるのである。

†広域の中の神様——岩木山の場合〈事例11〉

そうした信仰の例の一つを、また青森県津軽地方から拾っておこう（図4）。

津軽平野の西側に聳え立つ①岩木山は、標高一六二五メートル。周りに並び立つ峰が他にない孤高の山で、津軽富士として名高い。〈事例1〉の②折笠村はその東麓にあった。いまその南東の中腹（百沢）に③岩木山神社がある（写真4）。現在のこの岩木山神社は下居宮《おりいのみや》であり、山頂に奥宮本宮がある。岩木山そのものをまつる神社である。

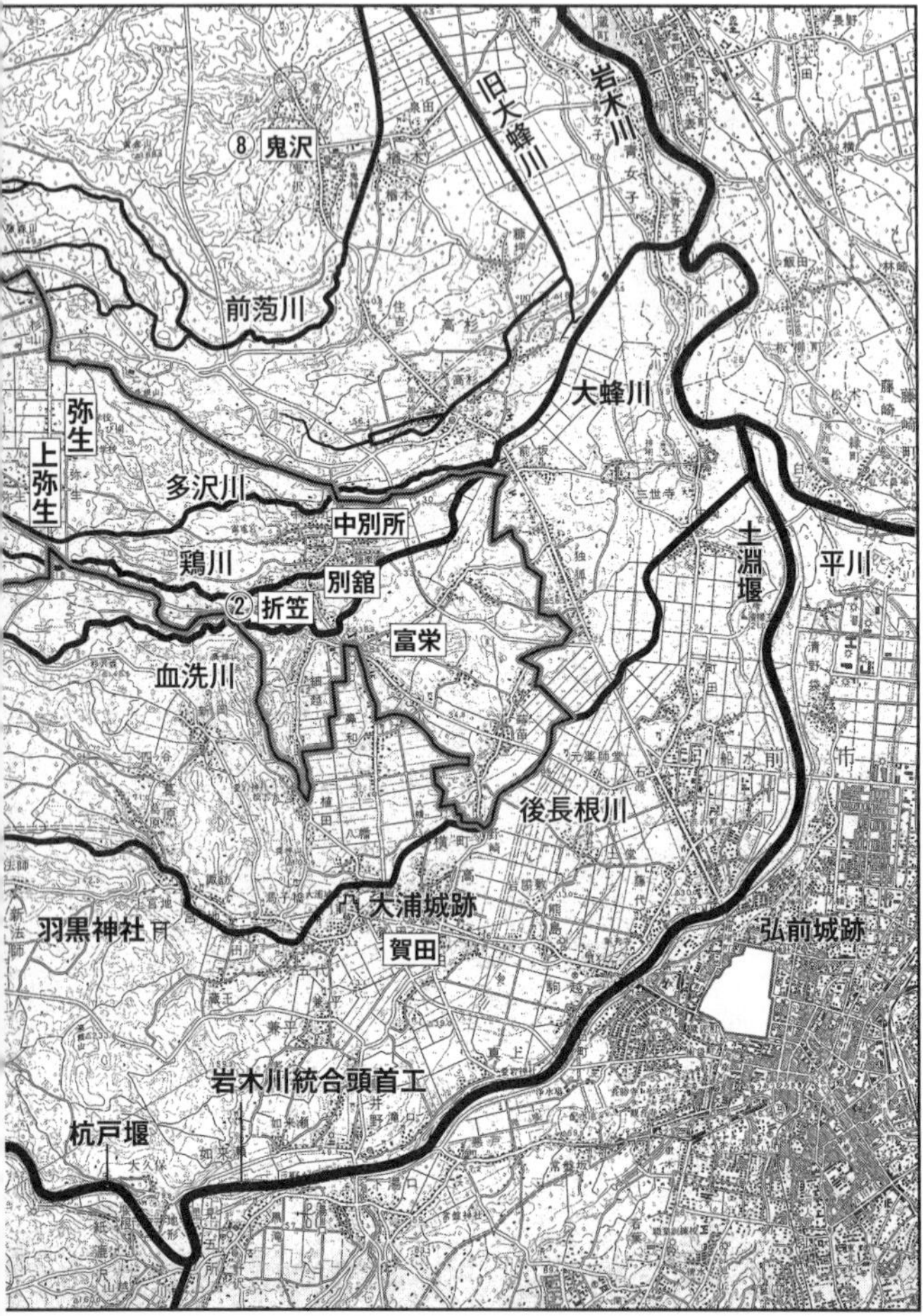
⑧ 鬼沢
旧大蜂川
岩木川
前萢川
大蜂川
弥生
上弥生
多沢川
中別所
鶏川
別館
② 折笠
富栄
土淵堰
平川
血洗川
後長根川
大浦城跡
羽黒神社
賀田
弘前城跡
岩木川統合頭首工
杭戸堰

図4　岩木山周辺図（『津軽学』第6号121頁に加筆して作成）

さて岩木山神社の祭神は顕国玉神《うつしくにたま》、多都比姫神《たつひひめ》、宇賀能売神《うかのめ》の三柱で、さらに大山祇神《おおやまつみ》、坂上刈田麻呂《さかのうえのかりたまろ》をまつっている。

顕国玉神は大国主神《おおくにぬしのみこと》の別名であり、日本の建国の神として、因幡の白兎の神話で有名である。また宇賀能売神は、丹後国の天女、羽衣伝説にまつわる神で、伊勢神宮の外宮の祭神、豊受大神と同一とされる。そして大山祇神は山の神様で、須佐之男命《すさのおのみこと》などの父である。坂上刈田麻呂は奈良時代の武将で実在の人物。東北を制した坂上田村麻呂の父である。

これらに対し、多津比姫神（多都比姫命《たつひひめのみこと》ともいう）だけが由来をこの地にするようであり、津軽半島の北端の岬を竜飛岬《たつぴみさき》と呼ぶように、「たつび」はもともと岩木山を含む津軽半島一帯を指す地名だったと考えられている。要するにこの地由来の一柱を、日本の神話や古代に関係する神々がずらりと取り囲んでいるのである。

ところで岩木山にはちょうど山の字形に三つのピークがあり、弘前から見て真ん中を①岩木山、左を④鳥海山《ちょうかいさん》、右を⑤巌鬼山《がんきさん》とよんでいる（写真5）。多都比姫命以下の三柱がこれらにあてはめられ、さらに神仏習合して岩木山を阿弥陀如来、鳥海山を薬師如来、巌鬼山を十一面観音ともいう。岩木山はだから仏様の姿でもあるわけで、とくに天台系（比叡山）の山岳信仰との関わりが深いとされる（小舘衷三『岩木山信仰史』）。

山岳信仰との関わりでは、毎年八月に岩木山を取り囲む村々で行われる登山行事、御山参詣《おやまさんけい》

（山かけ）をあげておかねばならない。山かけは、ねぷたと並ぶ、夏の津軽の主要な行事であり、こうした行事を通しても「お岩木《いわき》山《やま》」は庶民の精神世界においてなくてはならないものだった。

また岩木山は安寿《あんじゆ》姫だとも考えられている。森鷗外の小説「山椒大夫《さんしょうだゆう》」に登場する安寿と厨《ず》子《し》王《おう》姉弟の安寿であるが、この話はもとは中世に遡る古い芸能作品である。そして、奥州岩城《いわきの》判官正氏《はんがんまさうじ》の子・安寿姫を、越後国（新潟県）でさらっていじめ抜いた山椒大夫が丹後（京都府北部）の人であることから、津軽では「丹後日和」といって、丹後人が入り込むと岩木山が機嫌を損ね、天候不順になるのだと信じられてきた。江戸時代には実際に取り調べが行われ、丹後人を藩から追い出すこともあったという。

写真4　岩木山神社

写真5　岩木山（大柳祐一氏撮影）

†地域の中の信仰の形を読み解く

これら岩木山への信仰や物語は、おそらくどれも日本海航路を伝って中央から伝播してきたものである。だが、ではまったくこの地に根のないものかといえばそんなことはない。むしろ地域としっかり結びついた信仰である。

まず、岩木山への信仰そのものが神道や仏

教よりももっと古いものであるはずだ。縄文時代の巨大なストーンサークルである⑥大森勝山《おおもりかつやま》遺跡を代表に、岩木山周辺には原始の祭祀遺構がいくつも発見されている。

また先述の岩木山神社（百沢）は、藩主・津軽氏によって信奉されたものだが、岩木山信仰の場はそれ以前からこの他にも複数存在していたもののようである。

祭祀施設としてはいまも、日本海に近い方から巌鬼山神社（弘前市十腰内《とこしない》）や⑦大石神社があり、また鬼神社のある⑧鬼沢村には、岩木山にいた鬼が開墾を請け負ったという伝説がある。そしてこれらの信仰の場は、岩木山から流れ出る沢とも関係し、巌鬼山神社は十面沢《とつらざわ》の、大石神社は⑨赤倉沢の流れのそばにあり、鬼神社もまた農業用水路のそばに置かれている。山から流れる水の恵みとも深く関わるものなのであった。百沢《ひやくざわ》の地にある岩木山神社もまた⑩蔵助沢《くらすけさわ》川の横にあり、そしてこの蔵助沢川と呼ばれているこの川こそが実は本来の岩木川だともいわれる。岩木川は現在、白神山地を源流としているがそれは近年のことで、もともとは岩木山から流れ出るので岩木川なのであった。

こうした山・川・海のつながりに神聖さを感じる信仰はアイヌのそれとも重なり、神が人物化する前の原始信仰を彷彿とさせる。つまりは古くからこの地にあった自然信仰が、あとになって神道や仏教と結びつき、中央からもたらされた様々な文化と融合して、いまのようなかたちになったと理解できるのである。

こうして岩木山のみならず、そもそもこの地の山や川、土地そのもの（つまりは「くに」）が地域の信仰の対象となっているのであり、その神々にどこか他所から来た神や仏の名が付与されたり、あるいは様々な物語が加味されたりもするが、それは要するにその本来の神を説明しようとしているのであって、その信仰そのものはその地自身がもつ聖性から発しているというべきである。それ故、信仰の場はしばしば古くから人々に選ばれた場所であり、その中にはこの岩木山のように広域で信仰されるものもある。岩木山が見えない地域では、近くの山を岩木山になぞらえてまで（疑似岩木山ともいう）、広く信仰されている。ともあれ、こうした聖なる場とのつながりなしに、地域の暮らしはありえないのである。

†人が神になる

もっとも、神にまつられるのは、こうした自然のものだけではない。実際に生きた特定の人物が死後、神となり、信仰の対象となっているものも多い。天満宮が学問の神様・菅原道真《すがわらのみちざね》をまつっているのはその代表であろう。菅原道真は平安時代、太宰府（福岡県）に左遷されたまま生涯を閉じ、京の町に祟ったことをきっかけに北野にまつられて天満宮ははじまった。祟り神が転換して信仰の対象になるのは、神田明神（千代田区外神田）の平将門も同じである。

また豊国《とよくに》神社（豊臣秀吉、京都府）や東照宮（徳川家康、栃木県）は戦国の世を制した天下人を祀るものであり、明治維新の後には湊川《みなとがわ》神社（楠木正成、兵庫県）のようにかつて天皇を支えた人物があらためて神格化されたりもした。幕末の志士を指導した長州の吉田松陰《しょういん》（松陰神社、世田谷区）、薩摩の西郷隆盛（南洲《なんしゅう》神社、鹿児島県）など、明治維新に関係する人物を祀る神社も多い。

軍人もまた神格化された。乃《の》木《ぎ》希典《まれすけ》を祭神とする乃木神社（港区赤坂）や東郷平八郎を祭神とする東郷神社（渋谷区神宮前）などが代表的である。そしてなにより幕末および明治維新後の国事に関わる殉死者を祀る靖国神社（千代田区九段）がやはり人を神としたものといえる。そして各地には護国神社が置かれ、各地の産土様のそばにもしばしば忠魂碑《ちゅうこんひ》が立てられた。これも国家のために死んだ人々は神になるという発想があるからである。

だが正確にいえば、神になるのは偉人や戦死者だけではない。私たちにとって先祖はみな、必要なときには戻ってきて私たちを助けてくれるものである。本来そうした、生きている人間の存在を超えたものが、人の世の向こう側からこちらに降り来る場所が神の依り代なのであろう。その依り代を、生きている人間たちは地域のうちに求めた。神々はその依り代を通じて天界と地上とを行き来し、日々活動している。

†氏子組織と祭祀

神社は、広く信仰を集める大社でも、また地域の各社においても、基本的には各地域の住民が氏子として集まり支えているのがふつうである。むろんその管理運営のあり方は様々であり、社務所を置き、専任の宮司がいるところもあれば、氏子で管理し、神事の際だけ神職を呼ぶところもある。宮司は、その神社や地域の歴史に関係のある家系の人が代々引き継いでいることも多い。

明治期以降、農民が豊かになると、村の神社の建物も立派になった。しかしいまは立派な建物も、かつては質素なものであったはずである。由緒ある古い社ならばともかく、建築は新しいものだったりする。形にとらわれずに、その地域の人々の心根を問うていきたい。また神社では、建物を新しくしたり、あるいは鳥居・狛犬・灯籠・手水鉢《ちょうずばち》・絵馬などを設置した際に奉納者名が刻まれる。そうしたものを探してみると、どんな人がその神社を大事にしてきたのかがわかるだろう。

ところで繰り返すように、神社は単なる建物ではない。神と交流する場である。だから必ず神事や祭りを伴う。そうしたものに触れてはじめて、その地域の信仰の姿や意味がよくわかってくる。祭祀はその地域の心持ちをたずねる大切な手がかりだから、各社で行う行事のあり方には十分注意したい。そして、そこで行われる神事や説かれる由来に、その地の物語の核心が織り込まれていることが多いのである。

†お寺のこと

神道とともに日本人の信仰にとって大切なものが仏教である。「私には信仰はない」という人も、家や両親の実家には仏壇を持ち、あるいはまた先祖の墓地を持っていて、その多くが仏式であろう。次にお寺について考えてみよう。

多くの地域（村、町、都市）は神社とともに寺をもつ。集落が一つの宗派の集団となっている地域もある。そうでなくとも特定の宗派や寺との関わりが、その地域の歴史と折り重なっているところは少なくない。

ところで、神社・神道は日本固有のものだが、仏教は海外からもたらされたものである。列島を大和朝廷国家が統一していく過程で、インド発の仏教を中国・朝鮮半島経由で持ち込み、国家の力をもって定着させていった。

とはいえ、では日本人が仏教を、その発祥の地インドのものそのままで受け入れたかといえばそうではない。

そもそも仏教がインドから朝鮮半島に至るまでに変形を受けているだけでなく、日本に入って以降もさらに大きく変化した。仏教はただ受け入れられたのではなく、日本列島に暮らす人々が独自の解釈を施して具体的な形をつくり、自らの思想として定着させたものである。そこには各時代の宗教的天才だけでなく、各地の有力者や民衆の信仰も深く関わってきた。

平安時代の最澄の天台宗、空海の真言宗は日本の各地に広く入り込み、神道ともつながって、各地に様々な展開を見せてきた。平安時代末期から鎌倉時代にかけては、浄土宗、浄土真宗、日蓮宗などがひらかれるが、これらは庶民の宗教として発展した。また同じく鎌倉時代には禅宗（臨済宗、曹洞宗）が発達し、こちらはとくに武士に信仰された。これらの宗派の定着にも各地に違いがあり、その地域の開発の経緯や支配層の移り変わりを反映しているようである。

ところで、各宗派の中心的な寺院がとくにそうだが、各地の寺についても、その所在する地が先の神社と同じようにしばしば神聖な場所が選ばれていることに注意したい。山や巨岩、あるいは水源や滝などをその寺域に取り込んでいる寺院がある。あるいはまた平野に望む高台や、山間部の平らな台地などにつくられることも多く、そこがかつての城郭の跡ということもある。そしてながく神道と仏教は相互に重なりあってきたので、神様のいる場所は仏様が置かれるべき場所にもなった。

神社と同様に、各地の寺にはたいてい由緒がある。誰がいつ開いたとか、そこにどんな事件が絡んでいるとか、それが地域の成立そのものであることも多い。地方の寺院の建立はしばしば官寺《かんじ》である国分寺から始まったはずだが、国分寺が多くの地域で失われてしまっているところを見ると、各地への仏教の浸透はそうした上からの力よりもむしろ宗教者による現地での布教と、各地の有力者たちの信心から進んでいったようだ。それゆえ一方で宗教的な道場として展開される寺があれば、他方で誰か特定の人や家系を弔う寺があり、あるいはまた庶民たちが自分たちの手で確立した寺もあり、その由来は様々である。寺の設立にもまたその地の歴史が投影されているのである。

こうした設立の経緯と、寺の檀家との関わりも重要である。

神社が氏子で経営されるように、地域の寺は檀家が支える。

江戸時代は檀家制度で庶民はみなどこかの寺の檀家であることを求められたから、江戸時代において庶民と寺の関係はより深いものとなった。もっとも、神社と違って寺は宗派が関係するので、必ずしもその地の寺がその地域の住民全体の信仰を受けているというわけではない。

集落の全戸が一つの寺の檀家となっている村もあれば、家の系列によって関わる寺が分かれているところもある。とくに町は各地から人々が集まっているので、様々な宗派の寺が開かれてきた。また山中孤立の宗教施設として建てられている寺があれば、集落と一体となっている寺もあり、あるいは複数の寺がまとまって寺町を形成しているような地域もあって、神社と同様に立地の事情は様々である。こうした寺に、各地域の人々はそれぞれの経緯や事情によって結びつけられている。それゆえ、寺との関わり方にもまた、その地域の歴史が色濃く反映されているのである。

†死後の世界と祖先崇拝

寺はなぜ地域に必要なのだろうか。まず第一に仏教は、西洋科学の導入前はこの列島の人間にとって世界や宇宙を知るための重要な手段だったのである。寺はかつて地域の学校であり、大学であり、研究機関だった。神道とは違う形で——もっと合理的に——人々を教え、導くものであった。そしてそれはいまでもある意味で同じである。

だが第二に何より、例えば弘法大師空海が作った堤や井戸の伝承が各地にあるように、寺や僧たちが有する技術や技能、あるいは財力がかつては地域を開発する主要な力であり、寺がしばしば地域の創設に深く関わってきたからである。国による開発とともに、様々な勢力が各地域の成立に大きく寄与したことを「Ⅱ　社会の章」では述べたが、そうした勢力の一つが寺院であった（この点は神社も同じ）。要するに地域の開発者、経営者としての寺院である。

もっとも、寺院による田畑の経営は現在はほぼ失われている。また知識の泉としての機能も科学と大学に多くを譲ってしまった。だが現在でも寺が地域に対して持つ大切な機能がある。第三に仏教は、死後の世界と関係をもつ。これは仏教の核心である。

仏教各派の教義はどうあれ、共通して目指していることは、人の死に対する考え方の提供であり、死に向き合うための論理や儀礼を提供することである。死者は仏になる。成仏とは死者を死後も生者と正しく関係づけることであり、生者が死者を弔い、死を日々の暮らしの力にするためのものである。こうした考え方は実は、仏教の理念を借りながらも、この列島に古くからあった祖霊崇拝・氏神信仰を論理的に説明するものと考えられる。そして死と生の関係だけは科学にも適切には対応できず、仏教はなおこの列島の暮らしにとって必要なものである。

とはいえ、死後の世界との関わりはいま大きく変わりつつあり、このことが寺院のあり方にも大きく影響しはじめている。かつては各村々・町々で葬儀は行われてきた。現在は多くの葬儀を企業が代行するようになっている（このことは、しばしば神式で行われる結婚式も同じである）。人々の合理的な精神は、死後の儀礼や供養を不要なものとまで考えはじめている。またお墓についても、かつては自分の家の敷地に置くこともあったが、現在は地域や寺の共同墓地で合理的に管理され、それどころか地域や寺も離れて郊外墓地団地や永代供養となり、宗派を問わないものになりつつある。

だがこれでよいのかどうか、私たちは真剣に考えていく必要がありそうである。生と死に関する教えは、だれもが長生きする超高齢社会の中でこそ大切なものとなる。少子化もこのことと深く関係する。そして私たちは肉食を一般化し、飽食を当たり前にしているので、私たちの生のために失われる生命の数はいまや膨大なものになっている。仏教はその因果の謎を説くものだった。しかも人々はかつて、その教えを地域の中で実感して生きていたのだが、現代の人間にはそれがもはや問題としてさえ見られなくなっている。

†人と土地をつなぐ信仰——国家と地域の強い絆

古来からずっと人は絶え間なく生まれるとともに、絶え間なく死んできた。地域は世代を超えた定住の場だから、地域があればそこには必ず埋葬場所がある。そして埋葬にあたって人は、その場所を大きく加工し、また墓石のような目印を残していることが多いので、暮らしの場よりも埋葬場所の方が時代を超えて認識されやすいようである。

縄文遺跡ではそうした埋葬の場が、ストーンサークルのように巨大な形をとっていることがある（ストーンサークルには別の用途説もある）。古墳もまた、その地域の統治者や庶民の墓とされる。いずれにせよ、これらは人々が共同で祭祀を行う施設であった。この世の祈りとあの世にいる死者への弔いは一つに重なるものであり、そしてそうした祖霊崇拝が、人々が生きる土地の聖性に結びつけられて、この列島の信仰の核をなしていたのだと考えられる。いま各地域にある神社や寺院は、そうした昔からの信仰の姿を伝えるものなのだろう。

もっとも、神道や仏教を通じた地域の信仰のかたち、儀礼のあり方が、各地域の多様性をもっているかといえばそんなこともなく、何度も繰り返したとおり、日本各地の神社も寺院も共通性の方が大きいものである。外国人の目から見れば、神道と仏教の違いすら理解しにくいものに違いない。

いやそれどころか神道も仏教も国家が深く関わっていまの形になった。神社仏閣はある面から見れば、天皇およびその周辺の人々の健康と死、そして家の存続のために設置されたのが始まりであり、また戦争や自然災害から国家を守ることを目的とするものであった。「Ⅱ 社会の章」で述べたように、国家にとって「まつりごと」とは、諸外国との緊張関係をやわらげ、あるいは有利に対抗するために、内部の統制をはかって国力を確立することであった。このことは政治的な「まつりごと（政事）」にとどまらず文化的にも必要であり、国家の「まつりごと（祭事）」とは信仰や価値の面での国民の一体化であり、文化面での国力の向上であった。その結果としていまの日本文化はある。国家は文化と深く関わっている。その国が持っている文化の形やその統合度によって、国のあり方は決まってくる。

だが、そうした文化的統一が実際にどこで行われ、国家が支えられているのかといえば、それは家においてであり、また地域においてである——これもまた繰り返し述べてきた真実なのである。信仰のない空っぽのところに神道や仏教が入っているのではなく、各地に根付いた信仰の上に、神や仏が重ねられていまの私たちの文化パターンはつくられている。文教政策・宗教政策は人々の間にその下地があってはじめて実現可能なのであり、白紙のキャンパスに自由に絵を描くようなものではないのである。

その文化の下地は家である。「いえ」は「齋《いっ》く」ところ、祈りの場である。一般に家には神棚があり、仏壇がある。また家の各所には、竈《かまど》の神や火の神、水の神や便所の神、納戸や厩《うまや》の神のように様々な神がいる。こうした家が、一方で寺を通じて、他方で土地の神社を通じて地域につながっている。これら寺院・神社がさらに国家と深く結びついてきた。このことはいったい何を意味するだろうか。

私たちは、文化的に一つの国家であるためにも地域である必要があり、また家である必要があるということである。私たち一人一人の幸せや願いは、家・地域・国家を通じて神や祖霊とつながる。また逆にこうもいえる。私たちが国家と一体であり国民であるのは、国家の繁栄を通じて地域が豊かになり、家を守ることにつながるからである。そしてこうした信仰・信念・信頼が確立されていることで、私たちはいまを正しく生き、家のため、地域のため、そして国家のために奉仕することが可能になるのであった。私たちは必ず家・地域・国家と結びついている。逆もまた真。そしてそれは古来そうであり、現在においても同じである。構造的にそうなのである。

そういう意味では、近頃、パワースポットなどといって、スピリチュアルな面や現世利益《げんぜりやく》のみを求めて神社や寺院をおとずれる人がいるが、もう一歩進んでそうした場所を信仰の場としている人々の姿を思い浮かべてほしいと思う。神仏を「くに」と関わりのない、私的な霊力にしてしまえば、信仰が持つ力は失われる。そこにはただ自分の利益だけを願う「私」がいるばかりである。神仏は、ただ一人の人間に対して開かれているのではない。それはこの世界に生きる人々に、家族や地域、そして国家に開かれていてはじめて私にもつながっていくのである。そしてそれは過去に生きた人々とのつながりでもあり、未来にもつながる確かな契機である。こうした空間的・時間的つながりを確立する具体的な場——それが地域である。

†日本の神、西洋の神

その際、私たちのこうした神や仏への信仰は、西欧のそれとは性格を異にするものであることにも、注意をうながす必要がありそうだ。

繰り返すが、日本には八百万《やおよろず》の神といって、無数の神がいる。これに対し、例えばキリスト教が信じる神・ゴッドは、絶対神であり一つである。ヨーロッパにももとは無数の神や精霊がいたが、あるところで唯一神への信仰に切り替えられた。ゴッドは荒ぶる神であり、人間を越えた存在で、世界のすべてを決定する。そもそもこの世界を作ったのが神なのである。

これに対し、日本の神は人間としばしば対等である。中には荒ぶる神もいるが、神たちは万能ではなく、失敗さえする。それどころか神は人間に助けられもする。柳田国男が「神を助けた話」(一九二〇年)で注意をうながしたのはこのことで、例えば、栃木県にある日光二荒山《ふたらさん》神社の縁起では、猿丸大夫《さるまるだゆう》という弓の名手である人間が日光権現を助ける。神が人間を助けるどころか、人間が神を助けているわけで、こうしたモチーフは各地の説話にも様々な形で現れる。

日本では神は多数いて、かつ絶対ではない。それどころか人間も死ねば神や仏になり、その土地に定着する。人が死後、神になる例は先にいくつもあげたが、例えば「忠臣蔵《ちゅうしんぐら》」で有名な大石内蔵助《くらのすけ》もまた兵庫県赤穂で大石神社に祀られている。いやもっと卑近な例がいいだろう。野球には神様がいるといわれ、甲子園球場そばの素盞嗚神社には野球塚がある。羽田空港には航空神社があり、すぐそばの羽田神社も航空安全の神様になっている。私たちの信仰の対象は、具体的な人間や、世の中に現れる様々な事象に向かう。路傍の石さえ神性を帯びる。様々なもののそれぞれに意味が付与され、信仰される。地域はそうした聖なるものにあふれており、信仰の源である。

地域学はこうして、そこに暮らす人々の世界観や価値を確認する学びである。またこのことを通じて自分自身の信仰や世界観を問い、豊かにするものである。

4　歴史をたどる

†先祖にたどる地域とのつながり

もっとも、農耕や採集狩猟から離れてしまった現代の都市生活では、こうした土地に結びついた信仰が理解しにくくなっているのも事実である。さらに多くの人が全国レベルで移動を重ねた結果、祖先とのつながりも、ごく身近な人にしか見えないものになってしまった。

とくにいま日本に暮らす若い人々の多くが都市郊外にできた新しい地域に暮らしている。世代を追うごとに農山村から都市へと人は移動し、また都心からはその外の新たな住宅地へと人々は溢れ出ていった。その結果、平成生まれ世代までには、村と都市の中間地点——それは半世紀前までは人が暮らす空間ではない、山林原野や河川敷、海岸、あるいは田畑や秣場《まぐさば》である——に居住地を移してしまっている。もちろんその場所にも歴史はあり、信仰もある。が、多くの人にとってその地での地域学は考えられず、地域学の学びはその対象選びでつまずくようだ。これは筆者が大学で地域について教える時に学生たちから吐露されることでもある。

そういう場合、筆者は彼らにこう助言している。父母や祖父母のルーツとか、あるいは友人の実家とか、たまたま知り合いができたとか、そういう地域でもいいから、地域学は関心の持てたところから始めればよいと。地域学はまず始めることが大切である。とはいえ、自分が住んだこともない地域について学ぶことにいったいどんな意味があるだろうか。

だがそこはこう考えていけばよい。

人には必ず父母がいて、また祖父母がいる。そして基本的には同じ地域の出身者どうしの結婚は避けられるから、父母はたいてい、それぞれ別の地域の出身者である。そして祖父母、曾祖父母とたどっていくほどその人数は増え、私の血には多様な地域が混ざっていくことになる。たとえ自分の暮らしが平成になってから開発された住宅団地にしかないとしても、たどれば必ず多くの先祖がいて、どこかの町や村で明治・大正・昭和の近代化の波を切り抜けてきたのであり、そしてその前は江戸時代のどこかの領内に属していたのである。試しに自分の戸籍をどんどん遡って調べてみるとよい。戸籍の最初にたどり着くまでにいかにたくさんの人間が登場するか、驚嘆するはずである。これほど多くの人のつながりの中に自分の生命があるのかと。

いや、さらにどんどん遡って考えていくべきなのである。江戸時代の先祖の前は戦国期のどこかの領主の傘下にいていくつもの戦乱を経験したに違いなく、その前の室町時代に至る南北朝の動乱期にも南朝方か北朝方かのどちらかにいて、時には立場を移ったりもしてきたはずなのだ。その前の鎌倉時代もどこかの地域を生きていたはずで、武士の時代を開いた争乱では、源平のどちらかに関わっていたのかもしれない。

この間、私たちの祖先は数多くの天災——飢饉、疫病、冷害、地震、津波、火山噴火、大火、台風、大水——も経験しそれを切り抜け、祈り、思考して、いまの私たちにつながるものを、多くは底辺から、一部は天才的技能を発揮して作り上げてきた。

鎌倉時代以前には、列島の東北部には朝廷国家の支配から独立した勢力もあり、また北海道も沖縄も長くこの国の外にあって、民族の統一などもなかった。時代を遡れば遡るほど、私たちは異なる出自意識を持った多民族国家の様相を帯びることになる。

要するにいま私が生きていることは、これまでこの列島に生きてきたたくさんの人々とのつながりの中にあり、そしていまこの列島に暮らしているみんなとも、たどっていけばどこかでつながっているはずだということである。いや列島の外にいる人も同じである。もとはアフリカ大陸から私たちの先祖はやってきたのだから。

それゆえ、どんな地域も巡りめぐって自分につながっている。そしてある地域を理解できれば、そこからその地域が関わる他の地域群との関係も理解できるようになり、そこではじめてこの日本という国の確かな認識にもつながっていくだろう。そして多様な地域に通底するこの国の本質理解については、もしかするとしっかりと根付いた地域のない人の方が思考を自由にし、新たな発見の可能性を広げるのかもしれない。

†地域は歴史の中にある――文献・遺跡・遺物・神社など

さて、私たち一人一人がこの列島の各地の歴史につながっているように、各地域もまたこの列島の歴史とつながっている。ではそうした地域の歴史や記憶はどんなふうに拾い出していけばよいだろうか。歴史は過去の過ぎ去った時間を呼び覚ますことだから、いまは見えないものを現在に掘り起こす作業が必要になる。ここで、地域に歴史を確認する際の項目を網羅的に示してみよう。

①文献資料

その地域の歴史を知るには、まず文献資料（史料）にあたる。

各地域に関する文献については、都道府県・市町村の図書館をたずねればよい。各地の図書館にはたいていその地域の郷土資料が集められ、利用しやすい環境が整えられている。

しかしながら文書は、国や都《みやこ》、支配層に関わるものを除けば、小さな地域については江戸時代より前のものが残っていることはあまりない。他方で江戸時代中期以降については、どこも資料は豊富になる。

郷土資料にはまず自治体で編纂する地方史誌（県史や市町村史）の他、様々な書籍や報告書がある。研究者のみならず地域の人々自身による様々な書籍や資料も多い。また「地域」の単位は現在の市町村に限らず、昭和・平成合併前の市町村でも編纂されており、さらに小さく集落史や町内会誌を編んでいるところもある。

もちろん情報には粗密があり、資料の扱い方も含めて専門家ではない人々の考証には憶測や誤解なども混じっているから注意が必要である。が、まずはこうした本を見て、その地域の地理や歴史、事件や特徴的な事象、人物や集団について確認するのがよい。そこでまずは興味深い発見をいくつもするはずである。そこから実際の史料（文書・記録・絵図など）にもあたっていこう。

②遺跡・史跡

こうした文献資料とともに、各地域には遺跡があり、その情報が整理されている。文字資料（史料）では限られた期間や範囲でしか情報を得られないのに対し、遺跡は痕跡が確認される限り広範囲に、かつ文字使用以前の古い時代まで遡ることができる。

地域のどこにどんな遺跡があるかについては、都道府県教育委員会でまとめている各地の「遺跡地名表」と「遺跡地図」でその全体がわかる。ホームページでも公開されているようだ。閲覧してみると自分の家のすぐそばに古代遺跡があったなどということに気付くだろう。

とはいえ遺跡の数はしばしばあまりに膨大である。遺跡のうちでも重要なものとして指定されている（文化財保護法および保護条例）「史跡」（国、都道府県、市町村）を中心にまずは拾ってみる。

都道府県や市町村の教育委員会のホームページに掲載されているはずである。マップや冊子などを用意していることも多いので直接問い合わせるのもよいだろう。各都道府県版の『〇〇県の歴史散歩』（山川出版社）には、史跡に限らず、歴史・地理に関わる情報が地域ごとに網羅されているので大変便利である。

遺跡の発掘はこの三十年ほどで大きく進んだ。進んだ理由は、バブル期の前後（一九九〇年代）から全国で道路や公共施設などの大きな開発工事が入り、各地で発掘が相次いだからである。それゆえせっかく発見された遺跡が破壊されてしまっている例も少なくない。他方で、吉《よし》野《の》ヶ《が》里《り》遺跡（佐賀県）や三内丸山遺跡（青森県）のように、開発を変更して保存に転換し、守られた遺跡もある。発掘中の遺跡を見学などに行けば、遺跡に対する知識も興味も深まるだろう。

③遺物資料・民俗資料・建造物

こうした遺跡から発掘された遺物は各自治体のもとで整理・保存され、その一部が公開されている。自治体等が運営する博物館や郷土資料館、埋蔵文化財センターの展示にあたれば、実物を前に詳しい解説を得ることができる。また代表的なものは都道府県史や市町村史、あるいは各博物館の図録や報告書などにも紹介されている。遺跡によっては、そのための資料館を併設しているところもある。まずは展示を見て、地域についてどんな情報があるのかを確認したい。

現物資料には、こうした遺跡から発掘されたもののみならず、近年まで実際に使われていた民具などもある。民具はその地域の生業・生活の特徴を知る格好の材料であり、また過去と現代の暮らしの同質性や違いを知る手がかりである。民具を専門に扱う資料館を設置しているところもある。また当時の民家や歴史的建造物を移築・保存したり、またそうした建物を使って展示をしていることもある。建造物にはその地域特有の形もある。生業や産業との関わりも大きいので、地域を学ぶ際には必ず確認しておきたい。

④神社・寺院、古碑、古道

とはいえ遺跡は、いまの地域とは少しズレたところにあるから発掘され発見されるのである。そこは現在の生活からは多少とも切れた場所である。民具も使わなくなったので資料館に収蔵される。これに対し、いまも暮らしのある場所は発掘される機会が少ないので、その下には過去の歴史の痕跡が眠っている可能性があるということになる。

ところで、いま暮らしのある地域と過去の歴史との関係については、各地にある神社や寺院に注意するとこれまで見えてなかったものが見えてくることがある。神社や寺院の由来はもちろん、その周辺がかつての支配統治の根拠地であった場合が多いからである（例えば中世の城跡など）。また古寺には地域の重要人物の墓や、古い石仏・石塔が残っているものである。神社にもしばしば碑が置かれ、地域の重要な人物を顕彰したり、戦争や災害などの事件を記録する碑が置かれていることがある。近代では土地改良や道路建設の碑、あるいは文学碑や郷土の芸術家等を讃える碑などもある。聖なる場所は、地域を知るにも格好の場である。

道にもまた様々な歴史が刻まれている。道は多くの人が歩いた場所であり、かつて歩いた著名人の記念碑が訪問場所や施設（宿泊所など）に建てられていたりする。歴代天皇のうち明治天皇の足跡はとくに全国各地に刻まれている。松尾芭蕉のように、その地を歩いて紀行文を残したり、歌や句を詠んだ人の記念碑もある。いにしえの人々の足跡は自動車が活用される前の道にあり、現在の大きな道から外れた古道に残されていることが多い。旧街道の調査は各地で行われ、『「歴史の道」調査報告書』が各都府県の教育委員会より刊行されている（行っていない県もある）。街道には関所跡や宿場町が遺されて古い町並みが保存されていることもある。そして遺跡や旧跡、神社や寺院もまたこの古道に沿って並んでいるのである。

†地域に残る主観的資料

①伝承と伝説

こうした文書や史跡・遺跡・遺物などとともに、地域の歴史を知るもう一つの重要な手がかりが、地域に残る伝承や伝説である。いわば主観的な資料といえるものである。

主観的だというのは、そこには歴史資料からわかる客観的な事実と異なるものが多いからである。とはいえ、たとえそれが史実と違ったとしても、信じられている物語には信じるに至ったそれなりの理由があるはずである。何より、それが生きた物語であることに注意したい。

伝承を通じて、地域はしばしば自らその由来を伝える。「どこそこから来た」と明確に示す地域もあれば、「西の方から」と曖昧な場合もあり、また一切そうしたものが残されていない地域もある。貴種流離譚《きしゅりゅうりたん》（貴人が流れてきたり、子孫を残したりしたとする伝承）を伝えるところもある。平家の落人はよくある話だが、天皇家の関係者や有名な武者が流れてきたことなども多く、こうした話を昔の人が好んだことが知れる。

伝説や昔話も各地に様々なものが残されている。妖怪や大男、鬼伝説などにも地域を考える手がかりが潜んでいそうである。とはいえ民話や昔話と、伝承・伝説とは扱い方が違うから注意しなくてはならない。民話・昔話はいわばフィクションであり、昔からそれが本当のことではないことを知っていて語り伝えたものである。他方、伝承・伝説は事実ないしは事実に近い言い伝えとして残されたものである。それらには特定の場所が指定されていることが多い。もっとも、口伝えのものはどこかで正確なことがわからなくなり、また情報が混在し、変換もされていく。フィクションである伝説や昔話も変形する。逆にその分布から、人の移動や時代の変遷を読み取る研究法も開発されてきた。説話の変化は、その地の信仰の変化（とくに仏教の受容）などとも関係するようである。

なお伝承や物語は楽しいものばかりでなく、凄惨な過去を伝えるものも多いことに注意したい。災害や事件、事故を伝えるものもあるが、とくに目立つのが戦争の記憶である。古代の合戦場のあとでは、いくさの実況や、逃げ惑う敗将の姿などが見てきたかのように語り伝えられることがある。戦国時代や戊辰《ぼしん》戦争はまだまだ歴史の記憶としては生々しいもののようだ。飢饉や災害の記憶が残されていることも多く、そうした場所には死者を弔う石碑やお堂、あるいは寺社そのものが建てられていることがある。人柱伝説のある神社、飢餓供養塔、津波犠牲者の鎮魂碑など、その形は様々である。

もっともこうした伝承も、いまではそのまま伝えられているということは少なくなってしまった。語り部自身がいなくなってしまったからである。それゆえ各地の教育委員会や博物館などによって記録され、保存された伝承になっていることが多い。先に触れた民具も、ほんの半世紀から一世紀前まではふつうに使い、また新しく製造してもいたのである。これらを実際に使って仕事をしたり、食事をしたりといったことを体験させる博物館なども増えたが、今後はおそらく実際の暮らしの中で伝承を残し、民具を使って残していく手法が試みられねばならないだろう。地域学を通じて、これらを過去の遺物ではなく、自らが継承するものとしてとらえられるようになりたいものである。

②祭りと芸能

もう一つ、地域を考えるための主観的資料と言えるものに、祭りや伝統芸能がある。祭りや芸能は現代にも生きているまさに現物の資料である。もっともそれは過去からずっと同じ姿のものを伝えているわけではなく、あくまでいま生きている人間が解釈し実演しているものであり、そういう意味で主観的といえる。

現在、地域で行われている行事は、その地域でオリジナルに考え出したものというよりは、どこかから伝えられて定着したと考えるべきものが多い。その地域に人々が移動してきたときにもってきたものもあれば、地域の形成後に外から持ち込まれたものもあろう。祭りや芸能はとくに、それらがいつ、どのように入ってきたのかが重要である。

由来がはっきりしている場合、その時代や導入ルートに、しばしば地域の歴史が現れる。またはっきりとしたことがわからなくても、例えばお囃子の言葉や、舞の踊り方、面の細工などで、その由来が想定できるようである。日本の各地で行われる山車を用いた祭礼は京都・八坂神社の祇園祭の山鉾《やまぼこ》をモデルとしたものと考えられるが、こうしたものもその地域の個性を細かく調査していくところから、それがその地にいつどのように入ってきたのかがわかってくるようだ。

各地に残る祭りや芸能には古い時代からつづいているものもあるが、比較的新しく導入されたもの（明治・大正・昭和初期）も多い。が、伝統的なものをあらためて新しく興すことは（伝統という語の意味からしても）きわめて難しいから、ともかく昔の人がよいものを残してくれたことを感謝するとともに、それができるだけ原型のまま次世代へと継承されるよう考えていきたいものである。

以上、こうした資料をつきあわせていくことで、私たちはその地域の歴史や文化の痕跡を総合的にとらえ、地域固有の姿を確かめていくことができる。そしてこれらは基本的にどこにも残っているものであり、本章でこれまで示してきた事例にもそれぞれその一端が現れていた。ここで最後にもう一つ、歴史と文化を拾った筆者の地域学を差し挟んでおこう。

†七戸・十和田周辺〈事例12〉

図5は、青森県七戸《しちのへ》町《まち》・十和田市周辺の歴史資源を、この地を南北に貫く奥州街道沿いに拾い出したものである。青森県内の学校の社会科教育研修用に作成したもので、この時は集合場所の青森市からバスで現地に入り、一日コースで回った巡検である。ここでは南側の十和田市の方からたどっていこう。

平成二十（二〇〇八）年に開業した①十和田現代美術館が広く知られている十和田市は、三《さん》本木《ぼんぎ》町《まち》（明治四三〔一九一〇〕年に町制施行）、藤坂村、大深内《おおふかない》村、四和《しわ》村の四町村が昭和三十（一九五五）年に合併した三本木市が、翌昭和三十一（一九五六）年に改称してできた市である。

十和田の市街地が広がる三本木原台地は、江戸時代末期に新渡戸《にとべ》家により開発が計画され、明治期に開拓が進んで、今日の都市へと発展してきた経緯をもつ。かつては原野に近かったこの地には、富士の裾野の巻狩りで源頼朝の陣屋に逃げ込んで助かったという「陣屋のお三」という狐の伝説が残っている。どういうわけか遠くこの地にたどりついたお三は、三本木原を通る馬子たちを化かして暮らしていた。そのため、明治維新の頃に油鼠の罠にかかって殺されたが、殺される直前に七戸の寺を雲水僧の姿でたずね、自分が見た富士の巻狩りの詳細を語ったのだという（川合勇太郎『三本木平と其開拓以前』一九二九年）。

こうした妖狐が出るような地に明治期に入って開発が進んだわけだが、その開発の象徴が②稲生川《いなおいがわ》である。十和田市街地の真ん中を流れるこの川は自然河川ではない。十和田湖から流れる奥《お》入瀬《いらせ》川（六戸《ろくのへ》川）より、法量《ほうりょう》に堰を設けて取り入れられた農業用水路である。現在は、③稲生川頭首工《とうしゅこう》、④法量頭首工より取り込まれている。水路は、四キロメートルにもわたる⑤穴堰（トンネル）を通して町の中心地に入っていく。現在これらは⑥美土里ネット稲生川で管理運営されている。

この難工事を企画し、指導したのが、新渡戸伝《にとべつとう》とその長子・十次郎《じゅうじろう》である。伝の墓が⑦太素《たいそ》塚であり、また十次郎の子が『武士道』の著者としてよく知られる新渡戸稲造である。太素塚

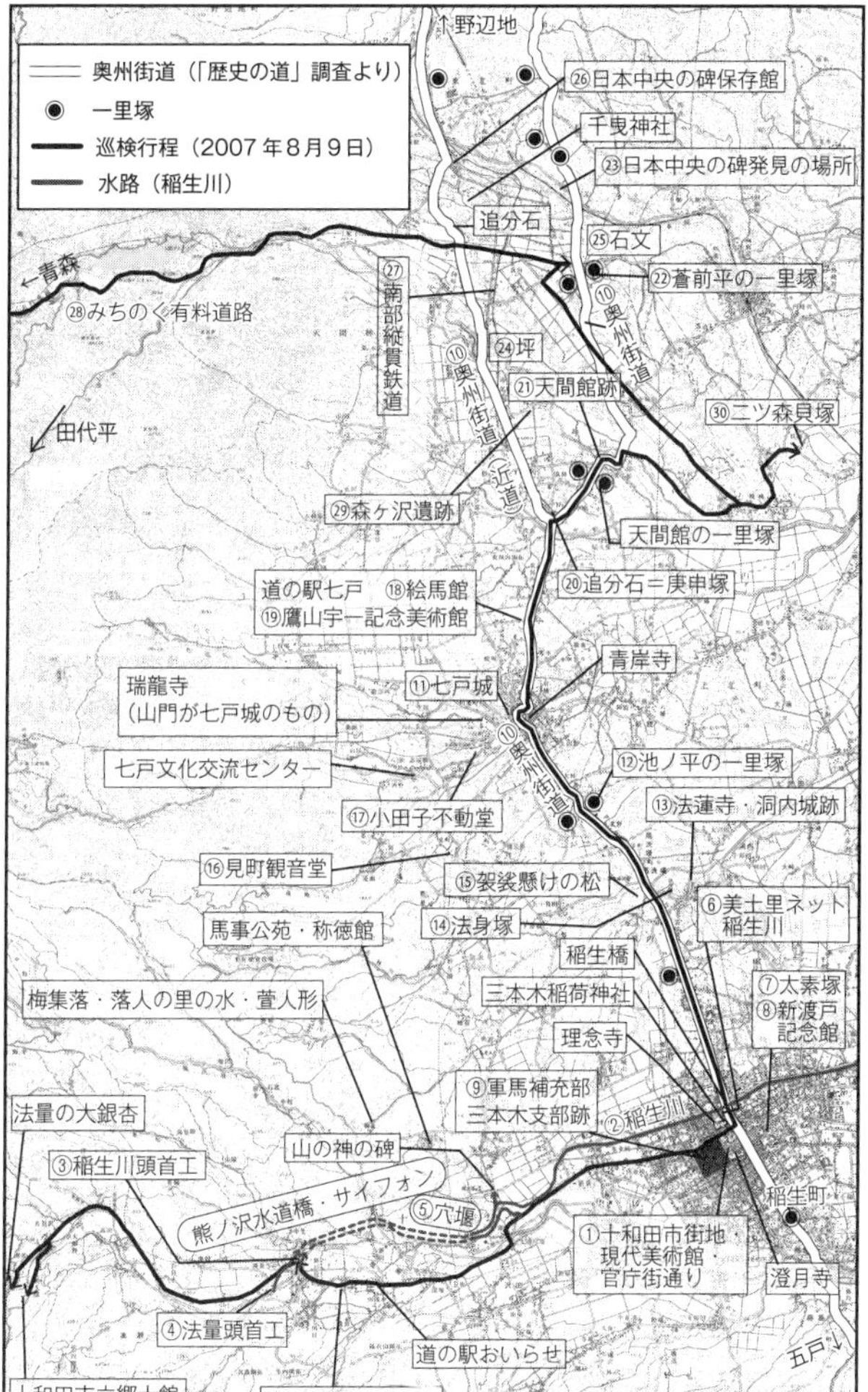

図5　七戸・十和田地域巡検ルート（2007年8月に作成し、使用したものを再構成。巡検の素案は佐藤仁氏により、筆者が項目を加えて実施した）

そばに三本木原開拓を解説し、彼らを顕彰する⑧新渡戸記念館がある（『十和田市・三本木原開拓と新渡戸三代の歴史ガイドブック』太素顕彰会、一九九八年）。

この三本木原の開発は、奥州街道沿いに宿駅機能を備えた都市建設をも目指すものだったが、明治維新で状況が変わった。三本木原は盛岡藩より分割された小藩・七戸藩に所属し、さらに会津藩が斗南《となみ》藩に転封《てんぽう》されると、開拓は会津藩士の入植を含む士族授産事業になった。その事業も実現せぬままに、実施主体は三本木共立株式会社へ。さらに渋沢栄一らが出資する三本木開墾株式会社に引き継がれ、昭和の三本木原国営開墾開拓、戦後の緊急開拓へとつづいていく。

また明治期にはこの地に⑨陸軍軍馬養成所（軍馬補充部三本木支部）が設置された。海外との戦争が始まる中で、この地は軍馬生産の一大拠点にもなっていった（以上、『稲生川と土淵堰』青森県立郷土館、一九九四年）。

†馬産、奥州街道、つぼのいしぶみ、二ツ森貝塚

いま軍馬生産の拠点と述べたが、この周辺はもともと古くから馬の生産を行ってきた場所であるらしい。岩手県北部から青森県西部に残る「戸」の地域は、古代の馬の生産と関係があるとされ、七戸はその北端に位置する。

⑩奥州街道（奥州道中）は、江戸日本橋から日光街道を経て東北地方の東側を北上するもの

で、街道はここからさらに青森、三厩《みんまや》に至る（目次裏広域図参照）。現在の国道四号にほぼ沿うものだが、『青森県「歴史の道」調査報告書　奥州街道(1)』でたどれば、十和田（三本木）の南に五戸町の市街地（江戸時代の代官所跡）があり、その南に浅水城《あさみずじょう》（五戸町）、聖寿寺館《しょうじゅじだて》（南部町・南部利康霊屋）、さらに三戸城《さんのへじょう》（三戸町）、九戸城《くのへじょう》（岩手県二戸《にのへ》市）、一戸城《いちのへじょう》（一戸町）と街道には戸の地にある主要な中世城館がつらなっている。十和田市の北には⑪七戸城跡（国史跡）があり、七戸にも江戸時代の代官所があって、明治維新後、一時期だが七戸県も置かれた。五戸と七戸の間の六戸は奥州街道よりも東側にあり、おそらく江戸時代より前の古道はこちらを走っていたのだろう。三本木の開発は、五戸と七戸を最短で結ぶ街道の中継の意味合いもあった。

この十和田から七戸への街道沿いに⑫池ノ平の一里塚が残っている。その東南の洞内《ほらない》に⑬洞内城跡があり、⑬法蓮寺《ほうれんじ》はその城郭だという。鎌倉時代、常陸国（茨城県）真壁からきた法身《ほっしん》上人の開山で、その墓とされる⑭法身塚があり、また法身上人が袈裟をかけたという⑮袈《け》裟《さ》懸《が》けの松が街道沿いにある。

奥州街道から少し離れたところにある⑯見町《みるまち》観音堂は、⑰小田子《こだこ》不動堂とともに馬の絵馬で有名である。絵馬は、国の重要文化財に指定されているものだけで見町で三百五十九点、小田子で百八点を数え、うち九割が馬の絵である。道の駅七戸の⑱絵馬館に展示されている。絵馬館の隣には⑲鷹山宇一《たかやまういち》記念美術館がある。鷹山宇一は七戸町出身で、幻想的な絵を描く洋画家。

その超現実的な絵の世界にはこの地の風土が絡んでいそうである。

奥州街道は七戸の町をぬけると、その北の⑳追分石＝庚申塚で二つに分かれる。西側は近道で、本道は㉑天間《てんま》館《だて》跡を通り、坪川を渡って北上する。途中、非常に保存状態のよい㉒蒼前平《そうぜんたい》の一里塚があり、江戸時代の街道の雰囲気をいまに伝える。この辺りは戦後の開拓地である。ちなみに蒼前は馬の守護神で、この周辺には蒼前神社が多い。

この蒼前平の一里塚の北の川岸で昭和二十四（一九四九）年、㉓「日本中央」と刻まれた石碑が発見された。歌枕に使われる「つぼのいしぶみ」は従来、多賀城跡から出た多賀城碑のこととされてきたが、これがそれではないかと話題になった。「つぼ」は日本後紀弘仁《こうにん》二（八一一）年に出てくる「都母《つも》村《むら》」のこととされ、現地には㉔坪《つぼ》や㉕石文《いしぶみ》の地名が残る。いま㉖日本中央の碑歴史公園に保存館が設置され、そこに展示されている。

奥州街道・国道四号に並行してかつては㉗南部縦貫《なんぶじゅうかん》鉄道が走っていた。地図にはまだその軌道が記されている。南部縦貫鉄道は七戸から北上し、野辺地《のへじ》までを結んでいた。野辺地湊は陸奥湾にのぞみ、江戸時代はここから銅や大豆を大坂へ搬出したという。明治期の青森県を代表する商人もここから出るほど繁栄した湊町だった。
㉔坪や㉕石文のある一帯は、平成合併前の天間林《てんまばやし》村だが、その西側にはいま㉘みちのく有料道路が走っている。これは青森市に山越えでつながる道だが、道は途中から西南方向にも分か

れていて、田代平から八甲田山麓を経由し、弘前市のある津軽平野にも出ることができる。つまり㉔坪の地は、南から来た道（それは奈良や京の都にもつながる道である）が、列島の北の果てで北と西に分かれる分岐点であった。北は、下北半島と津軽半島を経てさらに北海道へ。また西は津軽平野を経て日本海側へ。こうしてみると、先ほどの奥州街道の⑳追分の北、小又集落一帯に㉙森ヶ沢遺跡があり、古墳時代の土器や墳墓跡がでているが、北東北に古墳時代の遺跡が乏しい中で、ここは当時、列島をつなぐ重要な交通の要衝だったのだろう。

同じ⑳追分の東側に、㉚二ツ森貝塚（国史跡）がある。縄文時代の貝塚で世界文化遺産の北海道・北東北の縄文遺跡群の一つである。現在の周囲は陸地化しているが、縄文時代にはすぐ東側にある小川原《おがわら》湖の水面がここまで迫っていた。小川原湖周辺は昭和四十四（一九六九）年より国営のむつ小川原開発の対象となった地域で、六ヶ所村の核燃料サイクル施設はその一部になる。日本ではとくに開発が遅れた場所ということになっているが、六ヶ所から小川原湖周辺は縄文時代の遺跡の宝庫であり、温暖な気候の当時は日本でも有数の豊かな場所だったようだ。

†過去と未来、国家とのつながりに地域を見る

原始、古代、中世、近世、そして近代と、地域の中に各時代の歴史・文化の層が折り重なって堆積していることが、この事例からも見えただろうか。図書館や博物館にある資料を使い、

現地を少し回るだけでも、このように地域の歴史を一通りたどることができる。

地域には歴史と文化が埋め込まれている。その文化はその地のものだけでなく、列島全体のうねりとも同期している。先に弘前を事例に、江戸時代の城下町の文化が中央のそれとの混淆でできていたのを見たが、もっと昔からそうだったのであり、国家を有さぬ縄文文化でさえ広域の文化の渦の中にあった。北端といってよいこの場所も見事に列島の一部である。

他方でここには「日本中央の碑」のように他のどこにもないものを含み（偽碑とされるが作りは巧緻とされ、誰がいつなぜこんなものを作ったのかが興味深い）、また逆に列島の他の地に多く見られるものでこの地に欠けているものもある。ここには弥生文化の遺跡がない。古墳文化のものも少ない。すこし南のおいらせ町には、古墳時代末期から平安時代のものとされる阿《あ》光坊《こうぼう》古墳群があるが、中央とのつながりの象徴とされる前方後円墳は岩手県の角塚《つのづか》古墳を北限として青森県・秋田県内には見られない。ではその期間の歴史は空白かといえばそんなことはなく、北東北にも古墳文化の一部は入っていたのであり、かつここには続縄文文化といわれる暮らしも併存していたのだった。

前方後円墳についてここで触れておきたい。古墳は全国各地で確認され、とくに前方後円墳の配置は、史料の乏しい古墳時代のヤマト国家と地域の関わりを考える上で重要とされている。筆者もどこかで地域を調べるときには必ず古墳の位置を確認することにしている。前方後円墳のある場所は、少なくともその時期に何らかの大きな開発がそこで行われたことを示す。古墳だけがそこにぽつんと現れることはない。逆にそこに前方後円墳がないことは、少なくともその時代に国家につながるような力がそこでは行使されていなかったことになる。

なおこの地は陸奥国に含まれるが、その官衙《かんが》遺跡は多賀城を中心に宮城県に集中し、青森県では古代（奈良時代・平安時代）の国家施設は目立たない。一般にこうした国衙・郡衙が消えて中世の城館が現れる。そして江戸時代に入り、中世城館が整理されて権力機構が城下町に集中し、さらに明治維新を経て新たに現在の市町村が編成されていくのである。

†文化の中に生きる――その変化の大きさを考える

地域にはこうして、先人たちの文化や歴史の跡が埋め込まれている。私たちは一方でその文化を引き継ぎ、使って生きている。他方ですでに失われたものもあるが、それらはなおその痕跡を残すので、私たちはそれを文書や遺跡を通じて再発見し、再解釈して自分たちの立ち位置を確かめるのにも利用する。

この章では文化を歴史を遡る形で確認してきたが、大事なことは、文化は基本的に古いものがそのまま残っているのではなく、絶え間なく刷新され、更新されつづけるものだということである。

私たちは文化なしに一時も暮らすことはできない。人間の暮らす環境はすべて文化でできているといってよく、言語、文字、書物、芸能はもちろん、道路も水路も送電線も、調理用具も建造物も、さらには田畑や山林、河川もすべて人の手が加わった文化的産物である。私たちの周りに無垢の自然などはなく、すべてが加工されている。しかもそれは長い歴史を経て蓄積されてきた加工物であり、自分のオリジナルと思っている考え方までもが、先人が構築した文化パターンの踏襲にすぎないものである。

だがまた、その文化を私たちが使うことで文化は新しく更新され、新たな息吹を込められるのでもあり、使われなければ文化は消える。遠くから伝えられたものも、そこで使われることでその地の文脈に埋め込まれる。文化は決して元のままにはとどまらない。発見された遺跡や遺物も、かつて使われていた時とはまったく違う意味を持たされて私たちの目の前にある。

もっともいま、私たちを取り巻く文化は、地域に根付いたものよりも、国家レベル、グローバルなレベルのものの方が主流を占めつつある。食べ物、衣服、住まいについて、もはや私たちはその多くで地域に根ざしたものを使ってはいない。それは日本のものでさえなく、暮らしの文化は西洋のものに置き換わりつつあるともいえそうだ。とはいえ、現代の私たちがなお地域の文化の中にいるのも事実であり、またその文化を伝える手段ももっている。この章の最後にそれを確かめ、現在生じている文化の変化がどんな性格を持つものかを確かめておきたい。

5　地域を伝えていく機構

地域の文化・歴史を次世代へとつなぐ装置を、近代国家ももちろんもっている。社会を維持するのに次世代再生産は不可欠だからだ。しかし近代国家のもつ次世代継承機構は、地域の継承とは相容れないものを含んでいそうである。近代化がもたらす劇的な変化については次章であらためて述べるが、ここでその文化的側面について確認しておきたい。

まず重要なのが学校である。近代において文化や歴史を伝える最も特徴的な機構は学校である。

†学校の機能

学校とは何か。学校には二重三重の機能がある。

学校の設立はそもそも国家のためであり、強い兵隊、有能な労働者を育てることが明治の学校の目的だった。学校における教育はまず第一に国家のために行うものである。

もっともそれはすべてではない。当然ながら、地域にある学校は、その地域でより良く生きる術《すべ》を教えるためのものでもあった。そして最初の学校の設立も国が直接行ったものではなく、土地の提供や校舎の建築を含め、地域が学校をつくったのであり、文字通り地域と学校は一体だった。先生もまた地域の先生であり、様々なことを地域が担って学校は運営されてきた。

しかしながら、大正期を経て昭和期に入り、海外との戦争を重ねていくうちに、学校はその本質を顕わにしていくことにもなった。子供たちは、地域の一員であるよりは、国家の一員として教育された。戦争の激化とともに、生徒たちは学校を通じてふるいにかけられ、戦地を含め、国家が指定する各部署へと送りこむ装置にさえなった。ただしそうした事態は、昭和二十（一九四五）年八月に太平洋戦争が終わったことで終結したかのように見えた。

国家のための学校という性格はしかしながら、戦後を経て現在までも維持されつづけてきたのである。もちろん戦後の学校は自由、平等、民主主義、平和を子供たちに教え、国防への動員を強要するものではなくなった。しかし豊かさとともに始まった受験競争は国家集権志向と連動し、学校は、今度は企業によりよい人材を供給するための機構へと転換されていった。高度経済成長を実現した企業戦士世代はもちろん、バブル崩壊後の平成期以降に使い捨て可能な労働力として非正規雇用を強いられた世代も、ただひたすら国民経済の成長に役立つ人材づくりを目指した国家に動員されたものといえる。要は、戦前は軍事による戦争であったものが、戦後は経済戦争に置き換わったのにすぎないのである。

それゆえ、平成に入ってすぐ（一九九〇年代）にはじまったゆとり教育は、学校創設以来の国家至上主義を修正する画期的なものだったといえる。小中学校の総合的学習の時間もこの時に新しく設定され、その中で子供たちは自分たちの暮らす地域のことを勉強した。それ以前にはなかった重要なカリキュラムであり、教育を通じたこの国のあり方に大きな転換が目指されたのである。

ところが二十一世紀は九・一一アメリカ同時多発テロではじまり、情勢が一変してしまった。国際経済市場が大きく荒れて国家間の競争が激化し、ゆとり教育は批判され、再び日本の学校は強い国家を作るための人材づくり機構に戻ってしまった。子供たちにはいまや、地域の人材であるよりは、国家にとって必要な人材になることが、以前以上に求められている。いや、最も期待されているのは、国際競争に打ち勝ち、世界で活躍する人材のようである。小さな地域で活躍する人間はもはや落ちこぼれということにさえなりそうである。

学校が今後とも地域を継承する人材を育てる場であるのか、それとも地域と子供たちのつながりを断ち、国家や国際社会対応の人材供給の場になるのか、私たちはその分岐点にいる。地域と学校ははたして両立しうるのか。国家至上主義の今の体制は維持しうるものなのか。

†公民館と地域

学校とともにもう一つ、地域の歴史や文化を学び伝える近代的な機構として公民館がある。

公民館は子供はもちろん、大人が利用する文化教育施設だが、これもまた地域によってその形態、利用の頻度は異なるもののようだ。

かつて、戦後すぐまでは、いまのように高校や大学に行く人は少なかったから、小中学校を終わったあとも引きつづき勉強できる場が必要だった。戦後、そうした社会教育の拠点として設立されたのが各地の公民館である。現在でも青少年の学校外での教育の場として、あるいは仕事を終わった後の勉学や自己鍛錬の場として、公民館は各地で様々な形で使われている。子供会や青年団、婦人会や老人クラブなどの地域の団体も、公民館に拠点を置いて活動する。

もっとも、公民館は単なる教育施設ではない。公民館は多くが町内会や地区会と連携して運営されており、地域の文化を守るとともに、地域自治の拠点、民主主義の拠点でもある。実際に単なる学習活動を越えて、地域づくりや環境保護など具体的な取り組みをしている公民館は多い。そしてこうした小さな地域自治の取り組みが基礎にあって、地方自治体もまた正しく運営されてきたのである。学校とともに、公民館は現代の地域文化を支える重要な機関である。

ところがこうした公民館のあり方もまた近年大きく変わってきた。とくに平成の市町村合併で自治体の規模が大きくなったことで、住民と公民館、行政の距離が離れてしまった。また財政緊縮の中で各地区の公民館への支援が薄まり、事業や施設、人員が中央公民館へと集約されて、小さな活動が維持できなくなっているところもある。また都会のスポーツクラブやカルチャーセンターの方が快適で便利に見え、小さな地域の活動に住民自身の目が向かなくなってきたことも影響していそうだ。

†博物館と文化行政

こうした学校や公民館とともに、文化施設として先に述べたような各地の資料や文化財――文書、美術工芸品、遺跡からの発掘品、民具、伝承・民話・芸能など――を保存し、継承していく施設が、博物館や郷土資料館、図書館等である。博物館・郷土資料館については都道府県で未設置のところはないが、市町村には設置してないところもある。美術館や中央公民館がその機能を兼務していることも多い。文化行政への投資は地域によって様々である。

博物館等には学芸員がいる。文化財を調査研究し、収集し、整理し、人々に公開していくのがその役割である。学芸員らが展示やイベントを企画開催し、直接、文化財を説明する機会も多くつくられている。また図書館には司書がいる。郷土資料を積極的に収集している図書館では、地域に関する情報提供に様々な工夫を凝らしているところが多い。こうした文化人材の配置も地域によって様々である。ともあれ、こうした各地の文化投資のおかげで、例えばこの本の実例で示してきたような具体的な地域学も実現しえるわけである。

さて近年の傾向で気になるのは、いま述べたことと逆説的なようだが、地域の文化遺産を支えるのがいまや学校や公民館ではなく、博物館や学芸員たちの仕事という雰囲気になってきているることである。

本来、地域の文化財は地域のものであり、地域で維持し、活用されていくのが望ましい。もちろん、ものによっては保存が難しく、放っておけば散逸したり、破壊されたりしかねないので、これらを守る行政の役割はたいへん大きい。だが文化財の保護は住民自身の努力や協力によってはじめて意味あるものになる。いまの実態は、地域の人々が何でも行政に委ねすぎているという感じがする。

このことは文化財にとどまらず、教育全体にもいえる。本来、子供たちは、地域の大人たちで導き、育てるものであった。専門性をもった教師に委ねなければならない面はもちろんあるが、地域で育てる姿勢がなければ、子供たちは地域の子供にはならない。どういう教育が必要なのか、地域ごとの考えや協力があってはじめて学校運営は可能なはずである。だがいまや学校や公民館が地域を外れ、教育も行政がサービスとして行うものとなりつつある。文化や教育の担い手に地域住民がいま一度戻れるのかが、地域継承の今後にとって大きな課題だというべきである。

そもそも地域の文化や歴史をたずねるのに、まずは行政機関にあたらなくてはいけない――このことから私たちは問い直さなくてはならないのだろう。場合によってはたかだか数十年前のことなのに、なぜこんなふうに図書館や博物館をたずね、専門の人に話を聞かねばわからぬようなことになってしまったのか。いやそれ以前に、なぜ私たちは地域に住みながら、これほどまでにその地域のことを実感できなくなっているのだろうか。

†変化の起点はどこか

もちろん、歴史や文化には、変わらず残っているものがある。地名や地形、言葉や習慣、家々の形や、地域のまとまり――これらすべてが跡形もなくなるなどということは考えにくい。しかしまた地域は大きく変化し、いまその姿かたちは日を追うごとに磨滅し、見えにくくなっている。多くの人がこれを仕方がないことだとも思っている。そのように教えられてさえいるだろう。

だが、私たちはこう問わなくてはならない。なにゆえにこんな変化を起こす必要があったのかと。そしてこの変化はこの先に何をもたらすのかと。

問いの答えを探すためにも、この変化の起点がいったい何だったのかを、私たちは深くたずねる必要がありそうだ。

というのも、この変化の起点を探ると、どうもそれは各地域から出てきたものではなく、まして この列島の中からわきあがってきたものでもなくて、もっと外、日本列島を離れた遥か彼方ではじまったものだということに気付くからである。私たちがいま経験している大きな変化は、自発的内発的なものではない。外発の変化が、私たちの地域を大きく変えつつある。ではその変化の起点はどこか。

起点は西欧にある。社会学ではこの変化を端的に「近代化」とよんでいる。近代化は西欧発のものであり、アメリカ大陸がその最前線地帯となっており、こうした西欧発・アメリカ発の近代化が日本にもたらされて、手のつけられない変化が生じてしまった。それは、文化の面でいえば次のようなことが起きたものといえる。

すなわち、それは近代文化以外の文化の否定である。日本は西欧化し、アメリカ化した。そうなることで近代国家を実現できた。だが、それは本来は国家とともに地域を守るためだった。ところがいつの間にか、欧米に匹敵する力を持った日本国家の存在だけが私たちのうちに絶対視され、それを実現させた欧米文化を重んじる一方で、私たちの国家を基礎づけてきた各地の地域文化の方は、不当にも軽んじられるようになってしまったようである。

こうして、前章でみた社会の変化とともに文化もまた、地域レベルのものが溶解し、国家で一つのものへと転換しはじめている。この流れは私たちをどこに連れて行くのだろうか。最後に、ここまで綴ってきた日本の地域がこの百五十年の間にどういう変容を遂げたのか、そしていまどこに向かいつつあるのか、その変化について問うていこう。

Ⅳ 変容の章

東京都八王子市南大沢付近。いま多摩ニュータウンの最後の開発が進んでいる（東阪航空サービス／アフロ提供）。

1　大変容の中の私たち

†近代化を地域学の対象にする

私たちは生きている。生きている私たちが地域を認識し、社会を構成し、文化を用いて、地域をまた新しく再創造していく。そんなふうに地域の歴史をとらえ、地域学の中身を考えてきた。

この章では、すでに何度か触れてきたいまの私たちの暮らしに起きている大きな変化についてあらためて確認し、この変化自身をも地域学の対象にしていきたい。そうすることで、変化する以前の姿もまた鮮明に立ち現れ、地域学の意味がよりよく見えてくるはずだ。

いま起きている変化の起点は幕末から明治にかけての時期にある。この時期にはじまり現在もなおつづく一連の変化を、私たちは「近代化」と呼ぶ。そして日本の近代化とは具体的には欧米化であり、欧米のようなものになることだったと説いておいた。

そのすべては、十九世紀後半の欧米各国との新たな出会いにはじまる。幕末の外国船の来航から、アメリカとの不平等条約を伴う開国へ。そして明治維新を経ての国内の統一、征韓論《せいかんろん》と台湾出兵。日清・日露戦争、さらにはシベリア出兵から満州事変を経て、第二次世界大戦（太平洋戦争、大東亜戦争）への参入。その敗戦とアメリカによる占領まで、その後の日本の歴史は欧米諸国家との戦いの連続だった。各国に競い負けぬよう国家が目標を掲げ、地域・国民が動員され実践する。それは自国を守るためとされたが、具体的には欧米の人々のやり方を受け入れ、同じようにやっていくことを意味していた。

だがそれは欧米そのものになるのとも違っていた。それは地域においては、次のような形で現れた。

†産業化と軍事化――明治維新から太平洋戦争まで

日本にとって近代化＝西欧化とは、具体的にはまずは産業化だった。

「Ⅱ　社会の章」で見たように、明治維新後の近代化政策の中で、列島には北海道をはじめ、それまでにないタイプの新しい地域が生まれた。新しい地域の形成を実現したのはまずは新たな農地の開拓によってだったが、それとともに欧米ではじまっていた産業革命の力が大きかった。この産業化の中で新たに出現した地域に、夕張（北海道）や釜石（岩手県）、日立（茨城県）や北九州市八幡《やはた》（福岡県）などの工・鉱業都市がある。

むろん既存の地域のあり方も産業化によって大きく変わった。江戸時代の町が新たに工業都市化をはたしたところもある。桐生（群馬県）や瀬戸（愛知県）、名古屋（愛知県）、尼崎（兵庫県）などがあげられる。またこれまで城下町に原料や食糧、燃料などの資源を供給してきた農山漁村でも明治以降は生産の形態が変わり、養蚕をはじめ、自分で使うものではない、市場に出すための物を生産する割合が増えていく。そしてその市場は海外にも広がっていった。

これらの村々はまた、都市で働く労働者の供給地でもあった。市場経済の拡大と産業化は稼ぎを増やし、人が死なくなり、農村人口を増大させるが、農村の仕事には限りがあるので一世代後には労働力が溢れてしまう。人の余剰は、それを雇用として受け入れる都市経済のさらなる拡大をも引き起こす。農村から都市への人の流れ。それが次第に増幅し、農村の暮らしを変え、町を、都市を変えていく。

だがこの産業化は日本の場合、諸外国との競争に打ち勝つための手段であったことを思い起こさなくてはならない。目標は産業化そのものにはない。日本の近代化のもう一つの側面、軍事化を見落としてはならない。

明治維新後の日本国家の政策を総じて「富国強兵」という。産業化の目的は富国だが、それはなにより強兵のためである。すべては強い軍備を実現するためであり、北海道開発も北からの他国の侵入に備えるためのものだった。そして各地をつなぐ鉄道の建設が急がれたのも、産業目的以上に、兵隊、武器、兵糧を各地に迅速に運ぶためだった。

グローバル化の中で、自国の生き残りをかけた挙国一致の強い国家づくりこそが日本の近代化の目標となった。明治維新とはだから、国の外と内とを明確に区分し、外に向けて日本という国を示し、他に負けない国民国家を確立していくものだったといえる。そしてこうして固められた軍備によって日清戦争（明治二十七〜八〔一八九四〜五〕年）・日露戦争（明治三十七〜八〔一九〇四〜五〕年）と対外戦争に打ち勝ち、その国力は現実に高められていく。

この富国強兵という産業化＝軍事化戦略はしかし、周辺諸国への侵入と第二次世界大戦への参戦、そしてアメリカとの決戦に展開し、その結末は無残な敗北という最悪の形に終わる。敗戦は、軍隊や外地に出ていた人々のみならず、国内に暮らしていた一般の人々の多くの生命を奪った。米軍機による全国主要都市の直接爆撃、二つの原子爆弾の投下、沖縄戦、海外からの引き揚げの中で、人々の生命のみならず、そこにあった数多くの都市が灰燼に帰した。

この時の日本人の死者は約三百万人とされている。平成二十三（二〇一一）年の東日本大震災の時の死者・行方不明者の百倍を超える数ということを考えれば、これがいかにひどい統治の失敗なのかがわかる。

†戦後もつづく挙国一致体制

だが、地域や国民を犠牲にするこうした挙国一致は、これで終わりではなかったのである。

むしろ、各地域にもたらされた変化としては、戦後の方が大きかった。

太平洋戦争の終結は昭和二十（一九四五）年八月十五日。ここから人々は戦後復興に立ち上がり、昭和三十一（一九五六）年には「もはや戦後ではない」（経済白書）というスローガンさえ示されるほどに回復する。それどころか産業面では、これまで各地に点在していた工業地域（一般に四大工業地帯という）が太平洋ベルト地帯として連続した形で開発され、関東から東海、近畿、瀬戸内、九州までの沿岸部が世界有数の工業地域へと発展することとなった。また本土爆撃で焼け野原となった各都市では大規模な都市計画が断行されるとともに、東京をはじめ各地の主要都市が復旧・復興の混乱の中で高度で猥雑な近代都市に生まれ変わっていった。ここで、これら戦後の開発の多くが、戦前に果たせなかった計画をスライドさせて実現させていたことにも注意をうながしておこう。このあとにはじまる高度経済成長は、戦時下に立てられていたプランの新たな形での再実行の結果であった。

他方で、敗戦による軍隊の不所持という選択は、皮肉なことにこれまで果たしてきた各地域の役割を一変させるものとなった。戦前の都市にはたいてい軍事に関わる何らかの役割があった。戦後、こうした軍用施設の多くがアメリカ占領軍（GHQ）の統治のもとに廃棄され、学校などの様々な公共施設に転用された。各地は軍事的役割を失うが、軍用施設のうちには米軍基地に転用されたものがあり、なかでも沖縄はアメリカ軍のアジアでの重要拠点として軍用地化が進み、日米安全保障条約を一手に引き受ける場になる（沖縄県の本土復帰は昭和四十七〈一九七二〉年）。また朝鮮戦争が起きた昭和二十五（一九五〇）年には警察予備隊が編成され、これが事実上の軍隊復活となり、昭和二十九（一九五四）年には自衛隊が発足する。こうした経緯を経たために、各地に展開されている軍事施設には、戦前の軍用地とは別に戦後に新しく建設されたものが多いのである。

さて、こうして敗戦で一度放棄された日本の軍事力は自衛隊として再編され、いまに至るわけだが、基本的にはこの国の体制は、敗戦とともに富国強兵から「強兵」が外され、戦前の軍事国家は平和国家になったと理解されている。

だが、現在の日本を平和国家といってよいのかどうかは十分に考えてみる必要がある。戦後の日本がとった経済至上主義的政策は、それにいったん成功すると、今度は海外とのあいだに摩擦や軋轢をもたらすものとなった。戦後日本の歴史は、軍事覇権国家を目指すものから、経済覇権国家を目指すものへの転換として把握しうる。いや二つの世界大戦の経緯を見ても、経済的対立が軍事対立を生むのであり、経済と軍事はそもそも表裏一体なのである。

それゆえ戦後もこの国の体制はある意味では変わらず、地域にも国民にも一丸となった協力を求めたのであった。昭和三十年代（一九五五年前後）には早くも、各地で自治体合併を進めて地域の再編を行い（昭和の大合併）、大きな自治体を形成させてその後の産業開発の梃子《てこ》とした。

また工業団地の建設、ダム移転、沿岸埋め立てをはじめとした産業開発を進めるとともに、住宅団地、空港や新幹線、あるいは高速道路の建設のために、しばしば村や町の生活権やその存続までもが放棄させられた。しかもこの開発に付随して、四大公害をはじめとする大小様々な環境被害が続出する。各地域は破壊が生じるたびに反発したが、基本的には多くの地域で開発は実行され、地域のいくつかは近代化の渦の中に消えていったのである。

もっともこうした開発を、すべて上からの押しつけによるものと解釈するのもまた正しくはない。繰り返し述べてきたように、国は、国家（上から）と地域・国民（下から）の双方の力によって成り立つものである。戦後の経済成長の実現も、地域や国民が積極的にそこに参加し、また人々が望んだからこその成果なのであった。そして実際にこうした一連の開発によって、平成に入るまで（一九八〇年代まで）には世界でもトップクラスの豊かな暮らしが実現し、国民自身もその恩恵を享受することとなった。

だがそれは、必ずしもその後の安定まで約束するものではなかった。得られた成果の不安定さは、二十一世紀に入り、様々な形で露呈することとなる。その象徴が人口減少問題である。ここで「Ⅱ　社会の章」の冒頭の議論に立ち帰り、いま一度この問題を掘り下げてみたい。この人口問題こそ、現在の私たちが直面している最大の難問にほかならないからである。

†日本の人口転換と人口減少問題

明治期以降、日本の人口は増えつづけ、終戦直後に生じたベビーブーム（第一次）によって、日本の歴史上最大の出生数を記録することとなる。多く産まれ、かつ人が死ななくなる（多産少死、図1参照）。近代化の結果はまずはこうした自然増による人口増大であり、そしてこうした人口増によって戦後もこの国の国力は一貫して増していった。だが出生数の増加は、いわゆる「人口転換」が実現することで終わりを告げる。いや正しくは転換が妙な方向へと軌道を外れ、新たな問題状況に陥ることとなった。しかもその問題が露呈するのに数十年のタイムラグまで生じていた。それはこういうことである。

終戦直後、昭和二十一年から二十三年（一九四六〜八年）に生まれた第一次ベビーブーマーをとくに「団塊の世代」と呼ぶ。この世代まではきょうだい数が多く、四人きょうだい、五人きょうだいも一般的だった。しかしその後、急速にきょうだい数が減少し、団塊の世代が子育てをはじめる昭和四十年代後半（第二次ベビーブーム）には、一夫婦あたり子供二人というのが標準になる。夫婦二人の子供が二人になれば、人口増（多産少死）は終わることになる。

ところで「人口転換」は本来、近代化を経て、家族が新たな均衡に落ち着くことを示すものである。すなわち多産多死から、人口が増える多産少死を経て、再び人口が安定する少産少死

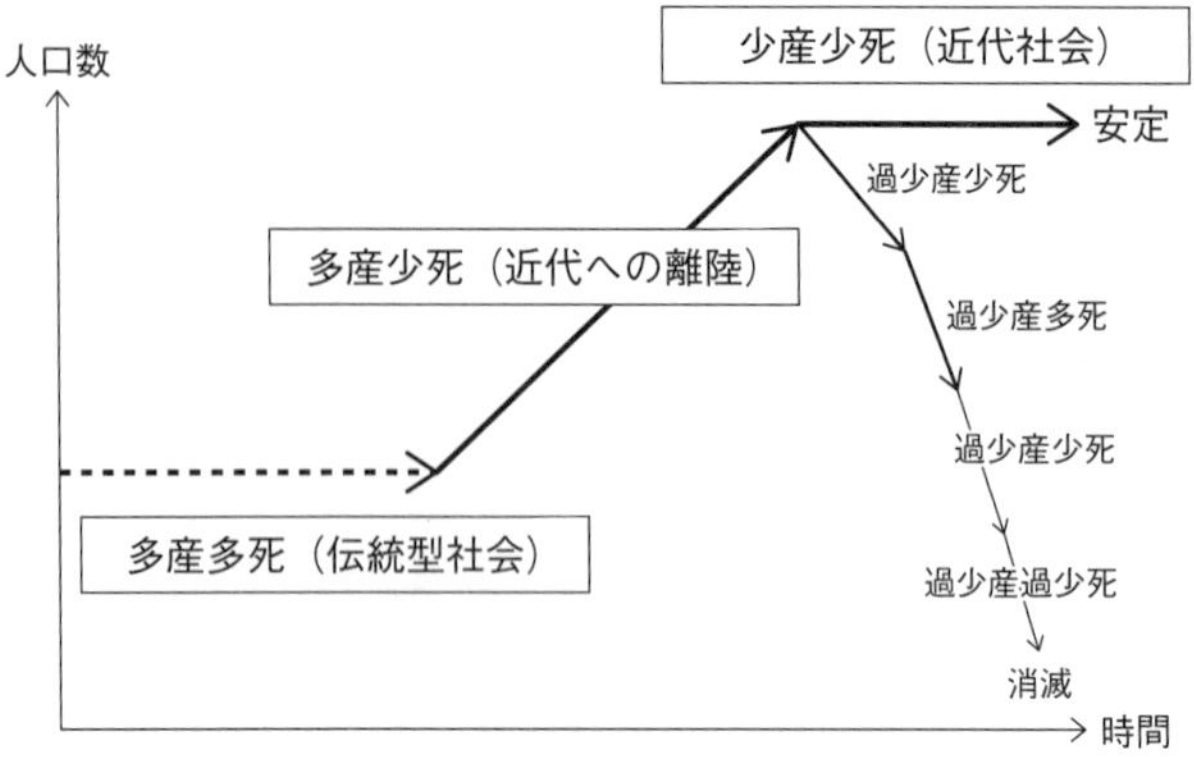

図１　人口転換と将来の推移モデル（山下祐介『地方消滅の罠』より）

に至る過程を想定したものだった。転換が終わるまでは人口は増えるが、転換後は高位で安定すると考えられていたのである。

ところが現実には、第二次ベビーブームのあと、昭和五十年代（一九七五年以降）には合計特殊出生率（十五〜四十九歳までの女性の年齢別出生率を合計したもの）が二を切りはじめ、平成十七（二〇〇五）年には一・二六まで落ち込み、人口は安定するどころか、急激な人口減少が決定づけられていくこととなった。結婚しない人も増え、世帯あたり人数も減っていく。いわゆる「生まれない社会」が到来したのである。

もっとも、並行して平均寿命が伸びつづけたために――平均寿命は昭和二十年代（一九四〇年代）に六十歳前後であったものが、平成期（一九九〇年代）までには八十歳代になった――死亡数が低く抑えられ、子供が生まれていないのにもかかわらず、この間の日本の総人口はむしろ増加しつづけた。それゆえ少子化の問題は表面化することはなかったが、その延長効果も二〇〇〇年代には終了する。一世代分（約三十年）のタイムラグを経て、平成の終わり、二〇一〇年代には、いよいよ生まれる者よりも死亡する者の方が多い人口減少社会に転換することとなった。

人口減少はどんな効果を私たちにもたらすだろうか。すでに見たように、明治維新の前、江戸時代の人口は約三千万人。現在の一億二千万人はその四倍にあたるので、私たちはむしろ増えすぎたのだともいえる。人口減少はかえって望ましいのではないかという議論さえある。だがそれは人口を総数だけで見ているからにすぎない。社会の安定という点からすれば、人口量の減少以上に、この人口減の背後にある構造の変化にこそ問題の本質を見出さねばならない。

「Ⅱ　社会の章」の図1（本書八九頁）で見たように、日本の人口構成は、戦前までは人口ピラミッドという三角錐《さんかくすい》をなしていた。それが、団塊の世代の出現以降に激変し、出生率の低下を伴って、団塊ジュニア世代（第二次ベビーブーマー）以降は下に行けば行くほど人数の少ない、逆三角形の構成にまで変容していく。大人や老人はたくさんいるのに子供の数は少なく、それも年を経るごとに減っていく。このままでは子供の数はやがてゼロになってしまう——。

近代化は国家を守るためであり、その挙国一致に国民や地域が積極的に参加して戦後の経済大国・日本は実現された。だが、それは子供の生まれない社会という自己矛盾に結びついてしまった。いったい、この国の人口減少はどういう理由で生じているのだろうか。

生まれない社会をつくり出したもの

人が生まれなくなっている理由——このことについても、すでにこれまでの章でそのヒントとなる議論は行っておいた。

村落社会は本来、人口過剰の場であった。これに対し、都市社会は人口消費の場であって、この両者が組み合わさることで、全体としての人口バランスは保たれてきた。

ところが豊かさの実現による農村人口の増大は都市への人口の大量流入を生じ、その流れは昭和期後半(一九七〇年代以降)には過剰なほどに大きなものとなってしまう(過疎・過密)。しかもその流れは止まらず、平成期(一九九〇年代)までには村落にいる人々のうち、生産年齢(十五歳以上)に達したものから根こそぎ順に都市へ/中央へと流れ込むようになり、村に残るべき若年人口までもが都市に吸収されるに至ったのである。

このことによって子育て世代を失った多くの村落社会が人口の自然減に転換した。しかもその一方で、若い人口が集中する都市部もまた依然として人口消費社会でありつづけたため、結果として国全体の出生力が失われ、子供が生まれないという異常事態に陥ったのである。

過剰移動がもたらすこの事態を、すでに「社会が一つになっていく」ものとして記述しておいた。移動の自由は選択を拡げ、人々の幸福につながるもののように一見思われる。だがこの一体化には大きな欠陥がある。社会が一つになっていく中で日本の人口は二十一世紀までに一億二千万人を超えたが、その人口分布は地域間に大きなムラをもたらし、そのムラが世代間の人口差を生み出すもととなったからである。

一方に高齢世帯の多い地域がある。農山漁村はとくにそうなっているが、都心もしばしば高齢地帯である。他方に子育て世代とその子供が集中する地域がある。都市周辺の郊外住宅地がそれである。こうした地域間の分布の違いはこの間に行われた全国的な大量の人口移動によって生じたものだが、それはしかし世帯の孤立化、世代の分離という結果となり、地域力の乏しい地域に子育ての場が集中することにつながって、結果として人口再生産機構の崩壊につながった。しかも世代を経るごとに家や村、町から解放された人々の暮らしは個人化・私化し、このことはさらに晩婚化・非婚化にもつながっていった。少子化には未婚率の増大が深く関わる。こうして「人口転換」による高位安定どころか、日本のほぼすべての地域における人口減少の常態化が見られるようになってしまったのである。

ここには何か非常に好ましくない作用が生じている。子供が生まれない社会は持続不能だからである。国家を守るために引き起こされた変化が、国家そのものの再生能力を損なうほどにいびつな変容をその内部に引き起こした。二十一世紀に入ってはっきりしてきたことは、この

〝人の生まれない社会〟への変化は、おそらく社会全体、国家そのものの存続を揺るがすに違いないということである。私たちはこの難問から目を背けるわけにいかなくなっている。

†私たちはどこに行くのか――新しい事態

都市のみならず、農山漁村まで含めて、全国まんべんなくどこも合計特殊出生率が2を切っている。おそらく現代日本社会は、これまでになく人の「生まれにくい社会」「生きにくい社会」である。そのなかでも最も生きづらい大都市にあまりにも人間が集まりすぎたことが、自己再生できないほどの出生力の低下を生じた根本原因なのだろう。実際に統計を確かめてみれば、全国都道府県の中で最大の人口を抱える首都・東京がとりわけ出生率の低い場所であることがわかる（二〇一九年度の合計特殊出生率が、全国平均一・三六に対し、東京都は一・一五しかない）。同様に各地の大都市部でも出生率は低く、大きい都市ほど子供が生まれないというのは法則のようである。こうして日本社会は、世界有数の豊かさを誇りながらも、人が生まれにくい縮小社会となってしまった。

だが――そうはいってもやはり、私たちの社会が生きにくいものだというふうに結論づけるのは性急である。実際そのように考えるから人口も増えず、また生きづらくもなっているのだろう。ある種の心理的な悪循環に陥っている可能性がある。私たちの社会は本当に生きづらいのか。なぜそう見えるのか。地域の姿をあらためて見直してみる必要がありそうだ。

これまで見てきたように、かつての地域の原型には地域の内外で明確な格差があり、かつそれが当たり前とされていた。生まれてきた家や、その家がある場所によって人々の暮らしには明確な違いがあり、貧富や不平等は歴然とそこにあった。その差は生死を分けるほどのものであり、これもまた日本の地域の暮らしの原点である。「死」は日常的であり、それはとくに貧しい人のうちに端的に現れた。いや富める人々も、ごく一部しか長くは生きられなかった。たくさん生まれてきた子供たちも、大人になるまで生きられる人の方が少なかった。

戦後の数十年でこうした状況が打ち破られ、この国に生まれてきた生命はみな差別なく大事に育まれることが約束されたのであった。しかしながら、めでたくこの障害を打ち破ったのにもかかわらず、以前よりももっと生きにくい世の中になっていると皆が感じているとしたら、いったい何が起きているのか。

ここでは戦後からこの現在までに生じた大きな変化を、地域における問題解決の歴史という観点からあらためて考え直してみたい。格差の打破も、寿命の延長も、解決された問題の一つである。この間に生じた変化は、決して国家が一方的に国民に犠牲を強いただけのものではない。様々な問題を、国民や家族、そして地域が、国策を通じて協力し解決した結果生じた新しい事態である。その新しい事態が、人口減少という新たな難問として、私たちの前に立ち塞がっている。ではいったいなぜそうなったのか。この国に何が起きたというのか。

本書ではこれまで、この国の地域のあり方について三つの側面に分けて考えてきた。生命・社会・文化の三つである。同様に、戦後から現在までつづく大変容についても、この三つの側面を区別して見ていくことができる。

第一に、暮らしを成り立たせる生命過程の変化。第二に、暮らしを作り、また暮らしの結果でもある集団の変化、つまりは社会の変化。そして第三に、これらの状況をとらえ、統制していく文化コードの変化。これらが互いに複雑に絡まり合って、現在の状況が生まれている。

このうち社会と文化の変化については、すでにⅡ、Ⅲの章で触れておいた。本章では、「Ⅰ 生命の章」で示した生命・生態に生じた変化を追う。そこからさらに、その変化が私たちの社会や文化の変化とどう連動していったのか、あらためて確認していくことにしたい。

2 生命を成り立たせるものの変化

†水と土地利用の変化

戦後から現在までの生命をめぐる変化を一言でまとめれば、「生命を支える仕掛けが巨大化していく過程」であったということができる。仕掛けが巨大化していくことで、各地域で個別に問題解決していた状態から、全体による問題解決へと体制が切り替わる。このことによって、水不足の時のように地域間で対立してきた関係は乗り越えられ、全体として暮らしが安定し、日常的な「死」さえ追放されるようになった。

「I　生命の章」で見た、土地、水、食糧、エネルギーの使い方、そして交通と分業のあり方が、小さな仕掛けから大きなものへと変わっていく。このことにより、それまでの〝地域が独自に自らの生命を守らねばならなかった状態〟から、〝全体で全体を守っていく関係〟への転換が生じることになる。

こうした生命過程の変化について順に確認していこう。まずは水と土地利用の変化を、次に広域をつなぐ仕掛けとしての交通の変化を考えてみる。そこからさらにエネルギーの変化へと進んでいきたい。

まずは水から。いまや私たちが暮らしの中で使う水は、しばしば非常に広い広域水道網を経由して運ばれている。むろん現在でも小さな集落では簡易水道で運営しているところは多いが、多くの都市では大きな河川の上流部にダムを設置して水を確保し、その利用は農山村を含め、広範囲にわたるものとなっている。なかでも首都圏では都道府県境を超えて水源が求められており、もはや分水嶺などないかのようである。

水はダムなどの水源から直接、上水道施設へとつながっている場合もあるが、下流部の都市では、上流の村で使われた水がいったん下水処理されて川に戻った後、もう一度上水施設に取り入れられて利用しているところもある。水源から蛇口までの経路は様々である。

水道事業は自治体（市町村）や広域水道事業団などで行っており、パンフレットなどが用意されているから調べてみるとよい。毎月の水道料金を知らせる明細表をみれば、そこに毎日使っている水を用意してくれている団体名が書かれているだろう。また近くに浄水場やダムがあるなら、実際に行ってみるとよい。そこで確保された水がどんなふうに利用されているのか、一通りの説明が情報提供されているはずである。案内板のほか、資料館を設置しているところもある。そして調べていくうちに、いまやかつての流域圏などを越えて、しばしば水が広範囲にやりとりされているケースに出くわすことになろう。

さて、こうした上水（および下水）の整備によってはじめて都市の生活が安定し、さらにその拡大が実現できるようになったのである。いまや当たり前のものとされてしまっているこの水源の整備の重要性を十分に理解したい。都市は人口密集地帯である。そこではかつては頻繁に病気が発生した。また日本の都市は木造建築が多かったから、火災を防ぐ仕掛けとしても水は必要だった。そうした水源の整備が近代以降、とくに戦後に大きく進められ、それが医療の進歩とあわさることで、「死なない社会」の基盤が生まれてきたのである。

もっとも水の利用では、こうした暮らしの中で使う水よりも、産業用の水の方がその取り合いは激しかった。中でも重要とされたのが農業用水である。日本の農業は水田を中心にできているので、水の確保は死活問題だった。ダム建設によって数百年来の水不足が一挙に解消されたという地域も少なくない。また水はなにより都市の工業地帯が必要とする。さらに工業の発展には電気も必要だが、水力発電も水の制御によって可能となる。こうした水の管理によって生産物が増加し、質も向上し、毎年の安定的な供給が可能になっていく。人々が飢える心配がなくなるのも、ひとえに水の管理による。

そして水の制御は、災害の除去という面で大きな変化を及ぼす。伝染病や都市火災についてはいま触れた。が何より、日本の河川は海外に比べて傾斜がきつく、雨量も多いためしばしば氾濫し、水害を引き起こしやすいという特徴を持っている。ダムや護岸、河道整備によってこうした洪水の危険が一気に取り除かれていったのも戦後のことである。中下流域の洪水常襲地帯が解消されることで、農地の生産性もまた向上していった。そして利用可能な土地が増えたことで住宅地開発が進み、河口部では干拓や埋め立ても実現されるようになる。海までもが人間の手によって利用可能な土地に変わっていく。

こうして水の制御は土地利用の展開にも深く関わるが、同じ時期、その水源ともなる山林の利用もまた大きく変わっていった。

山の変容は、水源としてよりもまずはその利用の拡大（薪炭材《しんたんざい》・用材）から始まった。

山からの木の切り出しには、かつては河川が利用されていた。木を筏に組んで、川の流れを利用して運搬する姿は、昭和三十年代前半（一九五〇年代後半）までは日本の各地で見られたものである。水の流れはそのまま物資を運搬する動力だった。川に橋がかかり、また用水堰がコンクリートで固められるようになるとこうした川の利用ができなくなるが、かわりに山中に架線が張られ、鉄道が敷かれ、林道が開設されていき、より多くの木材搬出が実現できるようにもなっていく。とくに自動車の普及と林道の設置は山林の利活用を促進して、戦時中からの燃料不足、敗戦後の木材需要の爆発的な増大を経て、日本各地で山林の伐木が進んでいった。伐採したあとには今度は造林が進められ、その際、樹種の更新が積極的に展開された。とくに成長の早いスギとマツが選ばれ、全国の山が広葉樹・照葉樹から針葉樹に転換された。こうして戦後、山林は人々に広く利用されるべく大きな転換を果たしたのだが、これらの事業が実施されたすぐあとに貿易自由化（昭和三十九〔一九六四〕年）が始まって木材価格が低下し、林業は極端な採算割れに直面していく。こうしていまや利用されないままの山林が大量に残されることとなった。この国の現在の山の姿もまた近代化・グローバル化の結果である。

そして山間部ではまた、災害防止のために砂防事業が進められ、土砂の河川等への流入防止が徹底された。こうした山の変容は、その先にある河川や海岸をも変化させていく。山の方で砂防事業が進み、土・水の流れが変わったことによって、川の流量や形が変わり、海の方では砂浜の後退や消滅が全国的に生じた。また高潮被害を防ぐための海岸のコンクリート化も進められ、海岸線の姿も大きく変化していったのである。

こうした戦後にはじまった山・川・海の大きな環境改変が、現在までの土地利用の変化につながっている。とくに大きいのは、人口増大が進む中、溢れ出した都市人口が新たな住宅地を求めた際に、統制が実現したこれらの山林・原野や農地、海岸部や本来の海の上までをも、新たな都市域の進出対象としたことである。昭和三十年代後半（一九六〇年代）以降、都市の郊外という場が、こうしたところに新しく広大に形成されていった。そしてそれはまた、次に見るような交通革命やエネルギー革命によって、これまで使えなかった土地が宅地や工業・流通団地などへと切り替え可能になったことにもよるものだった。次に交通の変化について見ていこう。

†移動と交通の変化――小さな環境から大きな環境へ

筆者がいま、この本の執筆を行っている東京都の多摩ニュータウンの開発着手は昭和四十一（一九六六）年である。同じ時期に、大阪府の千里ニュータウンや千葉県の千葉ニュータウンなど同様の郊外住宅地開発が全国で行われたが、多摩ニュータウンはその中でも国家主導で推進された大規模なものであった。こうした大規模郊外団地は、その場所と都心をつなぐ交通網の整備が前提となる。多摩ニュータウンでは、京王相模原線、小田急多摩線の敷設がセットとなって開発が行われた。鉄道が都市の内外に張り巡らされることによって、都心と郊外を日々往復する「長距離通勤」と「職住分離」が実現されるのである。

鉄道開発が十分に進展しなかった地方都市でもやはり昭和四十年代（一九六〇年代後半）までにモータリゼーション（自動車の普及）が進展し、当初はバス交通によって、のちには自家用車による通勤によって郊外住宅が広く展開していくこととなる。モータリゼーションはさらに、人間の移動とともにモノの広範囲で細やかな大量移動をも実現し、製造業を変え、商売のあり方を変え、仕事のあり方そのものを変えていくこととなった。そしてそれは都市の姿そのものを大きく変化させることになる。その帰結の一つが、現在の地方都市の都心の空洞化と、その反面としての郊外に展開する大規模商業モールである。

モータリゼーションは、それまでの徒歩による町から、自動車交通による町へと都市そのものの形態を大きく変容させた。モータリゼーションの開始当初、変化はまずは都心の交通渋滞という形で現れた。この渋滞を回避するためにバイパス道路の建設が進められたのだが、都心の地価高騰もあって、地価の安いバイパス沿いに今度は様々な施設（住宅、物流、公共施設など）の立地が進み、商業施設もまた集中するようになる。

こうして都市機能の郊外への分散が進行し、平成期（一九九〇年代）までには、本来の都心が都市の中心ではなくなり、各地でスプロール化（空洞化）が現実化することとなる。モータリゼーション以前の都市消費の中心が商店街とデパートであったとすると、それ以後はバイパス沿いの全国チェーン店と巨大商業モールに移っていくことになる。

渋滞する都心を避けるためにつくられたバイパスに新しく都市的機能が貼り付けられ、そこでまた渋滞が発生していくというのは非常に矛盾した事態である。だが、郊外型のショッピングセンターやモールの開発が進んだのは平成三（一九九一）年、いわゆる大店法（大規模小売店舗法）の改正（規制緩和）以降であり、そこには貿易赤字解消にかかわるアメリカからの強い要請があったことを忘れてはならない。すなわち都心の中心商店街の衰退もまた、グローバル化の結果なのであった。

交通網の整備はこうした各都市圏内にとどまらず、各都市の間で、さらには全国規模でも大きく展開していく。昭和三十年代（一九五〇年代後半）に始まった新幹線および高速自動車道の整備は、遠く離れた都市どうし、地域どうしを短時間でつないでいった。人々はより広範囲に移動をはじめるようになり、平成期までには様々な経済活動が都道府県の境を越えて広がり、ますます活発化していく。そしてこうして経済規模が大きくなることで都市での仕事が増え、雇用が増えて、以前であれば農山村に滞留していた人々までもが都市に出て働くようになった。

その結果、私たちが暮らす環境、あるいは地域が存立する環境に何が生じたか。ここではこれを、〝より小さな環境から、より大きな環境へ〟という言葉で表現しておこう。

これまでの地域は、自分たちが使える限りでの小さな環境を相手にしていた。右に見たような近代化による環境改変は、各地域が対峙する範囲を超えた、より大きな環境を成立させることとなった。河川であれば、上流から下流、あるいは山林を含めた流域という面的利用が、様々な施設や交通網が方々に広がることで可能となった。いやさらにはこうした河川流域よりももっと広大な環境とのつながりまでもが各地で生じた。それは、それまでの都市圏を越え、県境をも越える規模の巨大な関係の成立であった。

現在ではもはや、小さな地域が単独で自らの地域環境に対峙しているのではなくなっている。より広い社会がより広い環境に対面しているのであり、そのことで安定的で効率のよい環境利用が可能となっているのである。江戸時代にも全国レベルの流通はあったが、現在の地域間の関係はもっと巨大で多面的で複雑なものである。そしてこうした高度な環境利用によって豊かで安全で、自由で平等な近代社会が実現されたのであり、それは何百年もの間、この列島に暮らす人々を悩ましつづけてきた問題を一気に解決してくれるものであった。しかしまたこのことで、かつてのように小さな地域を区切ることは難しくなっており、それまでにはあった地域の自明性は、環境利用という面から見て薄れてしまったことになる。

そしてこのことはさらに、エネルギーと物質においてより顕著なものとなっている。

†エネルギー供給と物質循環のグローバル化

戦後社会のもう一つの大きな環境改変は、人間・社会の活動を可能にするためのエネルギーと物質の確保に関わるものである。

私たちの暮らしを支えるエネルギーの供給が、国内で生産されていた木材（炭、薪など）や石炭から、地球の裏側から運ばれる石油に入れ替わったのは昭和三十年代なかば（一九六〇年前後）のことである。いわゆるエネルギー革命により、日本の村や町は、それまでの小さな範囲で燃料を自給していた状態から、国際的な関係の中にすっぽりと入り込んでしまった。これもまた地域の生命過程の大きな変化を意味するものだった。

村では本来、燃料は薪炭林を利用して自分たちで近くの山を使って確保していた。動力は人力か、せいぜい牛馬であり、この牛馬を維持する作業もまた人によった。これに対して戦後に構築された新しい生活は、電気、ガス、石油に暮らしの営みを依存し、その制御はもはや自らの手を離れてしまっている。なにより天然ガスや石油は国外からの大量輸送がなくてはならず、このこと一つをとっても、私たちが対峙している環境はすでに国内を越えてグローバル化してしまっているといえる。だが、これらのエネルギー源によって私たちは、それ以前には不可欠であった重労働を逃れ、肉体を酷使せずに日々の暮らしが送れるようにもなっているのである。

さらにこの環境のグローバル化を、別の面で体現しているのが食糧である。日本の食糧自給率はこの間、一貫して下がりつづけてきた。このことは単純に言えば、次のことを示している。

私たち自身がいま生きていること、この生命の存続自身が、海外で生産されたものに依存しているのだということである。国内で生産されている農産物も、その生産に使用される燃料や化学肥料、あるいは畜産のための飼料を考えれば、国内で完全調達されているものはほとんどないといってよい。そしてその反面で、日本の村落で生産される農林産品は安い海外産に圧迫されて、この間の物価の上昇を考えれば驚くべき低価格となって農家経営を圧迫している。だが考えてみれば、農産品が低価格で抑えられているからこそ、大量の都市生活者たちは飢える心配なく生活を営んでいるのであった。これもまた以前からすれば考えられないような暮らしの安定性を手に入れているのである。

そしてまた、私たちが着ている衣服にグローバル化が最も端的に表れている。衣服はその装飾効果（ファッション性）とともに、体温を保つ手段として人間にとって必要不可欠なものである。かつて農山村では繊維を麻などから作り、そこから衣服をこしらえた。綿は綿花から、絹も桑を育て蚕を飼って生産した。昔話の瓜子《うりこ》姫《ひめ》や鶴の恩返しでも女性が機を織っているが、これらは日常的な光景だったのである。こうしてかつては身につけるものの多くを地域や国内で調達していたが、いまやその素材の多くが海外産であり、しかもそれを世界中で分業して縫製し、私たちが日々着る服に仕立てている。まさにグローバルなものに包まれて、私たちの毎日の暮らしは成り立っているのである。

こうして、水も食糧も物資もエネルギーも、私たちの毎日の生命活動はいまや広域的に、場合によってはグローバルなレベルと密接に関わり合うことで維持されるようになった。私たちが直面している環境は小さなレベルを超え、国家のレベルさえ超えて、国家でも制御しがたいところまで広がっている。二十一世紀に入ってまさに、新しい社会に対応する、新しい環境が生まれているのだといってよい。そしてこの新しい環境の中で、私たちにはかつてのような明確な格差はなくなり、皆が安全で豊かな暮らしができるようになったのであった。地域間での違いはなくなり、人間も容易には死ななくなった。人々は自由に、平等になった。

だがこの変化はあまりにも大きく、私たちの社会は過剰なまでに一体化を達成しすぎたようである。そのために私たちはかえって生きづらく、そして人の生まれにくい社会に変容してしまったようだ。地域の課題を解決すべく国家に協力していたら、すべてが国家の中心である都市に吸収されてしまい、人口減少が止まらなくなってしまった。それどころかその背後では再び格差が進展し、貧困や差別が新たな形ではじまっている。自らを守るために進めた国家事業への参画が、人間自らの再生可能性まで奪うような結果を招いてしまったという矛盾。それは国家の存続すら危うくするものである。これから地域はどうなっていくのか。この国はいったいどこに向かっていくのだろうか。

3 二十一世紀にたどりついたもの

†ハイブリッドな社会と環境

おそらくここから読み取るべき変化は、次のようなものである。

一方で地域はいまも私たちの生命を守る大事な手がかりであり、条件である。すべてがなくなったわけではなく、私たちをしっかりとその基礎で支えている。

他方で、私たちはまた日本という国家に直接つながり、さらには世界ともつながることで生きている。このつながりもまた私たちの生命の条件である。こうしたつながりが切れては、私たちはもはや一日だって暮らすことはできない。

身近な地域と、国家を通じた世界とのつながり。私たちはローカルであり、ナショナルである。そしてまたそれは、ドメスティックなもの（自国内生産品）と、グローバルなもの（輸入品）の二面性も持っている。こうしたバランスのよいハイブリッドが、この国の現在をかたちづくっている。

ところがこのうち、経済面から見ればドメスティックなものの保持が海外からの輸入品に席巻されて難しくなり、むしろ経済面だけ考えればそれを存続する必要もないという話になりつつある。このことにより、国そのものが外から入り込んできたものに乗っ取られ、別のものに置き換えられてしまうのかもしれず、それどころかこの国にいま暮らす者たち自身が地域という根を失って、浮遊する集団になりはててしまうのかもしれない——。

客観的にこの状況を考えてみれば、これは大変問題のある事態のはずである。もしこの国の国民の皆が拠り所となる地域を失い、国家やグローバル世界と直接につながっていくとしたら、すべて国民は国家の言いなりになり、あるいはグローバルな動きに翻弄されて生きるしかなくなるからだ。貧困も格差も、対海外に向けた戦略の中で国家が必要と考えれば、国民はそれを甘んじて受け入れねばならない。それではたしかに「生きにくい」はずである。そしてこうした「生きにくさ」がすでに一部で現実化していることが、止まらない少子化に現れているように見える。

だが、本当の問題は、どうもこうした事態が、日本で暮らす多くの人々にとって危機にさえ感じられなくなっているということである。それはなぜだろうか。

その理由を知るためには、社会、文化、生命の変化に加えて、さらにもう一つの変化——すなわち人間の心に生じている変化に注意を向ける必要がある。

人は環境を変えるが、環境もまた人を変える。そしてここで重要なのは、世代を経ることで人間は一気に大きく変容しうることである。

†人間の変容と郊外——国家と個人しかない認識へ

環境が変わると、その環境の中に暮らす人間の環境認識も変わる。認識は、環境との接触による経験がつくるものだからだ。もっともそれはすぐではない、これまで毎日水汲みをし、山から薪《たきぎ》をとってきてご飯を炊いていた人間が、たとえ水道や自家用車の生活に慣れたとしても、もとの認識や生活スタイルをすべて失うわけではない。必要があれば元の暮らしに戻ることができる。

しかしその次の世代は、はじめから生活インフラの揃った環境に生まれてくる。新しい人間には自然との関わりははじめからなく、それどころか水や食糧・燃料を手に入れるのがいかに大変なことなのかも知らずに、金さえ払えば何でも手に入るかのような錯覚に陥ることになる。

これがいまの私たちの世代の姿である。戦後生まれ以降、順にそういう人間に切り替わってきた。とくに昭和後半（一九七〇年代）以降の都市郊外に生まれ育った者は、農山漁村を知らず、あるいは本当の都市というものも知らずに、郊外という環境の中だけで自らの認識を作り上げている。いや農山漁村に生まれた者さえ、この頃から地域の暮らしを知らずに育つようになった。こうした新しい世代がいまや日本で暮らす者の大半を占めるようになり、多くの人にとって農山漁村や伝統的都市で営まれる本来の地域の暮らしというものが、もはや認識しがたいほど疎遠なものとなっている。この世代＝環境効果は実に絶大で、たった半世紀の間でも劇的な変化が起きる。

ここで〝都市郊外〟という環境がもたらす認識への影響について掘り下げてみたい。

都市郊外は、すべてのインフラをセットにして巨大な形で組み立てられている人工物である。平らで広大な土地を造成し、河川を付け替え、上水道を引っ張り、排水を整備し、電気やガスを引き、そして食糧その他が手に入るよう商店（スーパーや大型店）や配送センターを配置する。すべては住宅団地造成の際に計算されて構築された、巨大な生命維持装置である。そしてそれはしばしば、その背後にある大小の地域を犠牲にして実現したものでもあるわけだ。この地の暮らしははじめから、本来の地域とは断絶している。

さらにこれらの郊外住宅地は、その周りの地域を飛び越えて、高速交通で都心に直結されている。この地の人々の暮らしは都心との往復によって成り立つ。暮らすことと働くことは本来同じ場所で（少なくとも近接した場所で）行われるべきだが、ここではそれが分離されている。寝る場所としての郊外住宅地は、遠く離れた働く場所のみの地域（都心のオフィス街や工業集積地など）とセットになって現れてきたものである。

都市郊外の住宅地はこうして、空間的にも時間的にも、また暮らしにおいても仕事においても地域から切り離されて存立しており、地域を見出すどころか、地域とできるだけ無縁なまま暮らせるように構築されている。こうした場所にいまや国民の多くが暮らしている。それも第二世代、第三世代が。多くの人に地域が見えにくいのはむしろ当然だといってもよい。日常の中に「地域」が認識されづらい状況はこのように、郊外形成と世代交代の相乗効果によってこの半世紀の間に急速に形成されたものである。

実にちっぽけな一人一人の人間が、実に大きな装置の中で生きるようになっている。暮らしを成り立たせている環境が、広く際限のないものになっている。人間が一日のうちに高速度で広域に移動し、経験が一日の中で分裂している。人々が地域に自覚的に所属していないから、宙ぶらりんな社会の中で、個人が国家やグローバル市場にだけ向き合って暮らしているかのような錯覚が、むしろ一般的な認識となってしまった。

だが見えにくいだけで、こうした装置を実際に保持し、また動かしているのは地域である。それは具体的には地方自治体であり、様々な事業体の集積であり、地域社会（村や町内社会）の形をとる。国はただ、これらが作動する条件を整えるのにすぎない。

いまを生きる私たちは、こうした地域のありようを想像力を働かせて再認識せねば、いったい自分がどんな基盤の上にいるのか、まったく気付かないような環境の中に暮らしている。それどころか、一部の人々の視野にはすでに地域は存在せず、国家と個人しかない認識さえ確立されているようだ。だがそれは、すべてを国家に委ね、依存するしかないという危うい認識である。自分がどのように生きているのかもわからぬままただ生きているとすれば、これほど危うい生き方はない。私たちは地域を知るきっかけを取り戻さなくてはならない。

†学校とマスメディア

地域という存在が欠け、国家と個人しかない認識。そうした認識はどのように形成されてくるのか。むろんそこにはここで述べてきた環境の巨大化という生態面の変化があるのだが、さらには次のような文化的装置が積極的に関わっていることにも注意すべきである。

まず第一に、これは学校教育の効果なのである。すでに「Ⅲ　歴史と文化の章」で触れたように、学校はそもそも地域のためのものではなく、国家のために必要な人材をつくる機関として設立された。そしていま国家が必要としているのは、この国が苛烈な国際競争を勝ち抜くのに必要な経済力・生産力を実現する人材である。全国の学校でデジタル機器を導入し、英語力を重視するのももちろん、地域教育などのためではない。この国の国際競争力を、人材育成という場から高めるため、一丸となって敵（海外の企業群）に立ち向かうためである。子供たちには、地域の人間であるよりは国家人として、さらには国際人・コスモポリタンとして育つことが強く求められている。

もちろん、学校が国家のものだというのは、たとえ論理としてはそうであっても、やはり極論である。学校は外向きにだけではなく内向きに、すなわち国内の運営バランスを実現するために、子供たちを適切に教育して各所に配属する装置でなければならない。そのためにも、一人一人が自分の人生の調整を自ら適切に実現できるよう、人としての成熟をうながすものであるべきだ。私たちの暮らしはいまも地域と国家の両方でできている。地域の人材を育てることは、学校の持つ大切な役割である。だが、現実には近年、国家だけが尊重され、地域が極度に軽視されてきた。

もっともこうした偏りは、教育の現場だけに現れているものではない。学校とともにもう一つ大きな認識促進装置がマスメディアである。第二に、マスメディアの形成とその変化についてここで検討しておこう。

マスメディアの成立もまた明治維新以降のことである。まずは新聞が先導し、大正十四（一九二五）年にラジオが開始され、昭和三十九（一九六四）年の東京オリンピックの時にテレビが各家庭に広く普及していった。そしていまやインターネットが展開し、各種出版物を含めてもはや統制できないほどの多様な文化コンテンツが人々の手元にはあふれている。

このうち成立期のマスメディア、とくに初期の新聞や出版は、個人―地域―国家のつながりを適切に情報として示し、各地の世論の成熟と政治的誘導をこそ強く意図したものであった。日清・日露戦争で戦争報道が広く行き渡り、大正期を経て昭和初期までには大衆化し、低俗化さえした新聞だが、太平洋戦争での国威高揚など戦時下での言論統制はまた別の問題として、良くも悪くも国内・国際事情を人々に伝え、共有することを第一の目的としてきた。

こうしたマスメディアのあり方が大きく変わるのが戦後のテレビの導入である。事実や現実をふまえ、社会の姿を写し取り共有するものから、メディアが純粋に娯楽・消費のツールに切り替わっていく。たしかにテレビにも報道やドキュメンタリーはある。が、バラエティーやドラマ、芸能界やスポーツ、クイズ、健康番組に席巻され、しかもこれらがすべて全国一律に同じものを同じように人々に共有させる装置（具体的にはプロパガンダや広告）として機能するテレビには地域は現れず、むしろ脱地域的であり、それどころか現実さえしばしば投影されずに、映像が作る疑似空間内の意味共有だけが人々にはうながされている。場合によってはここでは、国家さえもがその場限りの消費物になっている。

そしていまやテレビや新聞以上にインターネットが人々の行動を誘導しており、そしてこのインターネットの情報こそが脱地域の全国流通（さらにはグローバル流通）であり、断片的刹那的で、社会を細かく分断するものであった。SNS（ソーシャル・ネットワーク・サービス）への期待も広がるが、ネットワークへの参加者が増えれば増えるほどマスメディアと同様の道をたどっていくことに変わりはない。
その中でおそらく、新聞の情報はなおメディアとしての役割を果たしており、そこには記者たちの現実社会に対する生きた目線や、記者が直接会って見聞きした各地の人々の姿や言葉が、かなりの程度反映されている。かつその記事をデスクで編集し、一定の確立されたルールのもとで、全体のバランスを考えながら情報が配分され、紙面化されている。様々な解説も詳しく載せられている。とはいえ地域の扱い方については、新聞にもまた二面性がある。ここで新聞の全国紙と地方紙を対比して、私たちの認識形成のさらなる一面を考えてみたい。

†地方紙について

新聞には全国紙と呼ばれるものがある。これに対し、各地域には、全国紙とは別に様々な地方紙が存在する。地方紙には一県を越えた地方ブロック紙とともに、各県をエリアにしたものがあり、さらにより小さな都市圏や個別の都市・町のみを対象としたものがある。

初期の新聞は統廃合が激しく、その歴史の全体を追うのは容易ではないが、新聞が設立された時期と場所は限られており、一般的には明治から大正期の各地の文化性を反映しているようだ。とくに明治期の港町や元城下町をベースに地方紙の多くは出発した。いま全国紙となっているものもみな出自は東京紙を含む地方紙だった。いわゆる全国紙は、大正十二（一九二三）

年の関東大震災をきっかけに大阪資本の新聞が東京に進出したことを契機とするものである。とはいえまた逆に、地方紙もみな全国ニュースを伝えることを目的にはじまったのであり、みなある意味では全国紙であった。印刷と配達という物理的制約がこうした事情を生み（朝刊は夜中に刷って、朝配達しなければならない）、現在の全国紙の体制がいまなお地域ブロックに分かれ、地方紙的側面ももつのはこの制約のためである。

とはいえやはり、全国紙が作る紙面と、地方紙が作る紙面とでは、現在までに大きな差が生じているといわねばならない。それはちょうど、国家からと地域からの、それぞれのものの見方を反映している。

例えば、全国紙は世界で起きた大災害は載せるが、昨日生じた近所の火事などは報じない。全国紙に登場する政治家は国政に関わる者ばかりで、知事や市町村長、地方議員が出る幕は少ない。そしてそもそも、全国紙の記者と会うのはふだんの生活ではそう滅多にあることではなく、多くの庶民にとって全国紙の情報は受け取るだけの一方向のものである。

これに対し地方紙は、その新聞が小さければ小さいほど些細な事件も載せるから、物事が周りでどのように生じているのかを、地域の人々は新聞を通じて共有できる。他の地域の政治家は登場しないが、自分の地域の知事や首長は、国会議員などよりも頻繁に登場する。なにより地方紙の現場は暮らしに近いところにあって、学校の先生や親戚のおじさん、あるいは友達などが記事に出たりもする。気をつければ記者は日常よく目にする存在であり、事故や事件の現場に出くわせばそこに記者がいて、あなたの話さえ聞きたがる。その記者が書いた記事を次の日の朝、読者は読む。地方紙は現在もなお双方向のツールでありつづけている。

地方紙と全国紙は、出発は同じでも、いまとなっては対象とする世界が違うわけである。地方紙が身の回りの情報なら、全国紙はしばしば遠い向こう側で起きている情景である。地方紙は地域と人をつなぎ、全国紙は国民とこの日本という国、さらには世界をつなぐ。どちらも必要なものである。私たちはナショナルであり、またローカルでもあるからだ。ハイブリッドな社会にはハイブリッドなマスメディアが必要であり、全国紙と地方紙がそれぞれにその必要な役割を果たしているといえる。問題はその次にある。

いま見た通り、新聞の成立は明治・大正期であり、それを再編統合して（とくに戦時中）現在の新聞の体制は確立された。問題は、その体制を確立したあとに大きな人口変動が起きたため、各地の人口量と地方紙の対応に大きな齟齬が生じていることである。一方で人口が少なくとも新聞をもつ地方都市があるのに、他方で人口は多いのに地方紙のない地域——正確には巨大な人口をカバーする巨大な地方紙となっている地域——がある。それはとくに首都圏や関西圏で顕著である。しかもこうした場所では、職住分離によって地域が見えにくい構造が生じているので、そもそも地域レベルの情報がどれほど大切なものかさえ、暮らしの中で実感しにくくなっているというわけだ。

ナショナルな情報とローカルな情報のうち、ローカルなそれが十分に生産されずにナショナルなものだけが流通している地域がある。人口規模がありながらその地域独自の新聞を持たない都市は、新聞を持っている地域に対して、本来あるべき文化的機能を一つ欠いているということができる。そして、例えば首都圏の人々が日頃から自分と社会の距離を感じているとすれば、その正体は実のところこれなのである。

昨日見たあの人だかり。多くの警察や消防が来ていたあの事件について、メディアは何も伝えてくれない。昨夜の停電。いったい何が原因なのかわからないまま、しばらくして回復した。電力会社のホームページを見ても、ただ停電の事実を伝え、「回復しました」とあるだけ。次の日の新聞も前日の海外情勢を伝えるのみ。理由はわからないし、知る手がかりもない。SNSは根も葉もない噂を伝えるだけだ。もはや地域は存在せず、そこには国家と国民、企業と個人消費者の関係があるだけのようである。

†個人と地域と国家

国家を中心に教える学校、全国のことしか伝えないマスメディア。こうしたものを通じて次第に「地域」が私たちの前から姿を消しつつある。人によってはもはやそれが認識にのぼることすらない状況が起きている。ここに示されているのは、個人と国家の間にあるべき地域を抜いて、個人が国家に、あるいは世界に直接向き合っている、そんな構図である。

だが、国家や世界に対して剝き出しとなっている個人は危うい。人がもし、個人として「わたし」をとらえ、自分の暮らしを、「わたし」のみの力で実現しようとすれば、それは不幸な人生になるだろう。

近代以前の人々は、家や村や町、あるいは幕府や藩という体制の中でしか生きられなかった。だが、逆に言えばこれら個別の社会が、人々に生きる条件を与えてくれていた。かつては生きる術は身近にあった。

現代日本では、こうした家や地域のような中間項が解消され、あるいは否定されて、国家が人々の独立（孤立）をうながし、また個人（一人一人の国民）であることを保障するようになっている。煩わしいことから解放された「個人」は望ましいもののように見える。だがこの個人は、国家という大きな容器が現れてはじめて実現されたものである。

それゆえ個人主義というものは、一見そこから縁遠くみえる国家ナショナリズムと非常に親しい関係にある。それどころか、個人主義はしばしば容易に国家ナショナリズムに転換する。最も個人主義的なインターネットの言説空間で、最も強烈な国家ナショナリズムが台頭しているのはそのためである。

そこでは、弱者批判や地方切り捨て、国家の高度武装化、トップの専横の容認や全体主義の礼賛といった、これまでの常識では考えられないような言説が、政治学者でも政治家でもないふつうの人々の間で展開されている。そこではどうも、この国の挙国一致体制をさらに進めてより完全なものとし、海外との経済競争に打ち勝つべくしっかりとした体制を整えよという主張さえ広がっているようだ。個人が国家として発言を始めている。だがそこにいるのは、自分自身がこの国を支え、犠牲になることも厭わないという強い個人では決してなく、自分という存在を守ってくれる国家を確かなものにしておきたいという他力本願な弱者でしかなさそうだ。強い国家への希求は、そうした弱者に芽吹く存在論的不安からはじまるものである。

自分を守ってくれる国家を維持するために、同じ国民でもあるはずの社会的弱者や、国家主義に反対する者を排除して、より強い国家体制を確立しておきたいという浅薄なナショナリズム。本来、グローバル化に抗し、国内の人々を守るために作り上げたはずの国民国家が、自分の内部にあるものを否定し、その一部を排斥しはじめている。これでは本当に強い国家などは実現するはずもない。国家というものは、具体的には下から、国民や地域の現実の力によってはじめて作られていくものだからだ。排除や分裂を伴う国家は危うい。だが日本のみならず、世界の各国がそうした方向に傾きつつある。

†コスモポリタニズムと国家ナショナリズム

ところで、こうした個人主義の中から立ち現れるナショナリズムに対して、むしろ個人主義をさらに強く推し進めることで国家そのものを否定していこうという、コスモポリタニズムの立場も表明されている。この超個人主義＝脱国家主義的なコスポモリタニズムははたして、ナショナリズムを解消し、国家のない世の中をつくる適切な道筋になるのだろうか。国家の枠を越えた、地球市民による自由な世界社会は実現可能か。

現実にはそうはいかない。というのも、いま世界で沸き起こっているナショナリズムは、そもそもこうしたコスモポリタニズムへの抵抗からはじまっているからである。国家ナショナリズムは自然発生したものではない。これはコスモポリタンな動きに対する防御として生じたものである。

ヨーロッパおよび北アメリカ、あるいは南アメリカやオセアニアは、すでにかなり進んだコスモポリタンな社会である。西ヨーロッパの人々は、ある時から船で世界中にフロンティアを求めて出かけ、先住民のいた地域に武力をも行使しながら進出していった。そこにはキリスト教の布教という目的もあった。ある人々の集団に別の集団が外から入り込み、その集団の枠を取り除いて政治的文化的に自己の集団に同化していこうという動き――端的にいえば、それこそがコスモポリタニズムである。そしてだからこそ、こうした西ヨーロッパの人々が進出した先では激しい対立が長きにわたって生じ、自分たちのものを守ろうとする国家（ないし民族）ナショナリズムの火も強く盛んに燃えさかったのである。そしてまた近年、面白いことに、コスモポリタニズムの最先端といえるアメリカ合衆国で、自国ナショナリズムが強く表れている。個人主義と同様に、コスモポリタニズムもまたナショナリズムとコインの裏表のような関係にある。

†国家ナショナリズムから地域ナショナリズムへ

たしかに国民国家という枠組み（国家ナショナリズム）は、グローバル化（コスモポリタンの進入）に直面した際の防衛策として、とりあえずは有効なのだろう。だがそれでその先の状況を乗り越えられるのかといえば、そんなものではないこともまた明白である。

敵国と自国との差異だけを強調し、個人と国家の関係のみを際立たせる国民国家ナショナリズムの思考法には根本的な欠陥が潜んでいる。他方でそれをコスモポリタニズムによって解消しようとしても、それで問題が解決するものでもない。国家ナショナリズムにも、コスモポリタニズムにも、どちらにも大切なものが欠けている。

それは地域である。危険な一国ナショナリズムに対抗できるのは、コスモポリタニズムではなく、その内部に確立される地域主義——地域ナショナリズム——である。

　本書ではこれまで、この日本という国は、国家と地域の両方からの作動によってできていることを強調してきた。国家がなければ地域は成り立たないが、地域がなくては国家も成り立たない。

　明治日本の近代国家は、間違いなくこのことを前提にして生まれたものである。だがこの国家を作りあげた際になくてはならなかった地域が、その後の歴史の展開の中でいまや自明のものではなくなってきている。地域に所属せず、国家の前だけにいる国民が多数現れてきた。

　それどころか事態はさらに進み、国民が、国民以前に個人になってしまい、場合によっては国家すら否定してコスモポリタン（無国家人）を主張しはじめている。地球上の各地に国家が確立されていることではじめて私たちの暮らしは安定を得ているのに、その国家を否定して、税を払いたくない、自分だけがよい暮らしをしたい、貧しい人や弱者には関わりたくない、戦争は嫌だ、自分だけは平和に暮らしたいと、そういう人々が現れはじめている。それはとくに富裕層など経済的成功者に多いようだ。

　こうした状況の中で、国家の方で「この国を守れ」と号令しても、人々は思ったようには反応しないだろう。国民の多くはたしかに国家が大事だと思っているが、その国民はただ国家に依存した、つながりのない個人であり、国家に「ああしてくれ」「こうしてほしい」と頼るだけの無力な存在のようである。こうした国民たちに、政府の方で国家への協力や同調を求めても、思い通りの成果が得られないのは当然でもある。

そして実際に二十一世紀に入って、そうした国家への協力を一部の国民や地域に押しつけ、強要することで国家の機能を維持しようとする動きや言説も目につくようになってきた。沖縄は日本の国防のため、米軍基地を受け入れつづけねばならない。新潟や福井、佐賀や鹿児島、愛媛や青森は、この国の電力需要を維持するため、事故を覚悟で原発を動かさなくてはならない。空港や新幹線など、この国の経済活動の根幹となっている高速交通網を維持拡大するため、沿線地域は立ち退きや騒音・振動を受け入れなくてはならない。

国力を維持するために生産性をあげよ。しかしワークライフバランスは維持し、家族は子供の数を回復せよ。お荷物になる人は切り捨てだ。医療や介護を必要とする高齢者や障害者には早く死んでもらいたい――。

いまや地域や個人は国家の犠牲となるべきであり、国家の役に立たない地域や個人が出てくれば、「そんなものは不要」という方向へ、この国の世論やメディアは動きつつあるかのようである。実はそこで抵抗する地域や個人の力をこそ、国家の再生に活用すべきものなのに。国家と地域の両者でできていたはずのこの国が、国家のみに傾倒し、地域を排除して、つまりは個人と国家しかないようなものへと、さらなる変転をつづけていくかのようである。

†地域の殻が破られる

読者のうちの多くがもしかすると「地域が見えない」と考えている——そこからこの本はスタートした。だがよく見れば足下で、自分自身をしっかりと支えてくれているものとして地域はたしかにそこにある。その地域を私たちがいまここで本当に見失えば、私たちの社会はもう一段階、奈落に向かって転がり落ち、かけがえのない大切なものを失うことになるだろう。それは、数万年ものあいだにこの列島に暮らした人々がつくりあげ、受け継いできたものであり、また数多くの渡来人たちが携えてきた様々な文化や技術で補強し、守ってきたものであった。だがこうした歴史や文化への配慮もなく、個人と国家だけが大事なのだとして地域を見失い、さらには軽々に否定する動きが現れている。

私たちは、私たちの集団のあり方を、一度きちんと立ち止まって見直さなくてはならない時期にあるようだ。幸いにも私たちの人口の膨張は止まった。だが状況を見誤ると、むしろこの先あってはならない急激な人口減少へと突入し、しかもその変化への恐怖から、さらなる暴走に展開する可能性さえありそうだ。すべては「地域」の見直し、立て直しにかかっている。

私たちはいま瀬戸際にいる。

地域の殻が破られつつある。内側からも、外側からも、崩壊する間際にあるかのようだ。

だがこの殻が本当に破られれば、おそらく大変なことが起きるだろう。そういう危機感を持たなくてはならない。

地域学は、こうしたいまの日本社会が進みつつある方向に抗して、地域を見直し、新たな国家とのハイブリッドとして再生させていこうという運動である。地域の殻を破らせまいと補修し、地域を外側の圧力から守り、内側の体制を固める運動だ。いや、そうした運動を開始するための、まずは準備作業、その前提としての学び——そういった方がよいかもしれない。

いま明らかに日本という国家が確かな行き先を見失いつつある中で、私たちにできることはいったい何か。それはともかく「地域」を知ることである。

本書の冒頭に述べたように、地域は認識から生まれる。そして国家もまた同様に認識からできあがっているのであり、国家だけを強調し、地域を否定する動きもまた一つの認識運動なのであった。これに対し、地域について知ること、考える事が、こうした国家ナショナリズムへの抵抗運動になる。私たち自身が足下の地域を知れば、以前は見えなかった様々な事象がはっきりとした形で見えてくるようになるだろう。当たり前と思っていたことが違う形で見え、また見えていなかったものの姿かたちが見えてこよう。そしてこうした認識運動こそが、この国の確かな未来につながる最短で最適な道になる。逆に言えば、私たちにはそれ以外の方法はないと自覚しなければならないのでもある。

4 抵抗としての地域学

†西欧近代化との出会いとどう決着をつけるのか

戦後の日本国家と国際社会の展開の中で、日本の各地域はその国家が目指すものに協力し、またその成功から恩恵も受けてきた。

しかしその結果として、地域は生態・社会・文化に大きな変容を引き起こし、その構成員にも認識の転換が生じて、いま地域の殻が破られはじめている。

地域はどこに向かうのか。なおも存続可能なのか。解消に至るしかない運命なのか。

地域学はこうした流れにあらがい、別の未来へと誘うための、私たちにとっておそらくとても大切な認識方法である。

さてその認識方法が、もとは西欧近代化との出会いからはじまっていることについて最後に言及しておかなくてはならない。地域学の始まりもまた近代のうちにあったのであり、その歴史的事実が大変重要だからである。

日本の近代化が欧米との出会いからはじまるなら、地域学もまた同じ時にはじまっている。

地域学は、当初は「地域研究」という形で、西欧諸国が世界各地に植民地化を進める中で生まれてきた。十七世紀、西欧が世界に進出していったとき、西欧の人々はそこで自分たちとは違う人間たちと出会った。その際、彼らは野蛮な強奪を行ったが、植民地化が進行した十八世紀になると、西欧人の中には自分とは違う文化をもつ人々の内側に入りこんで、その文化や社会を理解しようとする者も現れてくる。文化人類学という学問はこうした経緯の中で成立してきたものである。

もっとも文化人類学はあくまで、西欧人による他国・異文化理解、すなわち**〈他者理解としての地域研究〉**である。

これに対し、西欧近代化を受け入れた側でも、自分自身の社会や文化を理解しようとする運動が起きていった。西欧人たちが発明した科学という方法を用いながら、すべて西欧の考えに従うのではなく、その国独自の価値や解釈枠組みにも接続させて、自分たち自身の文化を知るための認識方法を再構成していったのである。

日本では日本民俗学が、江戸時代以来の国学の系譜の中から出発して、科学的手法を取り入れながら、自己の存在を自分自身の言葉で観察し記述する認識法として成立し定着した。江戸時代の国学だけでは民俗学にはならなかった。西洋科学を援用しながら、それを自己流にアレンジして、自己自身の姿を正確に映し出す鏡を手に入れていったのである。ここでは西欧の技術と自国の文化とのハイブリッド化が進められており、しかも加えてそこには、日本社会の大衆啓蒙や民主主義の深化――庶民の学としての民俗学の発展と浸透――さえ目指されていた。そしてこうして確立された日本民俗学を母体として、日本固有の社会学や宗教学、言語学や文学、地理学、歴史学なども確立されていったのである。西欧人に接触した側による自己理解、すなわち〈**自己理解としての地域研究**〉であった。

地域学はこうした系譜の中から現れてきたものである。地域学もまた、西欧の近代科学の手法を用いながら、決してヒトマネではない、この国の地域の学を目指すものである。ここでは西洋科学と国学、庶民の知恵が拮抗しながら一つになっている、そしてそうしたハイブリッドな認識によってこそ、西欧の人々や文化の侵入に対する本当の抵抗力も生まれてくるはずであり、それはまた場合によっては受容力にもなるものである。ハイブリッドだからこそ強いし、抵抗の手段にも、融和の手段にもなる。地域学はそういう認識装置である。そしてこうした自文化と異文化のハイブリッドは、例えば漢字の使用や仏教の浸透などに見られるように、古くから採用されてきた、この国の文化問題解決のいつものやり方なのでもあった。

だがこうした二面性を尊重してきたはずの私たちの文化が、そのうちの一面を否定し、片面のみのものに偏りつつある――偏狭なナショナリズムや個人主義、コスモポリタニズムの正体はそれである。だがそれでは、現実の世界の動きに対応できないだろう。西欧から借りてきたものでありながら、私たちのものでもあるような、そういう認識方法を確立し維持すること。それが地域学の目指すものである。だからこそ趣味を超えて、地域学は現在の私たちに必要不可欠な学なのである。地域学をはじめることで、個人／地域／国家／世界のどれをも否定することなく、この先の均衡点を探っていくことが可能になるはずである。

†手元に問題解決する手段を確保しておくこと

生きていくことは本当に難しい。困難を乗り越えてもまた別の難題が生じてくる。難しくとも工夫してうまくやっていくしかない。だがそれが生きることなのだろう。そしてそうした問題解決が途絶えることなく安定的に実現されうるとすれば、それは常に手元に問題を解く手がかりがある場合のみである。自分の手元に必要な手段をきちんと確保していること。よりよく生きるには、このことが肝要である。

逆に言えば、いわゆる国家主義的なナショナリズムとは、そうした問題解決を国家に委ねるものである。そしてグローバル化やコスモポリタン化とは、手元からすべてが離れて、個人だけがむき出しになっていくことである。これに対し地域学は、その手段を地域という形でしっかりと確保していこうとする試みである。地域にこそこの国本来のナショナルなもの、あるべきものがある。それを追求し、見定めていこうという運動——。生きることを他人の手に委ねず、かといって自分だけで解決するというのでもなく、地球の裏側に住む人々との間にさえ本質的なつながりがあることを確認した上で、多くの人々と一緒に考え、力を合わせていこうとする運動——。そしてもし経済効率性などを強調して、この運動を否定する動きが強まっているとすれば、それこそ文明の病理だと警戒しなくてはならない。

例えば、ロボットや衛星で、あるいは遺伝子組み換えによって、効率よく農業をやろうと提案する人たちがいる。

自営業などは生産性が低く、何でも大企業に任せて、人間は雇用されて効率的に働けばよいのだと主張する人たちがいる。

あるいはまた、英語が最も合理的な言語であり、何でもすべて英語で議論しようと画策する人たちがいる。

国内外の安全を、軍事力と警察力を強化することで確たるものにしようとする人たちもいる。もはや日本などというものは捨てて、みな国際人になるべきだとの主張さえある。そしてすべては経済だと、金で何でも解決できると思い込んでいる人までいる。

これから私たちの暮らしがどうなるのか、確かなことはわからない。しかし、「本来そうではない」「そうあるべきではない」ものへと誘う人たちが少なからずいることだけは確かなようだ。その一つが地域の破壊・崩壊・消滅を積極的、意図的に進めることである。

もう一度、この本のはじめに述べたことを繰り返そう。「地域学」とは、地域を見る目を養うものである。ものの見方が変わることで地域を見る目は変わる。地域への見方が変われば行動も変わる。そこからこの国の感じ方、関わり方も変わってくる。

私がふつうの人間である以上、いまもまだ私はどこかの地域に生きる人間である。それゆえ、その地域がいかなるものであり、どんな方向に向かいつつあるのかを知ることは、私を知る上で必要不可欠なことである。自分自身がどのように生きているのか、どういう存在なのかを知らずして、有効な意志決定はできない。自分がどう生きているのかを知らず、そのことへの感謝もなく、好き勝手に自己中心にふるまうことが「自由な個人」だと思っているとしたら、そうした人間はおろかである。形だけの自由はたしかに国家からもらうことはできる。しかし真の自由は、確たる足場があってはじめて得られるものである。地域学は特定の地域についての学問であるとともに、むしろこれこそが真の自由人、真のコスモポリタンでありうるための基礎的認識だということもできる。

もう一度繰り返そう。地域という現象がそこにあるのではない。私がいて、その地域を見つめることで、地域は立ち現れ、現象となる。いやそもそも私自身が地域を作り、国家を作り出している原動力である。私がいるから地域があり、国家も世界もある。

読者がこれからどういう認識で、地域を／この国を／世界を見るかで、世の中は変わってくるだろう。地域学はそれを着実なものにする手がかりである。国家ナショナリズムやコスモポリタンでは、人は孤立し、立ちすくむしかない。

†地域学からはじめよう

地域学をはじめよう。そこから説きはじめて、地域学をはじめる必然性までたどり着いた。地域学は生きる場の哲学そのものである。それは私自身を知ることであり、私が生きるこの国や世界の真の姿を知ることである。逆に言えば、あなたが地域とのつながりを失ったままでいれば、無縁社会か浅薄なナショナリズムにしか辿り着かないぞという警告でもある。

それでもまだ「私には、もう地域とのつながりはないのだから」という人もいるかもしれない。だが、そんなことはないのだ。

人は必ず何かの地域の中にいる。それは一つとは限らない。しかもつながりは過去だけでなく、未来にも開かれている。これからどんなふうに学び、仕事をえ、どんな家族を持ち、どこに暮らすのかによってつながりは変わる。変えることができる。

そしていまや、身近なものがみな世界に直接つながっているのである。私たちは地域人であり、国民であるが、同時に実は生まれながらにしてコスモポリタンでもある。だからこそ逆に、身近な地域を知ることが国家を知り、世界を知ることにもつながるのである。身近な地域と国家と世界が合わさって暮らしができている。それが現代の暮らしの本当の姿である。地域学とはその当たり前の自分の姿を手に入れようというものにすぎない。

これから私たちはどこへ行くのか、それはわからない。私たち自身で考えなくてはならない。科学にも未来は見えない。それどころかついこないだの過去さえどういうことだったのか説明できておらず、この日本で平成期に起きた大きな変化の意味さえ十分に把握されていない。だがいま大きな変化が起きていることだけは多くの人に了解されている。私たちはこの変化の行方を見定め、適切に対応していかねばならない。

その変化に対応するための最低限の認識法が地域学である。筆者はそう確信し、その重要性を説いてきた。地域学的思考を展開していくことで、この国を変える大きな力につながるはずである。筆者も引きつづき、このやり方でこの国の未来を考えていこうと思う。多くの人がこの地域学という認識運動に参加されることを願ってやまない。

あとがき

本書は平成二十四年に『限界集落の真実』（ちくま新書）を発刊してすぐ書きはじめたものだが、ずいぶんと時間がかかってしまった。その間に様々なことに遭遇し、背筋がゾッとするような経験もした。原発避難と早期帰還政策、津波被災地の復興を妨げる復興事業、人口減少で地方に脅しをかける地方政策、ヒステリックで陰謀まがいの学校統廃合、そして今進行中の新型コロナ・パンデミック――。

本書で説いたように地域のない国家はありえない。地域の危機とは国家の危機である。しかしいま、どれぐらいの人がこのことを理解できているのか。政治・経済のトップにいる人ほど愚かに見える現実を目にして、呆然と立ち尽くすばかりの十年だった。

本書のタイトルは「地域学入門」である。が、この日本という国について理解していくための本を書いたつもりである。いま地域について学び、そこからこの国の本当の姿を実感することが必要かつ不可欠なことになっている。一人でも多くの人に地域学をはじめ、自分がいかに生きているかをしっかりと実感してもらいたいと願ってこの本を綴った。本書の内容は、東京都立大学での講義がもとになっている。それ故この本はとくに、大学の学生たち、平成世代の若い人々に向けてのものになっている。

本書も筑摩書房の松田健氏に出版をお願いし、編集を引き受けていただいた。図版と写真提供の多くは、津軽学・白神学ほか一緒に青森で仕事をしてきた仲間、ものの芽舎にお願いした。

筆者の地域学については、この間に発刊した『地域学をはじめよう』(岩波ジュニア新書)が導入編、本書はそこから少し進んだ入門編という位置づけになる。前著では地域と時空の関係を、本書では生命・社会・文化・心の四つのシステム関係を際立たせて記述した。併せて読んで頂ければ地域学の全体像はより鮮明になるだろう。筆者としてはさらに、津軽学・白神学の形で、地域学の応用編ないし実践編を示していく予定である。

最後に、本書と前著『地域学をはじめよう』を、執筆中に他界してしまった父勇造にささげたい。

令和三年七月　縄文遺跡群の世界遺産登録決定を耳にしながら

著者識す

参考文献

Ⅰ　生命の章

埴原和郎『日本人の誕生』吉川弘文館、一九九六
海部陽介『日本人はどこから来たのか？』文藝春秋、二〇一六
佐藤宏之『旧石器時代　日本文化のはじまり』敬文社、二〇一九
西田正規『人類史の中の定住革命』講談社学術文庫、二〇〇七
佐々木高明『稲作以前』ＮＨＫブックス、一九七一
岡村道雄『日本の歴史01　縄文の生活誌』講談社学術文庫、二〇〇八
金関恕監修・大阪市立弥生文化博物館編『弥生時代の集落』学生社、二〇〇一
佐藤洋一郎『米の日本史』中公新書、二〇二〇
木村礎『村の語る日本の歴史』古代・中世編、近世編①、近世編②、そしえて、一九八三
菊池利夫『新田開発（改訂増補）』古今書院、一九七七
菊池利夫『新田開発』至文堂、一九六三
中村吉治編『体系日本史　社会史Ⅰ・Ⅱ』山川出版社、一九六五
石井寛治『日本流通史』有斐閣、二〇〇三
長谷川成一他編『北方社会史の視座　1〜3』清文堂、二〇〇七〜二〇〇八
中村良之進『青森県中津軽郡船沢村郷土史』一九二八
『日本歴史地名大系　青森県の地名』平凡社、一九八二
『角川日本地名大辞典　青森県』角川書店、一九八五

長谷川成一・小口雅史他編『青森県の歴史』山川出版社、二〇一三
鮫島信行『日本の地籍　その歴史と展望』古今書院、二〇〇四
長谷川成一編『弘前城築城400年――城・町・人の歴史万華鏡』清文堂、二〇一一
弘前市立博物館『絵図に見る弘前の町のうつりかわり』弘前市立博物館、一九八四
長谷川成一『弘前藩』吉川弘文堂、二〇〇四
佐藤信・吉田伸之編『新体系日本史6　都市社会史』山川出版社、二〇〇一
矢崎武夫『日本都市の発展過程』弘文堂、一九六二
鈴木榮太郎『都市社会学原理』（鈴木榮太郎著作集Ⅳ）未來社、一九六九
宮本常一『塩の道』講談社学術文庫、一九八五
岸俊男『日本の古代宮都』岩波書店、一九九三
木下良『事典日本古代の道と駅』吉川弘文堂、二〇〇九
武部健一『完全踏査　続古代の道　山陰道・山陽道・南海道・西海道』吉川弘文館、二〇〇五
鈴木康之『中世瀬戸内の港町　草戸千軒遺跡』（シリーズ「遺跡を学ぶ」040）新泉社、二〇〇七
岸井良衞『山陽道』中公新書、一九七五
荒井秀典他編『日本史小百科　交通』東京堂出版、二〇〇一
豊田武・児玉幸多編『体系日本史　交通史』山川出版社、一九七〇
秋山高志他編『図録　農民生活史事典』柏書房、一九九一
秋山高志他編『図録　山村・漁村生活史事典』柏書房、一九九一
原田伴彦他編『図録　都市生活史事典』柏書房、一九九一
林英夫・青木美智男『事典しらべる江戸時代』柏書房、二〇〇一

Ⅱ　社会の章

鬼頭宏『人口から読む日本の歴史』講談社学術文庫、二〇〇〇
菊池勇夫『近世の飢饉』吉川弘文館、一九九七
条里制・古代都市研究会『古代の都市と条里』吉川弘文館、二〇一五
落合重信『条里制』吉川弘文堂、一九六七
宮地正人・佐藤信・五味文彦・高埜利彦編『新体系日本史1　国家史』山川出版社、二〇〇六
寺沢薫『日本の歴史02　王権誕生』講談社学術文庫、二〇〇八
松木武彦『人はなぜ戦うのか　考古学から見た戦争』中公文庫、二〇一七
土生田純之編『日本全国　古墳学入門』学生社、二〇〇三
阿部猛『研究入門　日本の荘園』東京堂出版、二〇一一
菅野成寛監修・編『平泉の仏教史』（平泉の文化史2）吉川弘文館、二〇二〇
吉田敏広『絵図と警官が語る骨寺村の歴史』本の森、二〇〇八
中村吉治『日本社会史（新版）』山川出版社、一九七〇
木村礎『近世の新田村』吉川弘文堂、一九六四
鈴木榮太郎『日本農村社会学原理』（鈴木榮太郎著作集Ⅰ・Ⅱ）未來社、一九七〇
白川静『新訂　字訓［普及版］』平凡社、二〇〇七
白川静『新訂　字統［普及版］』平凡社、二〇〇七
有賀喜左衛門『大家族制度と名子制度』（有賀喜左衛門著作集Ⅲ）未來社、一九六七
有賀喜左衛門『日本家族制度と小作制度　上・下』（有賀喜左衛門著作集Ⅰ・Ⅱ）未來社、一九六六
中村吉治『日本の村落共同体』日本評論社、一九五七
大日方純夫編『日本家族史論集二　家族史の展望』吉川弘文館、二〇〇二

森岡清美『現代家族変動論』ミネルヴァ書房、一九九三
倉沢進・秋元律郎編『町内会と地域集団』ミネルヴァ書房、一九九〇
『砂子瀬部落誌』十和田岩木川総合開発協議会、一九五九
森山泰太郎『砂子瀬物語』津軽書房、一九六八
西目屋地域生活文化調査委員会『砂子瀬・川原平の記憶　津軽ダム　西目屋地域生活文化調査報告書』西目屋村・国土交通省津軽ダム工事事務所、二〇〇五
山下祐介編『白神学　第1巻　新砂子瀬物語』ブナの里白神公社、二〇一一
中野卓『商家同族団の研究（第二版）』上・下、未来社、一九七八・一九八一
山口清治『弘前の成りたちと上土手町』上土手町町会、二〇〇〇
千葉寿雄『大成百年史』大成小学校創立百周年記念事業協賛会、一九八四
安田精一編『町誌　中土手町物語り』弘前市中土手町町会、一九七〇
中村八朗『都市コミュニティの社会学』有斐閣双書、一九七三
近江哲男『都市と地域社会』早稲田大学出版部、一九八四
浜口恵俊『「日本らしさ」の再発見』講談社学術文庫、一九八八
田名網宏『古代の税制』至文堂、一九六五
佐藤和彦編『日本史小百科　租税』東京堂出版、一九九七
藤野保『徳川政権論』吉川弘文館、一九九一
丸山雍成『参勤交代』吉川弘文館、二〇〇七
桜井英治・中西聡編『新体系日本史12　流通経済史』山川出版社、二〇〇二
森克己・沼田次郎編『体系日本史5　対外関係史』山川出版社、一九七八
河野本道『アイヌ史／概説』北海道出版センター、一九九六
新城俊昭『教養講座　琉球・沖縄史』編集工房東洋企画、二〇一四

富永健一『日本の近代化と社会変動』講談社学術文庫、一九九〇
増田寛也編『地方消滅』中公新書、二〇一四
山下祐介『地方消滅の罠』ちくま新書、二〇一四
龜卦川浩『地方制度小史』勁草書房、一九六二

Ⅲ 歴史と文化の章

ソシュール、フェルディナン・ド、小林英夫訳『一般言語学講義』岩波書店、一九七二
村山七郎『日本語の起源と語源』、一九八八
服部四郎『日本語の系統』岩波文庫、一九九九
佐々木隆『風水で読み解く弘前』北方新社、二〇〇一
松木明知『「ねぶた」その起源と呼称』津軽書房、二〇〇六
藤田本太郎『ねぶたの歴史』弘前図書館後援会、一九七六
フィッシャー、C・S、松本康・前田尚子訳『都市的体験　都市生活の社会心理学』未來社、一九九六
柳田国男「蝸牛考」一九三〇『柳田国男全集19』ちくま文庫、一九九〇
大西拓一郎『ことばの地理学――方言はなぜそこにあるのか』大修館書店、二〇一六
新谷尚紀『氏神さまと鎮守さま　神社の民俗史』講談社、二〇一七
岡田莊司・笹生衛編『事典　神社の歴史と祭り』吉川弘文館、二〇一三
岡田米夫『日本史小百科　神社』東京堂出版、一九七七
井上順孝編『神道――日本生まれの宗教システム』新曜社、一九九八
小松和彦『神になった日本人』中公新書ラクレ、二〇二〇
山下祐介「船沢・弥生から考える、岩木山・岩木川と津軽の暮らし」『津軽学』第六号、二〇一一年、津軽に学ぶ会
小舘衷三『岩木山信仰史』北方新社、一九七五年（二〇〇〇年第二版）

畠山篤『岩木山の神と鬼』北方新社、二〇一六
長尾角左衛門『岩木川物語』国書刊行会、一九八六（原著は一九六五）
知里真志保『アイヌ語入門　とくに地名研究者のために』北海道出版企画センター、一九八五
佛教史学会編『仏教史研究ハンドブック』法藏館、二〇一七
高埜利彦・安田次郎編『新体系日本史15　宗教社会史』山川出版社、二〇一二
柳田国男「神を助けた話」『柳田国男全集7』ちくま文庫、一九九〇
地方史研究協議会編『新版地方史研究必携』岩波書店、一九八五
木村礎他編『地方史研究の新方法』八木書店、二〇〇〇
福田アジオ他編『図解案内　日本の民俗』吉川弘文館、二〇一二
福田アジオ他編『図説　日本民俗学』吉川弘文館、二〇〇九
上野和男他編『新版民俗調査ハンドブック』吉川弘文館、一九八七
青森県高等学校地方史研究会『青森県の歴史散歩』山川出版社、二〇〇七
青森県立郷土館編『青森県「歴史の道」調査報告書　奥州街道』一九八五
川合勇太郎『三本木平と其開拓以前』一九二九
『十和田市・三本木原開拓と新渡戸三代の歴史ガイドブック』太素顕彰会、一九九八
『稲生川と土淵堰』青森県立郷土館、一九九四
青森県六戸町編・大石直正監修『北辺の中世史　戸のまちの起源を探る』名著出版、一九九七
青森県教育委員会『青森県の中世城館』一九八二
萌出忠男『野辺地雑記　ふるさとをかえりみて』KAWAGUCHI BOOKS、一九七九
阿部儀平編『［特定研究］北部日本における文化交流――続縄文期　寒川遺跡・木戸脇裏遺跡・森ヶ沢遺跡発掘調査報告〈下〉』国立歴史民俗博物館研究報告第一四四集、二〇〇八
近藤義郎『前方後円墳の時代』岩波文庫、二〇二〇

新藤秋輝編『東北の古代遺跡　城柵・官衙と寺院』高志書院、二〇一〇

Ⅳ　変容の章

富永健一『日本の近代化と社会変動』講談社学術文庫、一九九〇
高橋典幸他『日本軍事史』吉川弘文館、二〇〇六
山本和重編『地域のなかの軍隊1　北の軍隊と軍部　北海道・東北』吉川弘文館、二〇一五
林博史『米軍基地の歴史』吉川弘文館、二〇一二
佐道明広『自衛隊史――防衛政策の七〇年』ちくま新書、二〇一五
福武直編『地域開発の構想と現実Ⅰ・Ⅱ・Ⅲ』東京大学出版会、一九六五
原田正純『水俣が映す世界』日本評論社、一九八九
山下祐介『「都市の正義」が地方を壊す』PHP新書、二〇一八
山下祐介『リスク・コミュニティ論――環境社会史序説』弘文堂、二〇〇八
堀越正雄『江戸・東京水道史』講談社学術文庫、二〇二〇
吹田市立博物館・多摩市文化振興財団『ニュータウン誕生　千里&多摩ニュータウンに見る都市計画と人々』パルテノン多摩、二〇一八
多摩市文化振興財団『多摩ニュータウン開発の軌跡』パルテノン多摩、一九九八
吉川勝広『自動車流通システム論』同文社出版、二〇一二
石川和男『わが国自動車流通のダイナミクス』専修大学出版局、二〇一一
辻本雅史・沖田行司編『新体系日本史16　教育社会史』山川出版社、二〇〇二
羽島知之編『新聞の歴史　①～③』日本図書センター、一九九七
小野秀雄『増補　新聞の歴史』東京堂出版、一九七〇
泉靖一編『世界の名著59　マリノフスキー　レヴィ＝ストロース』中央公論社、一九六七

ちくま新書
1602

地域学入門《ちいきがくにゅうもん》

二〇二一年九月一〇日　第一刷発行

著者　山下祐介（やました・ゆうすけ）

発行者　喜入冬子

発行所　株式会社 筑摩書房
東京都台東区蔵前二-五-三　郵便番号一一一-八七五五
電話番号〇三-五六八七-二六〇一（代表）

装幀者　間村俊一

印刷・製本　株式会社 精興社

ISBN978-4-480-07429-4 C0236